해킹
일렉트로닉스
Hacking Electronics

아두이노와
라즈베리파이로
배우는 전자공학

Hacking Electronics, 2ⁿᵈ Edition

1 2 3 4 5 6 7 8 9 10 JP 20 18

Original: Hacking Electronics, 2ⁿᵈ Edition © 2017
  By Simon Monk
  ISBN 978-1-26-001220-0

This authorized Korean translation edition is jointly published by McGraw-Hill Education Korea, Ltd. and J Pub. This edition is authorized for sale in the Republic of Korea

This book is exclusively distributed by J-Pub.

When ordering this title, please use ISBN 979-11-88621-26-2

Printed in Korea

1쇄 발행 2018년 7월 30일

지은이 사이먼 몽크
옮긴이 박진수
펴낸이 장성두
펴낸곳 주식회사 제이펍

출판신고 2009년 11월 10일 제406-2009-000087호
주소 경기도 파주시 회동길 159 3층 3-B호
전화 070-8201-9010 / **팩스** 02-6280-0405
홈페이지 www.jpub.kr / **원고투고** jeipub@gmail.com
독자문의 readers.jpub@gmail.com / **교재문의** jeipubmarketer@gmail.com

편집부 이종무, 황혜나, 최병찬, 이 슬, 이주원 / **소통·기획팀** 민지환 / **회계팀** 김유미
교정·교열 안종군 / **본문디자인** 북아이 / **표지디자인** 미디어픽스
용지 에스에이치페이퍼 / **인쇄** 한길프린테크 / **제본** 광우제책사

ISBN 979-11-88621-26-2 (93000)
값 29,000원

제이펍은 독자 여러분의 아이디어와 원고 투고를 기다리고 있습니다. 책으로 펴내고자 하는 아이디어나 원고가 있으신 분께서는 책의 간단한 개요와 차례, 구성과 저(역)자 약력 등을 메일로 보내주세요. **jeipub@gmail.com**

해킹
일렉트로닉스
Hacking Electronics

아두이노와
라즈베리파이로
배우는 전자공학

Learning
Electronics
with
Arduino
and
Raspberry Pi

Second Edition

사이먼 몽크 지음 / **박진수** 옮김

로저에게, 취미가 직업으로 이어질 수 있도록

차례

CHAPTER 1 ❘❘ **시작하기 • 1**

CHAPTER 2 ❘❘ **부품 • 21**

CHAPTER 5 ⋮ 전지 및 전력 • 97

옮긴이
머리말

세계는 인류의 활동 공간 확장이라는 방향으로 나아가고 있는 것으로 보인다. 기계와 인간의 결합, 가상과 현실의 결합, 지능형 사물 간의 자율적인 결합과 이용 등과 같은 다양한 주제가 모두 이와 관련되어 있다.

이 책도 바로 그런 세상에 필요한 기초 기술을 연마할 수 있게 하는 역할을 할 것으로 보인다. 라즈베리파이와 아두이노를 다룬 기존 도서들에서는 볼 수 없었던 전자공학 관련 기초 조작법과 그 밖의 고급 기술이 쉽게 설명되어 있다. 그러므로 라즈베리파이 및 아두이노 관련 도서를 읽고 연습해 보았다면 이 책으로 부족한 부분을 말끔히 채울 수 있을 것이라 생각한다.

역자가 얼마 전에 사물 인터넷 시스템 구축과 관련된 수주 활동을 논의하는 과정 중에 칠판에 설계도를 그리면서 서버 컴퓨터는 두뇌 역할을 하게 하고, 라즈베리파이는 사람의 몸에 자리 잡은 각종 신경총 역할을 담당하게 하며, 아두이노는 최전선에서 신호를 처리하는 신경절 역할을 담당하게 하고, 각종 센서와 엑추에이터들은 신경 세포와 근육 역할을 담당하게 하는 식으로 구성한 적이 있다.

이때 구상한 시스템을 구축하는 데 필요한 지식을 온전히 다룬 책이 그다지 많지 않았었는데, 이 책을 읽고 보니 그러한 시스템을 충분히 구축할 수 있겠다는 자신감이 생겼다. 이 책이 옆에 있으면 사물 인터넷 시스템 구축 중에 만나게 될 자잘한 문제는 어느 정도 해결될 것이라는 자신감이었다. 나에게 이런 자신감을 심어 주는 책이라면 독자에게도 도움이 될 것이다.

그렇다고 해서 입문서 수준은 아니므로 전자공학 입문서 또는 아두이노나 라즈베리파이 입문서 정도는 읽어 보아야 이해가 될 부분이 있다. 굳이 말하자면 입문서보다는 조금 어려운 데서 시작해 상당히 고급스러운 기술까지 아우르는 중급서 정도라고 할 만하다. 그러므로 옆에 두고 간간이 참고할 만한 책인 것이다. 임베디드 시스템이나 사물 인터넷 시스템을 구축하다가 문제가 풀리지 않을 때 먼저 펼쳐 볼 만한 책이다.

참고로, 이 책에서는 저자가 사용한 단위를 그대로 사용했다. 인치나 달러를 각기 미터나 원으로 환산하지 않았다. 아무래도 첨단 분야이다 보니 외국 웹 사이트(특히 미국 웹 사이트)에서 물품을 구매해야 할 경우도 있을 것이라는 점을 고려한 것이다. 이 점을 독자가 이해해 주었으면 한다. 또한 전자공학 분야의 용어들이 통일되어 있지 않다는 점을 감안하여 가능한 한 전문 용어집을 기준으로 삼았다. 다만, 통일되어 있지 않은 용어들 중 일부에는 괄호 안에 '즉,'이라는 말로 시작해 함께 쓰는 용어를 병기하기도 했으므로 참고하기 바란다.

옮긴이 **박진수**

지은이
소개

영국 프리스톤 출신인 사이먼 몽크는 사이버네틱스 및 컴퓨터 과학을 전공했으며, 소프트웨어 공학으로 박사 학위를 취득했다. 모바일 소프트웨어 회사인 모모테(Momote)를 공동 창립하기 전까지 수년간을 대학에서 보냈다. 지금은 메이커이자 취미용 전자공학 및 오픈소스 하드웨어 분야 전업 작가로서 《프랙티컬 일렉트로닉스: 메이커를 위한 전자공학 바이블》을 비롯해 수십 권의 책을 집필한 이 분야의 대표 저자다. 트위터 ID는 @Simonmonk2다.

감사의 글

이 책을 제작하는 데 많은 도움을 주신 맥그로힐 에듀케이션 소속 모든 분께 감사드린다. 편집자 마이클 맥카비(Michael McCabe), 도너 마르톤(Donna Martone), 린 메시나(Lynn Messina), 퍼트리셔 발렌부르크(Patricia Wallenburg) 및 클레어 스플랜(Claire Splan)에게 특별한 감사를 전한다.

그리고 인내심과 관대함으로 이 일을 할 수 있는 공간을 제공해 준 소중한 린다에게 감사드린다.

이 책은 주로 전자공학을 '해킹'하는 일을 다루지만 공식적인 이론을 바탕으로 전자공학을 다루지는 않는다. 이 책의 목적은 처음부터 새로 시작하든, 모듈을 함께 연결하든, 새로운 용도로 기존 전자기기를 채택하든 독자가 전자공학을 이용해 무언가를 만드는 데 필요한 기술을 습득할 수 있도록 하는 데 있다.

여러분이 만든 무엇인가를 작동하게 해야 할 때, 이 책에서 배우는 아이디어를 실험하거나 정리하는 방법이 많은 도움이 될 것이다. 그 과정에서 그 물건이 작동하는 이유와 물건이 할 수 있는 일의 한계를 받아들이면서 무땜납 브레드보드 위에서 원형을 만드는 방법, 부품끼리 서로 직접 연결되도록 납땜하는 방법 그리고 더 많은 것을 만들기 위해 프로토보드(protoboard)를 사용해 더 복잡한 납땜 방법을 배울 수 있다.

또한 전자공학 해커가 사용할 수 있는 가장 중요한 공구 중 하나가 된, 인기 있는 아두이노 마이크로컨트롤러 보드를 사용하는 방법을 배울 수 있다. 이 책에는 아두이노를 전자 제품과 함께 사용하는 방법이 스무 가지 이상의 예로 담겨 있다.

전자공학 해킹을 위한 공구인 라즈베리파이(작은 리눅스 컴퓨터)를 사용하는 방법도 배우게 된다.

전자공학이 변화했다. 그러므로 이 책은 최신 경향에 맞춰 사용할 일이 없는 이론을 피하고, 그 대신에 사용 가능한 이론을 바탕으로 미리 준비한 모듈을 사용해 물건을 만들 수 있는 방법에 집중한다. 말하자면 이미 있는 모듈을 다시 만들지 않아도 된다는 말이다.

이 책에서 해설하고 설명하는 내용들은 다음과 같다.

- 고출력 루미레즈(Lumileds) 및 주소 지정 LED 띠판(Neopixels)을 포함한 LED 사용
- 리튬폴리머(LiPO) 전지 팩 및 벅/부스트 전력 공급 장치 모듈 사용

- 센서를 사용한 빛, 온도, 가속도, 소리 크기, 색상을 측정
- 라즈베리파이와 아두이노를 외부 전자기기로 연결
- 서보 모터 사용

이 책에 설명된 내용 중에서 따라 하면서 만들 수 있는 것들은 다음과 같다.

- 스마트 카드 RFID 태그 판독기
- 인터넷으로 제어할 수 있도록 해킹한 전기 장난감
- 색상 측정 장치
- 초음파 거리계
- 원격 제어 로봇형 탐사선
- '에그 앤 스푼' 경주의 가속도계 기반 버전
- 오디오 증폭기
- MP3 FM 송신기를 해킹해 만든 도청 장치
- 장난감 자동차에 브레이크등과 전조등을 추가하는 작업
- 스마트 카드 판독기/스푸퍼

필요 물품

이 책은 매우 실용적이고 실제적이다. 그러므로 공구(즉, 연장)와 부품이 필요하다. 공구에 관한 한, 멀티미터(즉, 다용도 계측기 또는 미터기) 및 납땜 장비가 필요하다.

또한 여러분은 대부분의 과제물에 사용되는 편리한 보드, 라즈베리파이 또는 아두이노를 둘 다 가지고 있어야 한다.

이 책에 사용된 모든 부품의 공급원을 부록에 적어 두었다.

대부분의 부품이 스파크펀이 공급하는 입문용 키트에 들어 있지만, 그 밖의 전자공학 입문용 키트에도 필요한 부품이 거의 다 들어 있다.

이 책의 각 절 중에 따라 해 보는 절에는 '필요 물품' 단원이 있다. 이 부분에는 부록에서 부품을 구할 곳을 설명하는 코드가 나와 있다.

이 책의
구성

이 책은 다음과 같이 여러 장으로 구성되어 있다.

장	제목	설명
1장	시작하기	장비 및 부품을 구입할 수 있는 곳과 해킹할 곳을 알려 주는 일로 이 책이 시작된다. 1장에서는 납땜의 기본 사항과 납땜 중에 나오는 증기를 배출하는 장치를 만들기 위해 오래된 컴퓨터 환풍기를 해킹하는 프로젝트에 중점을 둔다.
2장	부품	전자 부품들(또는 최소한 여러분이 사용해 보고 싶어 하는 전자 부품들)을 소개하고, 전자 부품을 식별하고 해당 부품의 기능이 무엇인지를 묘사하는 방법을 설명한다. 또한 거듭 사용하게 될 필수 이론을 살짝 소개한다.
3장	기본 해킹	예제 프로젝트와 함께 트랜지스터를 사용하는 것과 같은 개념을 도입하는 상당히 기본적인 '해킹' 방법이 들어 있다. 또한 어두운 곳에서 자동으로 켜지고, 파워 MOSFET을 사용해 전동기를 제어하는 방법을 알려 주는 '스위치 등'에 관한 내용이 들어 있다.
4장	LED	일반 LED에 대해 논의하고, LED를 사용하고 손전등을 만드는 방법 외에 LED에 대한 정전류 구동자를 사용하는 방법과 다수의 LED 및 레이저 다이오드 모듈에 전력을 공급하는 방법도 설명한다.
5장	전지 및 전력	다양한 종류의 전지(일회용 및 충전식)를 설명한다. 또한 리튬폴리머 전지류를 포함한 전지 충전 방법도 다룬다. 자동 전지 백업, 전압 조절 및 태양열 충전도 설명한다.
6장	아두이노로 해킹하기	아두이노는 전자공학 해커가 선택할 수 있는 마이크로컨트롤러 보드가 되었다. 오픈소스 하드웨어 설계는 마이크로컨트롤러와 같은 복잡한 장치를 사용하는 작업을 매우 간단하게 수행한다. 6장은 아두이노로 시작하지만 계전기 제어, 소리 재생 및 아두이노에서 서보 모터를 제어하는 일과 같은 세부적인 방법도 들어 있다. 또한 아두이노 확장 실드를 사용하는 방법도 다룬다.
7장	라즈베리파이로 해킹하기	라즈베리파이라는 싱글 보드형 컴퓨터는 아두이노가 제공할 수 있는 것보다 더 많은 전력이 필요하거나 네트워크 연결이나 대형 디스플레이가 필요한 전자 프로젝트를 함께 해킹하는 데 적합하다. 전자기기를 GPIO 핀에 연결할 뿐만 아니라 라즈베리파이를 설정하고 사용하는 방법을 배우게 된다.

장	제목	설명
8장	모듈로 해킹하기	무언가를 만들고 싶을 때, 적어도 프로젝트의 일부분에 대해 기성품 모듈을 사용할 수 있다. 무선 원격 장치에서부터 전동기 구동자에 이르는 다양한 것에 모듈을 사용할 수 있다.
9장	센서로 해킹하기	센서 IC 및 모듈은 온도에서 가속에 이르기까지 모든 것을 감지할 수 있다. 9장에서는 그것들의 좋은 사례를 탐구하고, 사용 방법을 설명하며, 그중 일부를 아두이노에 연결한다.
10장	오디오 해킹	전자제품 및 소리와 관련된 여러 가지 유용한 방법에 관해 알아본다. 또한 오디오 케이블뿐만 아니라 오디오 증폭기를 제작하고 연결하며, 마이크를 사용하는 방법도 논의한다.
11장	전자기기 수리 및 분해	전자기기를 수리하고, 고장이 난 전자제품에서 유용한 부분을 재생하는 일은 전자공학 해커에게 가치 있는 활동이다. 물건을 분해하는 방법과 때로는 다시 조립하는 방법을 설명한다.
12장	공구	멀티미터 및 실험실용 전력 공급 장치와 같은 공구를 최대한 활용하는 방법을 더 자세히 설명하기 위한 참조용 장이다.

🦋 공민서(엔트로피랩)

4년 전, 아두이노와 라즈베리파이의 매력에 푹 빠져 키트도 사고 책 튜토리얼도 따라 해 본 적이 있었는데, 전기/전자 분야의 지식이 많이 부족해 흐지부지했던 기억이 있습니다. 세월이 어느덧 흘러 이런 저의 갈증을 해소해 줄 눈높이에 맞는 책이 나타난 것 같습니다.

🦋 김용현(마이크로소프트 MVP)

쉽게 구할 수 있는 여러 하드웨어 부품과 아두이노 등 프로그래밍을 할 수 있는 장치를 결합해 뭔가를 만들어 낼 수 있는 동기가 되는 좋은 책이라고 생각합니다. 이 책을 읽고 나면 고장 난 아이의 자동차를 수리하거나 거실의 미세먼지 농도를 측정할 수 있는 센서를 직접 만들 수 있겠다는 자신감과 직접 만들기를 경험해 보면서 창작자만이 알 수 있는 희열을 느끼게 될 것입니다.

입문자를 위한 전자공학책으로 매우 손색 없는 내용인 것 같습니다. 다만, 내용이 어렵지 않은 만큼 같은 부품을 어떻게 구하는지가 관건이 될 것 같습니다. 패션 잡지들같이 책에 화장품 세트나 마스크팩이 붙어 있는 것처럼 부품들이 붙어 있다면 가장 좋을 것 같으나, 어렵다면 쉽게 구할 수 있는 방법이 있다면 좋을 것 같습니다. 인두나 납도 포함해서요. 좋은 책 발간해 주셔서 감사합니다.

🦋 김정헌(BTC)

집에 있는 전자 제품을 수리하거나 해킹(변경, 업그레이드)해 보고 싶은 사람에게 추천하고 싶은 책입니다. 간단한 회로부터 요즘 인기 있는 아두이노, 라즈베리파이까지 다루고 있습니다. 실습 위주의 많은 내용을 담고 있어서 그런지 설명이 조금 부족한 부분도 있지만 따라 하면서 이해할 수 있으리라 생각합니다. 많은 노하우가 담긴 책이기 때문에 초보 메이커라면 꼭 한번 읽어 보기 바랍니다.

부품을 구입해 놓고 실습을 하며 읽기 좋은 책인 것 같습니다. 다른 책에서 볼 수 없었던 다양한 시도가 괜찮았던 것 같습니다. 허나 설명이 조금 부족한 탓인지 기존 사이먼 몽크의 책보다는 조금 어려웠던 것 같습니다. 역시 실습 없이는 완벽하게 이해하기가 어려울 것 같습니다. 그리고 어색한 미국식 농담이 다소 아쉬웠습니다.

🦅 염성욱(삼성 SDS)

메이커를 꿈꾸는 사람에게 도움이 되는 책입니다. 간단한 전기 & 전자 지식부터 아두이노와 라즈베리파이를 이용해 아이들과 함께 재미있게 즐길 수 있는 프로젝트에 이르기까지 다양하게 수록돼 있습니다. 집에 대부분 부품이 있어 꼭 따라해 볼 예정입니다. 내용 및 편집까지 거의 완벽했습니다. 매우 흥미로운 주제였습니다.

🦅 장성만((주)incowiz)

코딩 교육 교재로도 손색이 없을 정도로 쉬운 내용으로 구성돼 있는 것이 이 책의 장점입니다. 주변에서 손쉽게 접할 수 있는 주제를 바탕으로 전자기기를 어떻게 다뤄야 하는지를 풍부한 그림과 쉬운 설명을 곁들여 설명하고 있습니다. 독자는 이 책을 통해 고장 난 장난감 자동차를 훌륭한 전자기기로 변신시킬 수 있을 것입니다.

책 번역의 상태 품질도 뛰어납니다. 책 자체가 워낙 쉽게 쓰여져 있어서 입문용 교재 혹은 단체용 교재로도 손색이 없어 보입니다. 특히 가정에서 아이와 아빠가 취미로 공유할 수 있을 정도로 지은이의 저술 실력이 돋보입니다.

🦅 한홍근

'전자 공학 또는 아두이노, 라즈베리파이를 공부한 후에 무엇을 할 수 있을까?'라는 질문에 대한 답을 제시해 주는 책입니다. 이 책은 먼저 전자 공학, 프로그래밍에 대해 학습한 후 실생활에서 사용하는 전자 기구들을 모방해 만들어 보는 방향으로 구성돼 있습니다. 이 책을 읽고 나면 전자 공학, 프로그래밍에 대한 거부감이 사라질 것이라 확신합니다.

번역서지만 크게 어색한 부분은 없었습니다. 다만, 전자공학이라는 주제의 특성상 부품을 구매해야 실습에 참여할 수 있습니다. 부품 수급이 얼마나 가능한지에 따라 학습 성취도가 차이가 날 것 같네요.

제이펍은 책에 대한 애정과 기술에 대한 열정이 뜨거운 베타리더들로 하여금
출간되는 모든 서적에 사전 검증을 시행하고 있습니다.

용어
대조표

본문 표기	원문	본문 표기	원문
555 타이머	555 timer	고전력	high power
555 타이머 IC	555 timer IC	고전력 저항기	high-power resistor
AAA형 셀	AAA cell	고정 저항기	fixed resistor
AA형 셀	AA cell	고휘도	high brightness
C형 셀	C cell	과제, 과제물	project
D형 셀	D cell	과방전	over-discharging
LED 디스플레이	LED display	과충전	over-charging
LED 막대 그래프 디스플레이	LED bar graph display	광 스위치	light switch
LED 비상등	Emergency LED lighting	광저항기 (즉, 감광저항기)	photoresistor
LED 점멸기	LED flasher	교체	replacement
LED 케이스	LED case	구성도	schematics
p 채널 트랜지스터	p-Channel transistor	구성품 번호	part code
가변 저항기	variable resistor	구성품(즉, 파츠)	parts
가열기	heater	급속 충전	fast charging
감전사	electrocution	기성품	readymade
개조	modification	기어 모터	gearmotor
개폐	switching	꼭지, 손잡이	knob
거리 측정 장치	rangefinder	나노 패럿	nanofarad
건식 접합	dry joint	나사 단자	screw terminal
경량	low-weight	납땜 증기	solder fume
계전기	relay	납땜용 인두	soldering iron
고장 난	dead	납땜용 인두 거치대	soldering iron stand
고장 난 전자 장치	dead electronics	납산전지	lead acid battery

본문 표기	원문
논리 부정	logical not
누름 스위치	push switch
다이오드	diode
단선(즉, 한가닥으로 된 전선)	solid core wire
단일 패키지	single package
대전류	high-current
대전류 개폐	high-current switching
대형 전해질 축전기	big electrolytic capacitor
도금하다	tin
디지키	DigiKey
땜납	solder
띠	band
띠판	strip
리튬폴리머	LiPo
마이크로 스위치	microswitch
마이크로패럿	microfarad
모터, 전동기	motor
몬메익스	MonkMakes
발열소자	heating element
배선도	wiring diagram
배치도	layout
백색광 LED	white LED
버저	buzzer
벅-부스터(즉, 강/승압기)	buck-booster
벅-부스트 (즉, 강압-승압)	buck-boost
보우	baud
보존 파일	archive file
분리 커패시터 (즉, 디커플링 커패시터)	decoupling capacitor
색띠	colored band

본문 표기	원문
색상 코드	color code
서보 암	servo arm
세류 충전 (즉, 완속 충전)	trickle charge
소리 발생기	sound generator
소리 크기	sound level
소비자용 전자제품	consumer electronic
쇠가시	burr
수리	mending
순방향으로 바이어스되었다	forward-biased
스위치등	push light
스위치 접점	switch contact
스위치, 개폐기	switch
스트립보드	Stripboard
스파크펀	SparkFun
승수	multiplier
시험용 인출선	test lead
실드	shield
실험실용 전력 공급 장치	lab power supplies
쌍투	double throw
쌍투 스위치	double throw switch
아이티드 스튜디오	ITead Studio
애노드(즉, 양극)	anode
양극 접속도선	positive lead
에이다프룻	Adafruit
여러 가닥으로 된 (즉, 연선으로 된)	multi-core
역방향으로 바이어스된	reverse-biased
역전압 (즉, 반대 전압)	reverse voltage
오디오 증폭기	audio amplifier

본문 표기	원문	본문 표기	원문
와이파이	WiFi	전압	voltage
완충	full charge	전원이 들어오면	power up
음 발생기	tone generator	전위차계 (즉, 포텐셔미터)	potentiometer
음극 도선	negative lead	전자석	electromagnet
음량 조절기, 음량 조절	volume control	전자제품	electronics
음색	tone	전지	battery
음향기	sounder	전지 백업	Battery backup
일회용	single-use	전지 지지체	battery holder
입문자용 키트	starter kit	전출력	full power
재배선하다	rewire	전하, 충전	charge
재활용	resurrection	전해질 축전기 (즉, 전해 커패시터)	electrolytic capacitors
저항	resistance	점멸(즉, 깜박임)	flash
저항 측정	resistance measurement	점퍼선	jumper wire
저항값이 작은 저항기	low-value resistor	접속	connection
저항기	resistor	접속도선(즉, 연장선)	lead
저항기 가열기	resistor heater	접속점	connection point
저항기 띠, 저항기 줄무늬	resistor stripe	접점	contact
저항이 높은 저항기, 고저항 저항기	high-resistance resistor	접지	ground
전동 완구	motorized toy	정전류 구동자	constant current driver
전동기 구동자	motor driver	정전용량 (capacitance, 또는 전기용량, 축전 용량, 커패시턴스)	capacitance
전력 공급 장치	power supplies		
전력 정격, 전력 등급	power rating	정확도	accuracy
전력량, 전력 세기	amounts of power	조립하다	put together
전력원(즉, 전원 또는 동력원)	sources of power	조명기구	light
전류	current	조사각	angle
전류의 흐름	flow of current	조사각이 좁은	narrow beam
전선 벗기기	Stripping Wire	줄무늬	stripe
전선용 니퍼	wire snip	증기	fume

본문 표기	원문
증기 제거기	fume extractor
직렬 포트	serial port
직류	DC
직류 전동기 (즉, DC 모터)	DC motor
차폐선	screened wire
철물점	brick-and-mortar store
최대 전력 정격	maximum power rating
최대 전압	maximum voltage
축전기, 커패시터	capacitor
충전기	charger
캐소드(즉, 음극)	cathode
탐침자(즉, 탐침 또는 탐촉자 또는 프로브)	probe
트랜지스터	transistor
파넬	Farnell
판독기(즉, 리더)	reader

본문 표기	원문
팟 (즉, 전위차계)	pot
패럿	farad
패키지	package
펄스 폭 변조	pulse-width modulation
평상시 닫힘	normally closed
평상시 열림	normally open
평활 커패시터	smoothing capacitor
표시기	indicator
프로토보드	Protoboard
플라이어	plier
플러그인 실드	plug-in shield
피에조 음향기	piezo sounder
피코패럿	picofarad
해체	breaking
화재 경보기	smoke alarm
흡열부, 방열판	heatsink

## CHAPTER 1

시작하기

첫 번째 장에서는 전자공학을 해킹하는 데 필요한 공구와 기술 몇 가지를 살펴본다. 오래된 컴퓨터 환풍기에 전선을 땜납으로 연결해 납땜 연기를 들이마시는 일이 없게 할 예정이다.

제목에서 알 수 있듯이 이 책의 내용은 모두 '전자공학 해킹'에 관한 것이다. '해킹'이라는 단어는 많은 의미를 내포하고 있다. 그러나 이 책에서는 '해킹'을 '일단 해 본다'라는 뜻으로 사용한다. 전자기기를 다루기 위해 전자공학을 전공하거나 학위를 취득하지 않아도 된다. 현장에 뛰어드는 게 가장 좋은 학습 방식이다. 성공에서는 물론, 실수로부터도 많은 것을 배울 수 있기 때문이다.

물건을 만들고 실험하는 일을 일단 하다 보면 배경이 되는 이론을 더 많이 알고 싶게 될 것이다. 복잡한 수학을 잘 이해하고 있지 않다면 전통적인 전자공학 교과서는 공포스러운 게 되고 만다. 그래서 이 책은 일단 작업에 착수한 후에 이론을 생각해 보게 한다.

이 일을 시작하는 데에는 몇 가지 도구가 필요하므로 과제에 필요한 부품과 구성품을 얻을 수 있는 곳을 찾아봐야 한다.

물품 획득

부품과 공구를 구입하는 일 외에도 새로운 목적에 맞게 해킹하는 데 사용하거나 관심을 둔 부품에 보탬이 될 만한 저렴하고 재미있는 소비자용 전자제품이 많다.

부품 구매

대체로 인터넷을 통해 부품을 구입하면 되지만, 마이크로 센터(Micro Center)나 프라이스 (Fry's, 미국) 또는 메이플린(Maplin, 영국)과 같은 곳에서도 부품을 구입할 수 있다[1]. 이와 같은 전통적인 판매점은 제품 구색이 빈약할 뿐 아니라 제품이 비싸기까지 하다. 결국, 그들이 매장을 유지하는 데 필요한 댓가를 소비자가 치러야 한다. 그러나 급하게 물건이 필요한 상황이라면 무척 요긴하다. 어쩌면 우연히 LED 한 개가 고장 나는 바람에 LED가 딱 한 개만 필요할 때가 있고, 때로는 과제를 해결하는 도중에 판매점에 비치된 부속 자료를 봐야 할 때가 있다. 때로는 웹 사이트에 올라온 사진만으로 크기를 가늠하기보다는 공구 상자를 직접 들어보거나 실물 공구를 살펴보는 편이 나을 때도 있다.

전자공학에 익숙해지면, 새 과제를 시작하자마자 마음에 떠올릴 수 있는 부품과 공구가 점차 많아질 것이다. 언젠가는 사용할 수 있을 것이므로 나는 비교적 저렴한 부품이라면 필요할 때마다 일반적으로 두세 개에서 대여섯 개를 한 번에 주문해 둔다. 이런 식으로 준비해 두면, 어떤 일에 착수할 때 그 일에 필요한 모든 게 갖춰져 있음을 종종 깨닫게 될 것이다.

여러분이 세계 어느 곳에 있는지에 따라 부품 구매 방식이 달라진다. 미국의 마우서(Mouser)와 디지키(DigiKey)는 취미용 전자제품 시장에 전자부품을 공급하는 최대 공급 업체이다.[2] 사실, 이 두 공급 업체는 전 세계를 대상으로 물품을 판매한다. 파넬(Farnell)도 전 세계 어느 곳에든 원하는 모든 것을 공급한다.

스파크펀(SparkFun), 시이드 스튜디오(Seeed Studio), 에이다프루트(Adafruit) 및 아이티드 스튜디오(ITead Studio)의 웹 사이트는 과제에 필요한 기성품 전자 모듈을 구입할 때 도움이 될 것이다. 이러한 회사들은 모두 모듈을 많이 취급하므로 온라인 제품 목록을 탐색하는 것만으로도 큰 즐거움을 누릴 수 있다.

이 책에서 사용하는 거의 모든 부품에는 방금 언급한 공급 업체 중 한 곳 이상의 구성품 번호(parts code)가 들어 있다. 유일한 예외라면 이베이에서 더 쉽게 살 수 있는 몇 가지 흔치 않은 모듈일 것이다.

---

1   옮긴이 우리나라의 경우라면 각지에 있는 용산전자상가와 같은 전자부품 전용 상가 또는 각 산업단지 내 공구 상가 등에서 구입할 수 있을 것이다.

2   옮긴이 이 책에 나온 여러 유통업체는 세계적 판매망을 갖추고 있고, 우리나라에도 홈페이지를 개설해 물품을 공급하고 있다. 해당 업체명으로 인터넷을 검색해 보라. 게다가 대행 업체들도 있어서 소량만을 구입할 수도 있다.

또한 온라인 경매 사이트[3]에서 구할 수 있는 전자부품도 무한정한데, 이들 중 대부분은 극동 지역에 있는 나라들에서 직접 공급하며 대체로 무척 저렴하다. 온라인 마켓에서는 흔치 않은 부품과 레이저 모듈 및 대전력 LED와 같은 부품도 구입할 수 있는데, 일반 부품 공급 업체에 서는 이런 것들을 비싸게 사야 한다. 이런 곳은 또한 부품을 대량으로 구매하기에 아주 알맞은 곳이다.

그러나 때때로 이런 곳에서 살 수 있는 부품이 A 등급 물품이 아닐 수 있으므로[4] 설명하는 내용을 주의 깊게 읽어야 하며, 한꺼번에 대량으로 수령한 물품 중 일부가 고장 나 있다고 해도 실망하지 마라.

마지막으로 이 책을 위해 저자가 특별히 고안하고 디자인한 키트는 몬메익스 주식회사(https://monkmakes.com/hacking2)에서 구할 수 있다.[5]

해킹할 물건을 구입할 곳

이제 전자공학을 해킹해야 하므로 가장 먼저 가정과 친구가 여러분에게 미칠 수 있는 영향력을 고려해야 한다. 여러분은 고장 난 전자제품을 기꺼이 받는 사람이 되어야 할 것이다. 어쨌든 고물 수집가라는 여러분의 새 역할에 눈을 부릅뜨고 있으라. 때로는 이렇게 '고장 난' 물건이 곧바로 재활용할 수 있는 후보가 될 수 있다.

유용한 소품을 구할 수 있는 곳으로는 천 원짜리 물건들을 주로 파는 가게가 있다.[6] 손전등, 환풍기, 태양열 장난감, 조명이 켜진 냉각용 노트북 받침대 등과 같은 전자제품으로 길을 만들어 보라. 종종 전동기(모터) 및 LED 어레이를 기존 공급 업체가 제공하는 원래의 부품 가격보다 저렴하게 판매하기도 한다.

해킹할 수 있을 만큼 값이 싼 전자제품을 살 수 있는 곳으로는 대형 마트도 있다. 유용한 소품의 예로는 싸구려 컴퓨터 스피커, 마우스, 전원공급장치, 라디오 수신기, LED 손전등, 컴퓨터 키보드 등을 들 수 있다.

---

3   옮긴이 우리나라에는 지마켓, 옥션, 11번가 등이 있다.
4   옮긴이 보통 'B품'이라고 부른다.
5   옮긴이 우리나라에서는 JK 전자에서 모든 부품이 들어 있는 키트를 쇼핑몰(http://toolparts.co.kr)을 통해 공급하고 있다.
6   옮긴이 우리나라의 경우에는 천냥 하우스, 천원샵, 다이소, 생활 용품 백화점 등이 이에 해당한다.

기본 공구 세트

납땜질을 해 보지도 않고 1장을 끝낼 수 있을 거라는 생각 따위는 하지 마라. 이 점을 감안한다면 몇 가지 기본 공구가 필요할 것이다. 굳이 비싼 걸 살 필요는 없다. 사실, 무언가를 새로 착수하는 경우라면 망가져도 될 만큼 값싼 물건을 사용하는 법을 배우는 게 좋다. 어쨌든 '스트라디 바리우스' 같은 명품 악기로 바이올린을 배우기 시작하지는 않을 테니 말이다. 한 마디 더하면, 무얼 기대하고 고급스런 연장을 한 번에 다 구입하려고 하는가 말이다!

초보자용 공구 세트는 차고 넘친다. 학습 목표에 맞추는 데는 기본적인 납땜용 인두, 땜납, 납땜용 인두 거치대, 플라이어 몇 개, 니퍼 및 스크류 드라이버 한두 개가 필요할 뿐이다. 스파크펀에서 바로 이와 같은 키트(SKU TOL-09465)를 판매하므로 해당 제품을 구입하거나 비슷한 것을 찾아보라.

또한 멀티미터(즉, 멀티테스터 또는 다용도 계측기)가 필요하다(그림 1-1). 나는 저렴한 디지털 멀티미터를 제안한다(24달러짜리 이상은 처다보지도 마라). 더 나은 제품을 구입하더라도, 한 번에 두 가지 이상의 것을 측정하는 일이 유용하므로 결국 다른 제품도 사용하게 된다. 여기서 필요한 핵심 요소는 직류 전압, 직류 전류, 저항을 측정하는 일과 연속해 시험해 보는 일이다. 그 밖에 필요한 것이라고는 드물게 해야 할 실수뿐이다. 다시 말하지만, 그림 1-1에 표시된 모델과 비슷한 멀티미터를 구입하라. 이와 같은 멀티미터는 'MonkMakes Hacking Electronics Kit'에도 들어 있다.

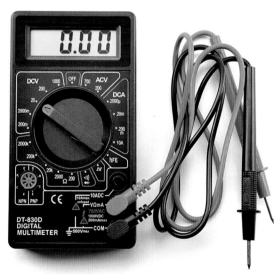

그림 1-1 **디지털 멀티미터**

끝부분이 탐촉자(즉, 프로브 또는 탐침)가 아닌, 악어 이빨 모양 클립으로 된 시험용 인출선(즉, 테스트 리드)은 매우 유용하다. 일부 멀티미터에는 이러한 접속도선(즉, 리드)도 들어 있다. 멀티미터에 악어 클립으로 된 시험용 인출선이 들어 있지 않은 경우라도 이베이 등에서 몇 천 원 정도만 주면 살 수 있다.

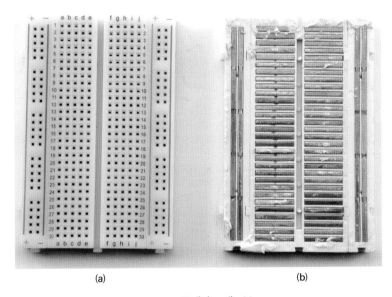

(a)   (b)

그림 1-2   무땜납 브레드보드

무땜납 브레드보드(그림 1-2)는 납땜질을 하기 전에 신속하게 설계해 봐야 할 때 매우 유용하다. 부품의 접속도선을 소켓에 찔러 넣으면 구멍 뒤에 놓여 있는 금속 클립이 해당 줄의 모든 구멍을 연결한다. 비싸지도 않다(부록 - 구성품의 T5 참조).

브레드보드에서 각 줄 사이에 다리를 놓듯이 연결하려면 색상이 서로 다른(부록 - 구성품의 T6 참조) 단단한 심선(solid core wire, 즉 단선 또는 중실)이 필요할 것이다. 끝부분에 작은 플러그가 달린 특수 목적용 점퍼선을 구입하는 것도 좋은 생각이다. 이런 점퍼선이 유용하기는 하지만 꼭 필요한 물품은 아니다.

다양한 모양과 크기로 브레드보드가 공급되지만, 이 책에서 가장 많이 사용하는 브레드보드는 '절반(half size) 브레드보드', 즉 400점(400point) 브레드보드이다. 이 브레드보드는 두 칸(열)으로 나뉜 부분에 총 30개 줄(행)이 있으며, 두 개의 '전력 공급용' 띠판이 각 면의 안쪽에 놓여 있다(그림 1-2). 이런 종류에 속하는 브레드보드는 시중에서 쉽게 구할 수 있으며, 'MonkMakes Hacking Electronics Kit'에도 들어 있다.

그림 1-2b는 분해한 브레드보드를 보여 주고 있는데, 이 그림에서 플라스틱 뒤편 더 안쪽에 놓여 있는 전도성 금속 클립도 볼 수 있다. 브레드보드 양편의 아래쪽에 놓인 긴 띠판들은 부품에 전력을 공급하는 데 사용된다. 하나는 양극이고, 하나는 음극이다. 양극에는 적색, 음극에는 청색이나 흑색을 사용해 서로 구분할 수 있게 한다.

전선 벗기기

전자제품을 해킹할 때 알아야 할 기본 기술부터 살펴보자. 아마도 가장 기본적인 기술은 전선을 벗겨 내는 기술일 것이다.

필요 물품

수량	품목	부록 코드
	벗겨낼 전선	T9 또는 폐전선
1	플라이어	T1
1	니퍼	T1

전자제품을 해킹할 때는 대개 전선이 들어 있으므로 전선을 사용하는 법을 알아야 한다. 그림 1-3에서 일반적으로 사용되는 전선의 종류를 성냥개비 옆에 두어 크기를 비교해 볼 수 있게 했다.

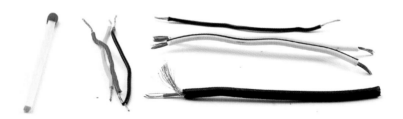

그림 1-3   흔한 전선 형태

성냥개비 바로 옆에 결속선(hookup wire, 즉 브레드보드 점퍼선)이라고도 부르는 단단한 심선 세 개가 놓여 있다. 플라스틱 절연체 안에 심을 한 개만 넣어 만든 전선이므로 구부릴 때 가끔 끊어지기도 한다. 전선이 단선(즉, 외가닥으로 된 전선)이므로 연선(즉, 여러 가닥으로 된 전선)과 달리 선이 밀려나지 않으므로 프로토타입 제작 시 소켓에 밀어 넣기가 훨씬 쉽다.

브레드보드에 사용할 때는, 미리 벗겨 낸 전선을 다양한 색상으로 길게 잘라 모아 둔 키트를 구입하거나(부록의 T6 참조) 원하는 길이로 잘라 쓸 수 있게, 미리 벗겨 낸 전선을 감아 둔 것(부록의 T7, T8, T9 참조)을 구입할 수 있다. 적색, 황색, 흑색 중 적어도 세 가지 색상이 있는 것이 좋다. 양극 전원공급장치에는 적색, 음극에는 흑색, 필요한 다른 전선에는 황색을 사용하면 과제물을 연결하는 방식을 좀 더 쉽게 알아볼 수 있다.

그림 1-3의 오른쪽 상단에는 연선, 나머지 부분에는 여러 선을 두 가닥으로 꼬은 길쭉한 전선이 있다. 연선은 과제물에 쓰이는 모듈들을 연결할 때 사용한다. 예를 들어, 증폭기 모듈의 확성기에 연결된 부분에는 일부 두 가닥짜리 전선(2연선 또는 평행2선) 또는 연선을 사용할 수 있다. 이런 전선이 주위에 놓여 있으면 유용하다. 고장 난 전자제품에서 쉽게 찾아 쓸 수 있으며, 비교적 저렴하게 구입할 수 있다(부록의 T10 및 T11 참조).

그림 1-3의 오른쪽 하단에 있는 선 중에 수직 방향으로 놓여 있는 선들은 차폐선(screened wire)이다. 이것은 오디오 및 헤드폰 접속도선에서 볼 수 있는 전선 종류이다. 오른쪽 하단에 나온 선(차폐선 포함)은 외부가 여러 가닥으로 된 차폐선으로 둘러싸인 절연 전선 내부에 심(즉, 차폐심선)이 있는 꼴이다. 이런 전선 종류는 주 전원 힘(110V 장비의 60Hz 전기 잡음, 즉 찡찡거리는 고주파음 같은 소리를 내게 하는 전기 잡음)과 같은 전기 잡음이 가운데 전선을 통해 흐르는 신호에 영향을 미치지 않도록 하려는 경우에 사용한다. 바깥쪽에 놓인 차폐선이 모든 표류 신호와 잡음을 차단해 안쪽에 있는 심선에 흐르는 신호를 보호한다. 차폐선으로 둘러싸인 심이 두 개 이상인 경우(예: 스테레오 오디오 케이블)와 같은 다양한 변형이 있다.

절연된 부분 중 끝부분을 일부 벗겨낼 수 없다면 아무런 소용이 없는 이유는 벗겨 낸 부분을 다른 곳에 연결해야 하기 때문이다. 이와 같은 작업을 전선 벗기기(즉, 전선 박리)라고 한다. 이것을 위해 특수 목적의 전선 스트리퍼(즉, 전선 피복 벗개)를 구입할 수 있는데, 이런 스트리퍼를 벗기고자 하는 전선의 지름에 맞도록 조정할 수 있다. 그렇다고 해서 이것으로 전선의 굵기를 알 수 있다는 의미는 아니다. 고장 난 전자제품의 일부분이었던 전선을 떼어내어 사용하는 경우라면 전선의 너비를 알 수 없다. 스트리퍼를 사용하는 방법을 말하고 있기는 하지만, 조금만 연습하면 플라이어와 니퍼만으로도 전선을 벗길 수 있다.

전선용 니퍼 및 플라이어는 전자공학 해커들의 필수 공구이다. 이 두 공구는 비쌀 이유가 없다. 실제로, 니퍼 자체가 쉽게 파이는 경향이 있어서 사용하는 데 짜증이 날 수 있으므로 정기적으로 교체해 쓸 수 있을 만큼 값싼 한 짝(보통 2,000원 정도)을 사용하는 편이 바람직하다.

그림 1-4a와 1-4b는 플라이어(즉, 집게 또는 펜치)와 니퍼(가위)로 전선을 벗기는 법을 보여 준다. 플라이어는 니퍼로 전선을 벗기는 동안 플라이어가 전선을 단단히 잡아 두는 역할을 한다.

(a)   (b)

그림 1-4 **전선 벗기기**

끝에서 약 1인치 떨어진 곳에서 플라이어로 전선을 잡는다(그림 1-4a). 그런 다음, 니퍼를 사용해 절연체를 잡아당겨 제거한다. 때로는 절연체(즉, 플라스틱 껍질)를 니퍼로 단단히 쥐지 않은 채로 절연체 먼저 끝까지 잡아당겨 빼내는 것이 도움이 된다(그림 1-4b).

더 긴 전선이라면 플라이어 대신 손가락을 사용하면 전선을 몇 배 더 강한 힘으로 움켜 쥘 수 있다.

이렇게 하려면 어느 정도 연습해야 한다. 때로는 짤깍 소리가 날 정도로 너무 강하게 잡아당기는 바람에 절연체가 끊어지는 경우가 있고, 어떤 때는 짤깍 소리가 들리지 않으면서 절연체가 제자리에 머물러 있거나 늘어나 있을 수 있다. 중요한 작업에 착수하기 전에 오래되고 길쭉한 전선으로 연습해 보라.

전선을 서로 꼬아 연결하기

납땜하지 않고도 전선을 연결할 수 있다. 납땜이 더 영구적이지만 때로는 이 기술로도 충분할 때가 있다.

전선을 연결하는 가장 간단한 방법 중 하나는 단순히 맨 끝을 함께 꼬는 것이다. 외가닥 전선보다 여러 가닥으로 된 다양한 전선을 대상으로 이렇게 하기가 더 쉽지만, 외가닥 전선인 경우에도 제대로만 한다면 어느 정도는 잘 연결할 수 있다.

필요 물품

전선 두 개를 꼬아 연결해 보려면(예상보다는 조금 더 꼬아야 할 수도 있다), 다음과 같은 것이 필요하다.

수량	품목	부록 코드
2	연결할 전선들	T10
1	PVC 절연 테이프 한 롤	T3

구리선을 잡기 위해 먼저 전선을 벗겨야 할 경우, '전선을 벗기는 방법' 단원을 참조하라.

그림 1-5a부터 1-5d까지는 두 개의 전선을 꼬아 연결하는 과정을 순서대로 보여 준다.

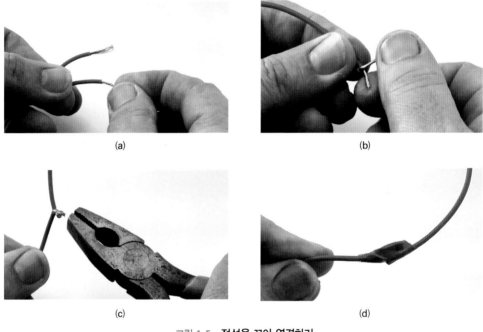

(a)   (b)   (c)   (d)

그림 1-5 **전선을 꼬아 연결하기**

먼저 각 전선의 뻗어나온 부분을 시계 방향으로 돌리며 위로 꼬아 나간다(그림 1-5a). 이렇게 하는 이유는 연선 가닥을 낱낱이 정리하기 위해서이다. 그런 다음, 사전에 꼬아 둔 두 선(그림 1-5b)을 다시 한 번 서로 꼰다. 전선 중 한쪽을 곧게 펴 둔 채로 나머지 한 줄로 꼬아 감는 방식을 피하라. 이렇게 하면 첫 번째 전선이 두 번째 전선에서 쉽게 빠져나올 수도 있다. 다음으로, 연결된 전선을 작고 깔끔한 매듭으로 꼬아 넣어라(그림 1-5c). 특히 전선이 두껍다면 플라이어(즉, 펜치) 한 짝을 사용하면 매듭을 만들기가 더 쉽다. 마지막으로 PVC 절연 테이프로 연결 부분을 4∼5회 정도 둘러싸라(그림 1-5d). 조금 더 견고하고 깔끔하게 연결하기를 바란다면 전선들을 서로 꼬고 납땜으로 확실히 연결한 뒤에 수축 튜브를 끼워서 마무리한다.

납땜으로 전선 연결하기

납땜은 전자제품을 해킹하는 데 필요한 주요 기술이다.

안전

여러분의 기를 꺾고 싶지는 않지만, 납땜 시에는 매우 높은 온도에서 금속이 녹는다는 점을 알아야 한다. 그뿐만 아니라 해로운 증기를 내며 녹는 금속도 있다. 원숭이도 나무에서 떨어질 때가 있는 법이므로 납땜하는 사람이라면 누구나 한 번쯤은 손가락을 지지게 될 것이다. 그러므로 조심해서 다음과 같은 안전 수칙을 지켜라.

- 무언가를 실제로 납땜하지 않을 때는 항상 인두를 거치대에 다시 넣어 두라. 작업대에 그냥 올려 두면 곧 굴러 버리고 말 것이다. 그렇게 하지 않으면 팔꿈치로 전선을 건드려 인두가 바닥에 떨어지게 되었을 때 여러분은 자연스러운 반사 신경에 따라 인두를 잡으려고 할 것이다. 뭔가를 찾거나 납땜질할 준비가 된 부품을 배치하는 중에 그런 식으로 인두를 방치하면 조만간 손가락을 납땜하게 되거나 귀중한 것을 태우게 될 것이다.

- 보안경을 착용하라. 특히 팽팽해진 전선이나 부품을 납땜할 때 녹은 땜납 한 줌이 튀어나올 수 있다. 녹은 땜납 한 덩어리가 눈에 들어가기를 바라지 않을 것이다. 시력이 좋다면 확대경이 멋지게 보이지 않을 수도 있지만, 확대경으로는 눈을 보호하고 제대로 납땜하고 있는지 볼 수 있다.

- 화상을 입은 경우에는 적어도 1분 동안 화상 부위를 찬물로 적셔야 한다. 심각한 화상이라면 의사에게 진찰을 받아야 한다.

- 통풍이 잘되는 방에서 납땜질을 하고, 가능하다면 납땜 인두에서 나오는 증기를 뽑아낼 수 있게 환풍기를 설치하라. 가급적이면 납땜 증기를 창 밖으로 날려 보내야 한다. 전선 연결 기술을 연습하는 재미있는 작은 프로젝트는 낡은 컴퓨터를 사용해 환풍기를 만들어 보는 것이다('컴퓨터 환풍기를 해킹해 납땜 증기 배출하기' 절).

필요 물품

납땜으로 일부 전선을 연결하는 연습을 하려면 다음과 같은 물품이 필요하다.

수량	품목	부록 코드
2	연결할 전선들	T10
1	PVC 절연 테이프 롤	T3
1	납땜 키트	T1
1	매직핸드(선택)	T4
1	커피 잔(필수)	

매직핸드(magic hands, 즉 '돕는 손' 또는 세컨드핸드)는 납땜 중에 큰 도움이 되는데, 납땜을 할 때에는 인두를 잡을 때 쓸 것, 땜납을 만질 때 쓸 것, 납땜하려는 물건을 집을 때 쓸 것이 각기 필요하기 때문이다. 일반적으로 납땜하려는 물건을 잡을 때면 매직핸드를 사용한다. 매직핸드는 악어 이빨 모양으로 된 클립과 가벼운 브래킷으로 구성되어 있어 사물을 제 위치에 고정시키고 작업 표면에서 떨어뜨려 놓을 수 있다.

납땜질을 할 때 전선을 조금 구부려 전선이 작업대에 달라붙지 않게 하기 위한 대안도 있다. 보통 커피잔과 같은 무언가를 전선 위에 두어 움직이지 않게 한다.

납땜

전선 두 개를 연결하는 작업에 뛰어들기 전에 납땜에 대해 살펴보자. 전에 납땜을 해 본 적이 없더라도, 그림 1-6a부터 1-6c에서 납땜하는 방법을 볼 수 있다.

1. 납땜 인두가 완전히 가열되었는지를 확인해야 한다는 점을 잊지 마라.

2. 납땜 인두 거치대 위에 놓인 축축한(흠뻑 젖지는 않은 것) 스폰지에 인두 끝을 닦으라.

3. 인두 끝부분으로 약간의 땜납을 살짝 건드려 (땜납으로 인두 끝을) 도금해 보라(그림 1-6a). 이렇게 했을 때 인두 끝부분이 밝게 빛나야 한다. 땜납이 녹지 않는다면 인두가 아직 뜨겁지 않은 것이다. 땜납이 인두 끝부분을 공처럼 둘러싸고 달라붙지 않는다면 인두 끝부분이 더러워 그런 것일 수 있으므로 스폰지로 닦은 다음에 다시해 보라.

4. 납땜 인두를 전선에 붙이고 1~2초 동안 그대로 두라(그림 1-6b).

5. 납땜 인두 가까운 쪽에 놓인 전선에 땜납을 대 보라. 이때 땜납이 전선으로 흘러야 한다(그림 1-6c).

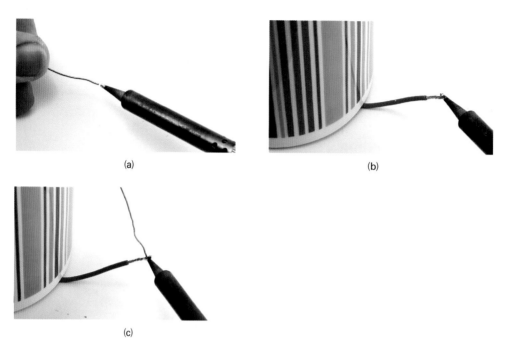

(a)
(b)
(c)

그림 1-6　커피잔을 이용해 납땜하듯이 전선을 도금하는 법

납땜은 무언가 예술 같은 면이 있다. 어떤 사람들은 천성적으로 납땜질을 잘한다. 그러므로 처음에는 어느 정도 땜납이 얼룩덜룩하게 되더라도 걱정하지 마라. 점점 능숙해질 것이다. 납땜질할 물품을 가열하고 땜납이 녹을 만큼 뜨거울 때 납땜해야 한다는 점을 반드시 기억해 두라. 잘되지 않는다면 납땜 인두와 물건이 닿는 부분에 땜납을 대는 방식이 도움이 될 수도 있다.

다음 단원에서는 더 많이 납땜을 연습해 볼 수 있는데, 이때는 여러 전선을 함께 납땜한다.

전선 연결하기

두 개의 전선을 땜납으로 연결하려면 '전선을 꼬아 연결하는 방법' 단원에서 설명한 방식으로 연결한 후, 해당 연결 부위에 생긴 작은 매듭에 땜납을 흘려 보낼 수 있다. 전선을 덜 울퉁불퉁하게 연결하는 또 다른 방법이 그림 1-7a에서 1-7d까지 나온다.

1. 첫 번째 단계에서는 각 전선 끝을 꼰다. 연선인 경우(a)라면 그림 1-7a와 같이 땜납으로 도금하라.

2. 그런 다음, 전선을 나란하게 잡아 두고 인두로 가열하라(그림 1-7b). 한 손으로 두 번째 전선과 땜납을 젓가락 쥐듯이 쥐는 기술에 주목하라.

3. 땜납을 전선으로 흘려 보내 하나의 전선이 되게 연결함으로써 그림 1-7c와 같은 모양을 만든다.

4. 절연 테이프로 연결 부위를 서너 번 둘러싸라. 1/2인치(약 1.7센티미터) 정도면 충분할 것이다(그림 1-7d).

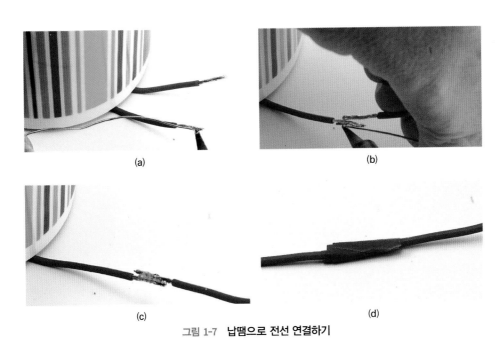

(a)

(b)

(c)

(d)

그림 1-7 **납땜으로 전선 연결하기**

연결 부분 검사

'납땜으로 전선 연결하기' 단원에서 우리가 만든 연결 부분의 경우에는 확실하게 연결되어 있을 것이다. 그러나 단선의 경우, 전선의 심이 절연체 속 어딘가에서 깨지는 경우가 드물지 않다. 일렉트릭 기타를 소유하고 있다면 아마도 기타 리드(즉, 기타 접속도선 또는 기타 케이블)가 깨지는 문제에 익숙할 것이다.

필요 물품

수량	품목	부록 코드
1	멀티미터	K1, T2
1	검사할 연결 부분들	

거의 모든 멀티미터에는 '연속성' 모드가 있다. 이 유용한 모드로 설정하면 접속도선(즉, 리드)이 서로 연결되어 있을 때 멀티미터에서 신호음이 울린다.

멀티미터를 '연속성 모드'로 설정한 후, 접속도선들을 함께 만졌을 때 멀티미터가 신호음을 내야 한다. 제조업체는 연속성 모드에서 소리를 낸다는 점을 나타내기 위해 연속성 모드를 음표나 그 밖의 상징 도형으로 표시하는 편이다. 이제 길쭉한 전선을 잡고 전선의 각 끝에 연결된 멀티미터 접속도선을 만져 보라(그림 1-8). 전선에 문제가 없다면 버저가 울린다.

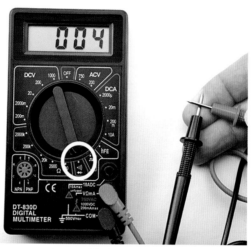

그림 1-8 **연속성 모드 상태인 멀티미터**

회로 기판에서도 이 기술을 사용할 수 있다. 오래된 회로 기판을 가지고 있다면, 같은 트랙에서 납땜 연결을 검사해 보라(그림 1-9).

그림 1-9 **회로 기판 검사**

연결되어 있을 것으로 기대한 곳이 연결되어 있지 않다면 건식 접합(dry joint)이 있을 수 있는데, 건식 접합 부위에서는 땜납이 제대로 흐르지 않거나 회로 기판상의 트랙에서 균열이 발생하기도 한다(기판이 휘면 이런 일이 가끔 발생한다).

건식 접합인 경우, 땜납을 조금만 제대로 흘려 넣으면 쉽게 고쳐진다. 회로판의 균열은 트랙 위에 있는 보호 도료를 약간 긁어 낸 후, 트랙의 떨어진 부분을 납땜질해 해결할 수 있다.

컴퓨터 환풍기를 해킹해 납땜 증기 배출하기

납땜 증기는 불쾌할 뿐만 아니라 몸에도 좋지 않다. 납땜하는 동안에는 가능한 한 열린 창문 옆에 앉아 있는 편이 좋다. 그렇게 할 수 없다면 전자공학 해킹 기술을 향상시키는 좋은 과제물 제작 사례로 삼으면 그만이다(그림 1-10).

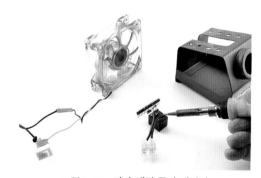

그림 1-10   **자가 제작 증기 제거기**

그래! 멋진 모양으로 만들었다고 상 받을 일은 없을지 몰라도, 적어도 납땜 증기는 내 얼굴에서 멀어져 가겠지….

필요 물품

수량	품목	부록 코드
1	납땜 키트	T1
1	낡은 컴퓨터 쿨링팬(접속도선이 두 개)	
1	12V 직류 전원공급장치	M1
1	토글 스위치	K1

제작하기

그림 1-11은 이 작은 과제의 구성도를 보여 준다.

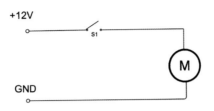

그림 1-11 증기 제거기에 대한 구성도

전자공학을 처음 접하는 사람들은 그림 1-12에서와 같이 전선이 필요한 곳에 선분을 사용해 그리는 식으로 부품을 실물에 가깝게 표시하는 편이 더 바람직하다고 생각하면서, 이러한 구성도를 달가워하지 않는다. 하지만 구성도를 읽는 법은 배워 둘 만하다. 인터넷에 유용한 구성도가 많이 게시되어 있으므로 그리 어려운 일이 아니며, 장기적으로 보면 더 이득이 된다. 이는 마치 악보를 읽을 수 있게 되는 일과 조금 비슷하다. 지금까지 귀로만 듣고 연주했는지는 모르지만, 악보를 읽고 쓸 수 있다면 더 많은 선택지를 지니게 될 것이라는 점과 비슷하다.

이제 구성도를 살펴보자. 왼쪽에는 '+12V' 및 'GND'라는 두 개의 표지가 있다. 첫 번째는 12V[7] 전원공급장치에서 나온 12V 양극 공급 부분을 나타낸다. GND는 실제로 전원공급장치의 음극 접속부(connection)를 나타낸다. GND는 'ground(접지)'의 약자로, 0V를 의미한다. 전압이라는 것은 상대적이어서 전원공급장치의 12V 접속부는 다른 접속부(GND 접속부)보다 12V 높은 셈이 된다. 2장에서 전압을 더 배운다.

오른쪽으로 시선을 옮기면 스위치가 보일 것이다. 여기에는 'S1'이라는 표지가 붙어 있는데, 구성도에 스위치가 두 개 이상 있는 경우라면 'S2', 'S3' 등으로 표지를 지정한다. 스위치 기호를 보면 스위치를 작동하는 방법을 알 수 있다. 두 전선의 연결 부분이 서로 연결되어 있다면 스위치가 켜짐 상태이며, 꺼짐 위치에 있으면 연결되지 않는다. 이처럼 간단하다.

이 스위치로 환풍기를 구성하는 전동기(M)에 대한 전기 공급을 수도꼭지처럼 제어할 수 있다.

7　　옮긴이 '십이 볼트'라고 읽는다.

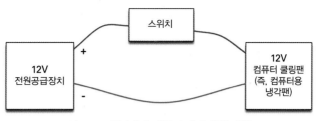

그림 1-12　연기 추출기(증기 제거기)의 배선도

1단계: 전원공급장치의 접속도선을 벗긴다

우리는 전원공급장치(power supply, 즉 전원 장치)를 가지고 있으므로 그 끝에서 플러그를 자르고 전선을 벗겨 낼 것이다('전선 벗기기' 단원 참조). 플러그를 자르기 전에 전원공급장치가 전원에 꽂혀 있지 않은지 확인하라. 그렇게 하지 않은 채로 두 전선을 동시에 절단하면 절단기가 두 전선을 단락(즉, 합선)시키게 되고, 그러면 전원공급장치가 손상될 수 있다.

2단계: 전원공급장치의 접속도선 극성을 확인한다

전선을 자를 때는 어느 쪽이 양극인지 알아야 한다. 이때에는 멀티미터를 사용한다. 멀티미터를 20V 직류 범위로 설정하라. 여러분이 지닌 멀티미터의 전압 범위는 아마도 두 개일 것이다. 하나는 교류용(AC)이고, 다른 하나는 직류용(DC)이다. 직류 범위를 사용해야 한다. 직류 범위는 종종 점선 위에 실선을 두는 식으로 표시되어 있다. 교류 범위는 AC라는 문자로 표시되거나 옆에 작은 사인파 그림을 그려 놓는다. 직류 대신 교류를 선택해도 멀티미터가 손상되지 않지만, 의미 있는 수치를 얻지는 못한다(멀티미터에 대한 자세한 내용은 11장을 참조하라).

먼저 전원공급장치의 접속도선이 벗겨지지 않았는지 확인한 후, 전원공급장치를 꽂고 전원을 켠다.

멀티미터 접속도선을 전원공급장치 접속도선에 연결하라(그림 1-13). 흔한 시험용 인출선(즉, 테스트 리드 또는 테스트용 접속도선)을 사용할 수 있지만, 이 경우 악어 클립 모양으로 된 시험용 인출선을 사용하면 아주 편리하다. 멀티미터의 숫자가 양수이면 멀티미터의 적색 시험용 인출선이 양극 접속도선에 연결된 것이다. 접속도선을 어떤 식으로든 서로 구분할 수 있게 하라(나는 해당 접속도선에 매듭을 묶었다. 그림 1-13을 보라). 그러나 멀티미터가 음전압을 나타낸다면 접속도선이 서로 바뀐 셈이 되므로 멀티미터의 흑색 시험용 인출선에 연결된 전력 공급 접속도선을 매듭으로 묶는다. 이 경우에는 이게 전원공급장치의 양극 접속도선인 것이다.

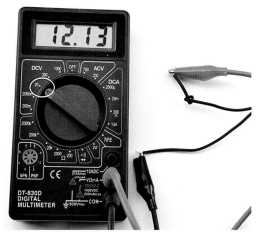

그림 1-13　멀티미터를 사용해 전원공급장치의 극성을 찾는다.

3단계: 음극 접속도선들을 서로 연결한다

전원공급장치의 플러그를 뽑아라. 전력이 공급되는 상태에서 납땜해서는 결코 안 된다.

컴퓨터 환풍기 끝에서 플러그를 뽑아 두 개의 전선을 벗겨 낸다. 나의 경우에는 흑색(음극)과 황색(양극) 접속도선이 있었다. 접속도선이 세 개인 환풍기는 더 복잡하기 때문에 피해야 한다. 접속도선을 잘못 둘러 잡아도 환풍기가 반대 방향으로 회전할 뿐, 아무런 해도 입지 않을 것이다.

이제 환풍기의 음극 접속도선을 전원공급장치의 음극 접속도선(매듭을 묶어 두지 않은 선)에 연결한다(그림 1-14).

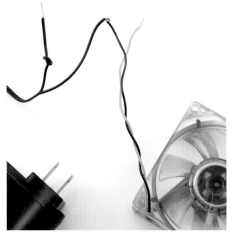

그림 1-14　음극 접속도선끼리 연결

4단계: 양극 접속도선을 스위치에 연결하라

전원공급장치의 양극 접속도선을 스위치의 외부 접속부 중 한쪽에 납땜한다(어느 쪽이든 상관없다, 그림 1-15). 시작하기 전에 약간의 땜납으로 스위치 접속부들을 도금해 두면 도움이 될 것이다.

그림 1-15 양극 접속도선을 스위치에 연결

마지막으로 환풍기에 남은 접속도선을 스위치의 가운데 접속부에 연결하라(그림 1-16).

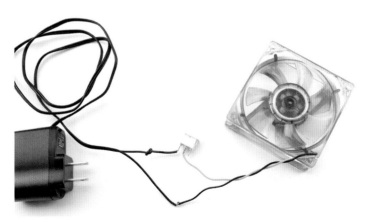

그림 1-16 환풍기를 스위치에 연결

5단계: 시험삼아 환풍기를 써 본다

노출된 연결 부분을 절연 테이프로 감싼 후, 플러그를 꽂고 전원을 켜라. 스위치를 올리면 환풍기가 켜져야 한다.

요약

이제 기본기를 다졌고, 땜납과 전선과 스위치를 자신 있게 다룰 수 있게 되었으므로 2장으로 넘어가도 될 것이다. 2장에서는 전자제품을 잘 해킹하기 위해 알아야 할 몇 가지 기본 아이디어와 몇 가지 전자부품을 살펴본다.

## CHAPTER 2

부품

전자공학을 최대한 활용하는 데 도움이 되는 몇 가지 기본 사항이 있다. 나는 여러분이 이론 때문에 힘들어하는 모습을 볼 생각이 없으므로 필요할 때 다시 2장으로 돌아오면 된다. 어떤 이론이든 살펴보기 전에 우리가 사용해야 할 부품 중 일부를 모아 두는 방법부터 살펴보자.

입문용 부품 키트

1장에서는 몇 가지 공구를 갖추고 납땜 작업을 수행했다. 우리가 유일하게 만들었던 과제물 에서는 떼어 낸 컴퓨터 환풍기와 표준 전원공급장치 및 스위치를 사용했다.

이것들은 자주 사용하게 될 부품이다. 기본 부품을 갖추려면 입문용 키트를 구입하는 것 이 좋다. 스파크펀(SparkFun), 에이다프루트(Adafruit) 및 몬메익스(MonMakes)는 모두 범용 기 본 부품 키트를 판매한다(부록의 K1 참조). 이러한 키트들을 갖추면 필요하고 유용한 부품 중 80% 정도는 충당할 수 있다.

다른 공급 업체들도 입문용 키트를 판매하며, 이 중 어느 것도 이 책에 필요한 것을 다 담고 있지는 않지만, 입문용으로 쓰기에는 바람직하다.

'MonkMakes Hacking Electronics Mega Kit'라는 이름을 단 키트에는 이 책에서 사용하는 많 은 부품 외에도 멀티미터 및 브레드보드, 점퍼선 및 직류 전동기와 같은 몇 가지 공구도 들어 있다. 키트에 포함된 전체 부품 목록은 http://www.monkmakes.com/hacking을 참조하라.

이 책에 나오는 프로젝트와 실험에는 일반적으로 필요한 구성 부품들을 나열하는 '필요 물품' 단원이 있다. 이것들은 '부록 코드'와 함께 나열되어 있으므로 이 책의 끝부분에 나오는 부록 을 참조하면 부품 구입처에 대한 정보를 알 수 있다. 부품에 K1이라는 부록 코드가 있는 경 우, 해당 부품이 'MonkMakes Hacking Electronics Mega Kit'에 들어 있음을 의미하는 식으 로 정보가 수록되어 있다.

전자공학용 부품 식별

어쨌든 방금 우리가 구매한 것에는 무엇이 들어 있을까? 저항기부터 시작해 입문자용 키트에서 찾을 수 있는 부품 중 일부를 사용해 본 후에 그것들이 무엇을 하는지 설명한다.

저항기

그림 2-1에는 다양한 저항기(resistor)[8]가 나온다. 저항기는 다양한 전력 세기에 대처할 수 있도록 다양한 크기로 제공된다. 고전력 저항기(high-power resistor)는 생성되는 열에 대처할 수 있게 물리적으로도 크다. '뜨거워지는 부품'은 전자공학 측면에서 볼 때 일반적으로 나쁜 것이므로 대체로 이를 피해야 한다. 하지만 우리는 거의 모든 상황에서 0.25와트 저항기를 사용할 수 있다. 이 저항기 정도면 일반적인 용도로 사용하기에 적당하다.

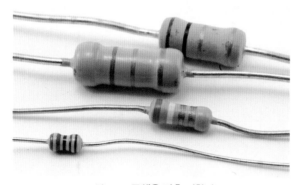

그림 2-1 **구색을 맞춘 저항기**

저항기에는 '최대 전력 정격'뿐만 아니라 '저항'도 있다. 단어에서 알 수 있듯이 저항은 전류의 흐름에 대한 실질적인 저항이다. 따라서 저항이 높은 저항기는 전류가 많이 흐르지 못하게 하며, 저항값이 작은 저항기는 전류가 많이 흐를 수 있게 한다.

저항기는 가장 흔하게 사용하는 부품이다. 우리도 자주 사용할 것이므로 2장의 뒷부분에 나오는 '전류, 저항 및 전압이란 무엇인가?'라는 단원에서 주제를 자세히 설명하겠다.

---

8   옮긴이 보통 '저항'이라고 줄여 부르기도 하지만, 저항값을 의미하는 저항(resistance)과 구분하기 위해 이 책에서는 '저항기'라고 표현한다.

저항기에는 값을 나타내는 줄무늬가 몇 개 있다. 줄무늬를 읽는 법을 배우거나 줄무늬에 해당하는 값을 서랍이나 부품 상자 또는 가방에 보관해 두는 식으로 이 줄무늬들을 거들떠보지 않을 수도 있다. 저항값이 의심스럽다면 멀티미터의 저항 측정 기능으로 값을 확인하라.

그러나 달인이라면 저항기의 색상 코드 정도는 숙지하고 있어야 한다. 각 색상은 표 2-1과 같은 값을 나타낸다.

표 2-1 **저항기 색 부호**

색	값
흑색(검은색)	0
갈색	1
적색(빨간색)	2
주황색	3
황색(노란색)	4
녹색(푸른색)	5
청색(파란색)	6
자색(보라색)	7
회색	8
백색(흰색)	9
금색	1/10
은색	1/100

금색과 은색은 각기 1/10과 1/100이라는 분수를 나타낼 뿐만 아니라 저항기가 얼마나 정확한지도 나타낸다. 어쨌든 금색은 ±5%를 의미하고, 은색은 ±10%를 의미한다.

일반적으로 저항기의 한쪽에 띠 세 개가 모여 있다. 그 다음에 빈 칸이 나오고 저항의 다른 쪽 끝에 단색 띠가 나온다. 단색 띠는 저항기값의 정확도를 나타낸다. 이 책의 어떤 프로젝트에서도 매우 정확한 저항기를 필요로 하지 않으므로 저항기를 선택할 때 정확도를 기준으로 삼지 않아도 된다.

그림 2-2는 색띠의 배열을 보여 준다. 저항값은 첫 세 개 띠로만 나타낸다. 첫 번째 띠는 첫 번째 숫자를 나타내고, 두 번째 띠는 두 번째 숫자를 나타내며, 세 번째 '승수' 띠는 처음 두 자리 뒤에 0이 몇 개 오는지를 나타낸다.

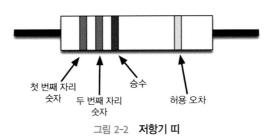

첫 번째 자리
숫자

두 번째 자리
숫자

승수

허용 오차

그림 2-2 **저항기 띠**

따라서 270Ω(옴) 저항기는 첫 번째 숫자 2(빨강), 두 번째 숫자 7(보라색) 및 1의 승수(갈색)로 나타낸다. 마찬가지로 10kΩ 저항기는 갈색, 흑색 및 주황색(1, 0, 000) 띠를 지니게 된다.

고정 저항기(즉, 붙박이 저항기) 이외에 가변 저항기(즉, 전위차계 또는 팟)도 있다. 이 가변 저항기의 꼭지를 돌리면 저항이 바뀌므로 소리 크기를 바꾸는 음량 조절 기능 등에 사용하면 편리하다.

커패시터

전자제품을 해킹할 때 때때로 커패시터(capacitor, 즉 축전기)를 사용해야 할 수도 있다. 다행스럽게도 커패시터의 역할을 많이 알지 않아도 된다. 커패시터는 종종 회로의 불안정성이나 원치 않는 잡음과 같은 문제를 해결하는 데 사용한다. 사용 방식에 따라 '분리 커패시터 (decoupling capacitor)' 또는 '평활 커패시터(smoothing capacitor)'와 같은 이름이 종종 부여된다. 커패시터가 필요한지 여부를 쉽게 알 수 있는 규칙이 있다. 이 규칙들을 연이어서 나오는 여러 단원에서 볼 수 있다.

호기심을 자극하는 커패시터는 전지와 비슷하지만, 많은 비용을 들이지 않고도 전하를 저장한 후 매우 빠르게 방출할 수 있다.

그림 2-3은 선정한 커패시터들을 보여 준다.

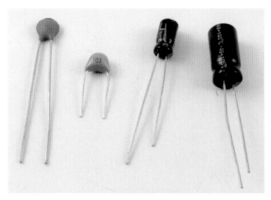

그림 2-3   **다양한 커패시터**

왼쪽에서 볼 때 두 번째로 나오는 커패시터를 자세히 보면 103이라는 숫자를 볼 수 있다. 이 숫자가 실제로는 피코패럿 단위로 나타낸 커패시터의 값이다. 정전용량(capacitance, 즉 전기용량 또는 축전용량 또는 커패시턴스) 단위는 패럿이지만 1F 커패시터만 되어도 엄청나게 용량이 큰 커패시터에 해당하며, 엄청난 전기를 저장한다. 그러한 괴물도 존재하기는 하지만, 커패시터는 거의 항상 나노패럿(nF = 1/1,000,000,000F) 또는 마이크로패럿(μF = 1/1,000,000F) 단위로 측정된다. 또한 피코패럿 범위(pF = 1/1,000,000,000,000F)의 커패시터를 찾아볼 수도 있다.

103이라는 숫자는 저항과 마찬가지로 10 다음에 0이 세 개 나온다는 것을 의미하며, pF 단위로 나타낸다. 그러므로 이는 10,000pF, 즉 10nF이다.

그림 2-3의 오른쪽에 나오는 커패시터를 전해질 축전기(또는 전해 커패시터)라고 부른다. 전해질 축전기의 용량값은 일반적으로 µF(마이크로패럿) 범위에 있으며, 측면에 표시되어 있다. 그 값이 또한 +와 - 측면이 있으므로 다른 대부분의 커패시터와 달리 알맞은 방향으로 연결해야 한다.

그림 2-4는 큰 전해질 축전기[9]를 보여 주는데, 값(1000µF)과 음극 접속도선이 그림의 하단에 화살표와 - 기호로 명확하게 표시되어 있다. 커패시터의 접속도선 길이가 나머지 접속도선 한 개보다 길다면, 보통 더 긴 접속도선이 양극 접속도선이 된다.

그림 2-4 **전해질 축전기**

그림 2-4에 나오는 축전기에는 전압(200V)이 기록되어 있다. 이 값은 축전기의 최대 전압을 나타낸다. 따라서 접속도선에 200V 이상을 걸면 오류가 발생한다. 이와 같은 대형 전해질 축전기는 '눈부신(?)' 실패로 인해 명성을 얻었는데, 폭발할 수 있으며 폭발할 때 끈적거리는 전해질을 토해낸다.

다이오드

때때로 다이오드를 사용해야 할 수도 있다. 다이오드는 한쪽 방향으로만 열리는 밸브와 같아서 전류가 한쪽 방향으로만 흐를 수 있게 한다. 따라서 부품을 손상시키는 우발적인 역전압으로부터 민감한 부품을 보호하는 데 자주 쓰인다.

다이오드(그림 2-5)의 한쪽 끝에는 줄무늬가 있다. 줄무늬가 있는 쪽의 끝을 캐소드(cathod, 즉 음극)라고 하고, 반대쪽 끝을 애노드(anode, 즉 양극)라고 한다. 나중에 다이오드를 더 많이 알게 될 것이다.

---

9 옮긴이 커패시터는 축전기이지만, 보통 전해질을 사용하는 커패시터만을 축전기라고 부르는 경향이 있어 보인다.

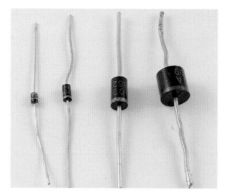

그림 2-5 저자가 선택한 다이오드

저항기와 마찬가지로 다이오드가 물리적으로 클수록, 너무 뜨거워져 못쓰게 되기 전까지는 더 많은 전력을 처리할 수 있다. 전체 시간 중 90%는 보기의 왼쪽에 나오는 다이오드 두 개 중 하나를 사용하게 된다.

LED

LED는 빛을 내며 일반적으로 예뻐 보인다. 그림 2-6에 여러 가지 LED가 나온다.

그림 2-6 다양한 LED

LED는 조금 민감하므로 전지에 직접 연결하면 안 된다. 그 대신 저항기를 사용해 LED로 흐르는 전류를 줄여야 한다. 이렇게 하지 않으면 LED가 거의 즉시 고장 날 것이다.

작업에 적합한 저항기를 선택하는 방법은 나중에 살펴본다.

일반 다이오드와 마찬가지로 LED에도 양극 및 음극(애노드 및 캐소드) 접속도선이 있다. 양극은 두 개의 접속도선 중 더 길다. 일반적으로 음극 쪽 LED 케이스가 평평하다.

단일 LED뿐만 아니라 단일 패키지 안에 더 복잡한 배열 형태로 된 LED를 구할 수 있다. 그림 2-7은 흥미로운 LED를 보여 준다.

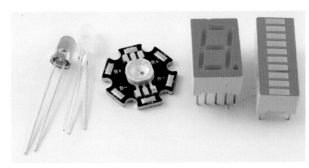

그림 2-7 **다양한 LED**

왼쪽에서 오른쪽 순으로 볼 때 차례대로 자외선 LED, 같은 패키지에 적색 LED와 녹색 LED 가 함께 들어 있는 LED, 모든 색상의 빛을 생성하도록 제어할 수 있는 고출력 RGB(적색, 녹색, 청색) LED, 7 세그먼트 LED 디스플레이, LED 막대그래프 디스플레이가 놓여 있다.

이것은 다양한 LED 종류 중 일부만 선별한 것일 뿐이다. 선택할 수 있는 LED는 아주 다양하다. 이후 단원에서 좀 더 색다른 LED를 살펴본다.

트랜지스터

트랜지스터를 오디오 증폭기 및 다양한 환경에서 사용할 수 있지만, 격식에 얽매이지 않는 전자공학 해커라면 트랜지스터를 스위치로 여기기도 한다. 그러나 레버로 제어되는 스위치라기보다는 작은 전류로 큰 전류를 제어해 개폐(switching, 즉 스위칭 또는 절환)하는 스위치라고 보는 편이 맞다.

일반적으로 말하면, 트랜지스터의 물리적 크기(그림 2-8)는 연기가 날 정도가 되기 전까지 얼마나 많은 전류를 개폐할 수 있는지를 결정한다(그림 2-8).

그림 2-8 **트랜지스터**

그림 2-8에 나오는 트랜지스터 중 오른쪽 두 개는 매우 전문화된 것으로, 고전력용으로 사용된다.

일반적으로 부품에 대한 규칙에 따르면, 못생기고 다리가 세 개나 있는 것이 트랜지스터일 가능성이 있다.

집적 회로

집적 회로(integrated circuit, IC), 즉 간단히 '칩'이라고 부르는 것은 트랜지스터들과 그 밖의 구성 요소를 실리콘에 인쇄한 것이다. IC의 목적은 다양하다. 마이크로컨트롤러(즉, 소형 컴퓨터), 오디오 증폭기 전체, 컴퓨터 메모리 또는 수천 가지 다른 가능성 중 하나를 담당하는 것일 수 있다.

IC는 삶을 편하게 해 준다. 흔히 말하듯이 대체로 '그 용도에 맞는 칩이 어딘가에는 있다'라고 말할 수 있기 때문이다. 실제로 무언가를 만들고자 하는 것이 있다면, 이미 그 용도에 맞는 칩이 있을 수 있다. 그렇지 않을지라도, 아마 중간 역까지 데려다주는 범용 칩 정도는 있을 것이다.

IC는 벌레처럼 보인다(그림 2-9).

그림 2-9 **집적 회로**

기타 물건

그 밖에도 다양한 부품이 있으며, 그중 일부는 전지 및 스위치와 같이 매우 익숙한 것이다. 포텐셔미터(음량 조절기에서 볼 수 있는 가변 저항기), 광 트랜지스터, 로터리 엔코더, 광 의존 저항기 등이 그중 일부이다. 이러한 것들은 이 책의 뒷부분에 나오는 대로 탐구할 것이다.

표면 실장 부품

표면 실장 장치(surface mount devices, SMD)를 조금 건드려 보자. 이런 식으로 된 부품들도 사실 저항기, 트랜지스터, 커패시터, IC 등이기는 하지만, 기계로 회로 기판의 상단 표면에 납땜할 수 있게 설계한 작은 패키지에 넣어 구성한다는 점에서 일반적인 것들과는 다르다.

그림 2-10은 선정한 SMD들을 보여 준다.

그림 2-10   **표면 실장 부품**

성냥개비와 비교해 보면 이 장치가 얼마나 작은지 알 수 있다. 손으로 표면 실장 부품을 납땜할 수도 있기는 하지만, 가능한 한 손이 떨리지 않아야 하고, 고품질 납땜 인두도 필요하다. 많은 인내심이 필요한 것은 말할 것도 없다. 브레드보드 또는 다른 프로토타입 제작용 공구와 함께 사용하기가 쉽지 않으므로 회로 보드에 표면 실장 부품을 납땜해야 할 수도 있다.

이 책에서는 SMD 대신 전통적인 '스루홀(through-hole)' 부품[10]을 주로 사용한다. 그러나 경험이 늘어나고 SMD로 작업하는 게 더 좋다는 생각이 들면 두려워하지 말고 시도해 보라.

전류, 저항 및 전압이란 무엇인가?

전압, 전류 및 저항은 전자제품들에서 할 수 있는 거의 모든 일의 기초가 되는 세 가지 특성이다. 서로 밀접하게 관련되어 있으며, 이것들 간의 관계를 파악할 수 있다면 아주 현명한 해커가 될 것이다. 분량이 많지 않은 이 이론을 읽고 이해할 수 있는 시간을 내어 보라. 일단 이 세 가지 특성을 이해하면, 그 밖의 많은 다른 특성은 알아서 자리 잡는다.

---

10 **옮긴이** 다리를 회로 기판을 관통해 넣어 납땜 등으로 장착하는 부품을 말한다.

전류

전자(electrons)를 볼 수 없다는 문제가 있으므로 전자가 어떤 식으로 일하는지 알려면 상상하는 수밖에 없다. 나는 전자를 관을 통해 흐르는 작은 공들이라고 여기고는 한다. 이런 식으로 여긴다는 말을 어떤 물리학자가 듣는다면 그는 아마도 바로 자기의 머리를 움켜쥐며 이 책을 혐오스럽다며 바닥에 내던질 것이다. 그러나 그런 식으로 상상하는 게 내게는 훨씬 더 편하다.

각 전자에는 전하(charge)가 있고 전자와 전하는 늘 같아서, 전자 수가 많으면 전하량이 많고 전자 개수가 적으면 전하량이 적다. 강물의 흐름이 더 좋은 비유가 될 수 있는 전류는 초당 얼마나 많은 전하가 전달되는지를 계산해 측정한다(그림 2-11).

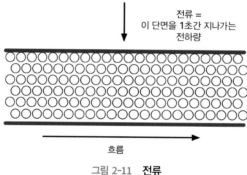

그림 2-11 **전류**

저항

저항기는 전류 흐름에 저항을 제공하는 역할을 한다. 그러므로 강물에 비유하면 저항기는 강물을 따라 나 있는 협수로와 같다(그림 2-12).

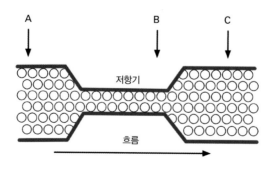

그림 2-12 **저항기**

저항기가 한 지점을 통과할 수 있는 전하량을 줄인다. 저항기의 상류 쪽 흐름을 보면, 저항기를 통과하려고 기다리고 있는 전하가 주변에 널리 퍼져 있기 때문에 A, B 또는 C 중 어느 곳에서 측정하는지는 문제가 되지 않는다. 따라서 1초간 A를 지나가는 움직임이 적다. 저항기(B) 속에서 움직임이 제한되기 때문이다.

'속도'에 비유하는 일이 전자에 대해서는 적절치 않지만, 어디서 측정하든 흐름이 동일하다는 점은 중요하다.

저항기가 LED를 통해 흐르는 전류를 너무 많이 차단하면 어떻게 될지 상상해 보라.

전압

전압은 (1분 안에 보게 될) 방정식의 마지막 부분이다. 강을 따라 흐르는 물에 다시 비유하면 전압이란, 강물이 떨어지는 높이와 같다(그림 2-13).

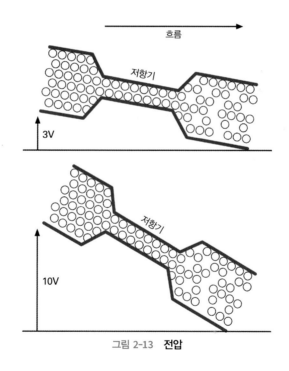

그림 2-13 **전압**

누구나 알다시피, 높이가 급격히 낮아질수록 강은 빠르고 격렬하게 흐르지만, 상대적으로 완만한 지역을 지나는 강은 그에 상응해 완만하게 흐른다.

이 비유는 전압이 상대적이라는 개념에 도움이 된다. 강이 1,000미터에서 500미터로 떨어지는지, 아니면 500미터에서 0미터로 떨어지는지의 여부는 중요하지 않다. 똑같은 높이에서 떨어지는 셈이므로 흐름의 속도에 해당할 것이다.

옴의 법칙

옴의 법칙을 수학으로 풀기 전에 전류, 전압 및 저항을 잠시 생각해 보고, 서로 어떻게 관련되어 있는지 살펴보자.

다음과 같은 몇 가지 문제를 풀어 보라. 도움이 된다면 강이라는 관점에서 생각해 보라.

1. 전압이 증가하면 전류가 ⓐ 증가할까, 아니면 ⓑ 감소할까?
2. 저항이 증가하면 전류가 ⓐ 증가할까, 아니면 ⓑ 감소할까?
3. 질문 1에 대한 답변ⓐ과 질문 2에 대한 답변ⓑ을 얻었는가?

이것을 방정식으로 나타낸 것을 옴의 법칙이라 부르며, 다음과 같이 쓸 수 있다.

$$I = V / R$$

I는 전류(나는 'C' 자가 이미 쓰이고 있어서 어쩔 수 없이 전류(current)를 I 자로 나타낸 것이라고 추측한다), V는 전압, R은 저항을 나타낸다.

따라서 저항기를 관통해 흐르는 전류 또는 저항기에 연결된 모든 전선의 전압은 저항기 양단에 걸린 전압을 저항기의 저항으로 나눈 값이 된다.

저항의 단위는 Ω(ohms의 약자, '옴'이라고 읽음)이며, 전류의 단위는 A(amps의 약자이며, amps는 amperes의 약자, '암페어'라고 읽음)이고, 전압은 V(voltage의 첫 글자, '볼트'라고 읽음)이다.

100Ω 저항기에 10V 전압을 가하면, 흐르는 전류는 다음과 같을 것이다.

$$10V / 100Ω = 0.1A$$

편의상 우리는 종종 mA(암페어의 1/1000, '밀리암페어'라고 읽음) 단위를 사용한다. 어쨌든 0.1A는 100mA이다.

옴의 법칙에 관해서는 이것으로 충분하다. 나중에 다시 보게 될 것이다. 옴의 법칙은 전자공학에 관해 알 수 있는 것 중에서 가장 유용하다. 다음 단원에서 우리는 반드시 필요하고 진정으로 본질적인 수학, 즉 전력에 관해 살펴본다.

전력이란 무엇인가?

전력은 에너지 및 시간과 관련이 있다. 그래서 어떤 면에서는 전류와는 조금 다르다. 그러므로 어떤 점을 지나가는 전하의 총량이 아닌, 전류가 (저항기와 같은) 흐름에 저항하는 무언가를 통과할 때 초당 열로 변환되는 에너지의 양이다. 여기서는 별로 도움이 되지 않으므로 강에 비유하는 일 따위는 잊어버려라.

전류의 흐름을 제한하면 열이 발생하고, 열 발생량은 저항을 통과하는 전압과 흐르는 전류의 곱으로 계산할 수 있다. 전력 단위는 와트(W)이다. 수식으로 표현하면 다음과 같다.

$$P = I \times V$$

그러므로 앞의 예제에서 100Ω 저항기에 10V 전압이어서 저항을 통과하는 전류는 100mA였으므로 $0.1A \times 10V$, 즉 1W의 전력을 생성했다. 입문용 키트에 들어 있는 저항기들은 모두 250mW(0.25W)짜리이므로 저항기가 달아올라 결국 끊어질 수 있다.

전류는 모르고 저항만 알 때 전력을 계산하는 또 다른 유용한 공식은 다음과 같다.

$$P = V^2 / R$$

즉, 전력은 전압의 제곱(배수 자체)을 저항으로 나눈 값이다. 그래서 앞의 예는 다음과 같이 된다.

$$P = 10 \times 10 / 100 = 1W$$

이 값은 우리가 이전에 얻었던 값과 같다.

대부분의 부품에는 이와 같은 최대 전력 등급(즉, 최대 전력 정격)이 있으므로 저항기, 트랜지스터, 다이오드 등을 선택할 때 신속하게 검사하려면, 부품을 통과하는 전류에 부품 전압을 곱하면 된다. 그런 다음, 최대 전력 등급이 예상 전력보다 훨씬 큰 부품을 선택하라.

전력은 얼마나 많은 전기가 사용되는지를 측정하는 가장 좋은 방법이다. 전력은 1초당 사용되는 전기 에너지를 나타내며, 전류와 달리 110V 콘센트 및 저전압 장치에서 모두 작동하는 장치에 비교할 수 있다. 전기 장치가 전기를 얼마나 많이 또는 적게 사용하는지를 기본적으로 이해하는 게 바람직하다. 표 2-2에는 집 주변에서 발견할 수 있는 몇 가지 장치와 그것들이 사용하는 전력량이 나열되어 있다.

표 2-2 전력 사용량

장치	전력
전지로 전력을 공급하는 FM 라디오(소리 줄임)	20mW
전지로 전력을 공급하는 FM 라디오(소리 키움)	500mW
아두이노 우노 마이크로컨트롤러 보드(9V 전원)	200mW
라즈베리파이 모델 3	2W
가정용 와이파이 라우터	10W
소형 형광등(저전력) 전구	15W
필라멘트 전구	60W
40인치 LCD TV	200W
전기 주전자	3000W(3kW)

이제 전지로 전력을 공급하는 주전자를 사지 않는 이유를 알 수 있을 것이다.

구성도 읽기

전자공학을 해킹하는 일은 종종 인터넷에서 낚시를 하는 일, 즉 여러분이 만들거나 적용하기를 바라는 것과 같은 것을 만들었던 사람을 찾는 일과 관련이 있다. 여러분은 종종 제작 방법을 알려 주는 구성도(회로 구성도)를 발견할 수 있을 것이다. 따라서 이 구성도들을 실제 전자제품으로 바꾸려면 이러한 구성도를 이해해야 한다.

처음 볼 때는 약간 당황스러울 수 있지만, 구성도는 몇 가지 간단한 규칙을 따르며 같은 패턴을 반복해 사용하는 경향이 있다. 그래서 생각보다 배워야 할 게 훨씬 적다.

때로는 규칙이 깨져 버리기 때문에 이러한 규칙들, 즉 더 정확한 관례를 고려할 때는 그림 2-14를 보라.

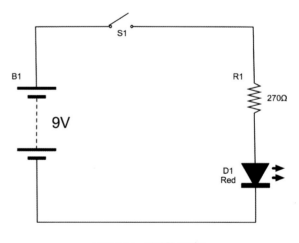

그림 2-14 간단한 구성도

그림 2-14는 우리가 왜 가끔 전자 회로에 대해 이야기하는지를 설명하는 데 큰 영향을 미친다. 이 구성도는 일종의 고리와 같다. 전류가 전지 밖으로 흘러나와 스위치(닫혀 있을 때)와 저항 및 LED(D1)를 거쳐 다시 전지로 흐른다. 구성도상의 선분을 저항이 없는 완벽한 전선으로 생각해도 된다.

구성도의 첫 번째 규칙: 양전압을 위쪽에 둔다

대부분의 사람이 구성도를 그릴 때는 대개 더 높은 전압을 위쪽에 둔다. 따라서 그림의 왼쪽을 보면 9V 전지가 그렇게 놓여 있다. 전지 바닥이 0V, 즉 GND(접지)에 있으며, 전지 상단은 접지보다 9V 이상 높다.

우리가 저항기 R1을 LED(D1) 위쪽에 그렸다는 점에 주목하라. 이런 방식으로, 우리는 일부 전압이 저항기를 통과하는 동안 손실된다고 여길 수 있으며, 나머지는 다이오드를 통해 손실된 후에 전지의 음극 연결로 다시 흐른다고 생각할 수 있다.

구성도의 두 번째 규칙: 왼쪽에서 오른쪽으로 일이 벌어지게 한다

서구권에서 전자제품을 발명하면, (그 구성도를) 왼쪽에서 오른쪽 순으로 작성한다. 문화적인 면에서도 서구권은 왼쪽에서 오른쪽으로 읽어 나가며, 그 밖에도 많은 일이 왼쪽에서 오른쪽 순으로 벌어진다. 전자제품도 이와 다르지 않으므로 전원(왼쪽의 전지, 즉 전원공급장치)에서 시작한 후, 그림을 따라 왼쪽에서 오른쪽으로 나아간다. 따라서 전기의 흐름을 제어하는 스위치, 저항기, LED가 차례대로 나온다.

이름과 값

구성도상에 놓인 모든 부품에 이름을 부여하는 게 정상이다. 따라서 이 책의 경우 전지함을 B1, 스위치를 S1, 저항기를 R1, LED를 D1이라고 부른다. 즉, 구성도를 본 다음에 브레드보드 배치도를 보고 결국 회로 보드에까지 이르게 되면 구성도의 어떤 부품이 브레드보드나 회로 보드상의 특정 부품과 일치하는지를 확인할 수 있다.

또한 필요하다면 각 부품의 값을 지정하는 것이 일반적이다. 예를 들어, 저항기의 값인 270Ω이 그림에 표시되어 있다. 나머지 부품은 그다지 그럴 필요가 없다.

부품 기호

표 2-3에는 가장 널리 만나볼 수 있는 회로 기호가 나열되어 있다. 이 표에 모든 회로 기호가 들어 있지는 않으므로 그 밖의 회로 기호들은 이 책의 나중 부분에서 다룬다.

표 2-3 구성도에 흔히 쓰는 기호

기호(미국식)	기호(유럽식)	사진	부품	용법
	R1 820Ω		저항기	전류 흐름에 저항함
	C1 100nF		커패시터	임시 전하 저장소
	C1 100μF		커패시터(극성을 띤 것)	대용량 임시 전하 저장소
			트랜지스터 (양극성 npn)	작은 전류를 사용해 더 큰 전류를 제어
			트랜지스터 (MOSFETN 채널)	제어 전압을 사용해 더 큰 전류를 제어
			다이오드	전류가 잘못된 방향으로 흐르는 것을 방지
			LED	지시 및 조명
			전지	전원공급장치
			스위치	무엇인가를 켜고 끄기

회로 기호의 주요 형식으로는 미국식과 유럽식이 있다. 다행스럽게도 회로 기호들이 서로 아주 비슷해서 알아보는 데 큰 어려움은 없어 보인다. 이 책에서는 미국식 회로 기호를 사용한다.

요약

3장에서는 기본 해킹 기술을 훨씬 더 실용적인 면에서 살펴보고, 전자제품 구축 기술을 연마한다. 여기에는 프로토타이핑 보드를 사용하고, 한 전선을 다른 전선에 납땜해 연결하는 일 이상의 것이 포함되어 있다.

또한 무땜납 브레드보드를 사용해 전자제품을 신속하게 제작해 사용해 볼 수 있는 방법을 배운다.

## CHAPTER 3

기본 해킹

3장에는 상당히 기본적인 '해킹' 지식들이 모여 있다. 또한 몇 가지 실험을 수행하고 처음으로 트랜지스터와 LED를 사용한다.

저항기 달구기

때로는 전자제품을 해킹할 때 해킹 대상이 달궈질 수 있다. 갑자기 놀라기보다는 미리 예상하고 있는 편이 더 나으므로 해킹 대상을 달구는 실험을 조금 해 보는 게 좋겠다.

필요 물품

수량	품목	부록 코드
1	100Ω 0.25와트 저항기	K2
1	4×AA 전지 소켓	H1
1	4×AA 전지(충전식이 좋음)	

그림 3-1은 구성도를 보여 준다.

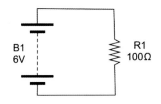

그림 3-1 **저항기를 달구기 위한 구성도**

실험

우리가 할일은 전지 단자에 100Ω 저항기를 연결하고 얼마나 뜨거워지는지를 확인하는 것이다.

Caution 저항기의 온도가 약 50°C(122°F)로 올라가므로 이 일을 할 때는 주의해야 한다. 그러나 저항의 접속도선이 아주 뜨거워지지는 않을 것이다.

우리는 각기 1.5V를 제공하는 네 개의 AA 셀을 사용하는 전지 소켓을 사용하고 있다. 전지는 서로 연결되어 총 6V를 제공한다. 그림 3-2는 전지가 실제로 전지 소켓 안에 어떻게 연결되어 있는지를 구성도로 보여 준다. 이런 배치 방식을 일컬어 '전지가 직렬로 놓여 있다'라고 말한다.

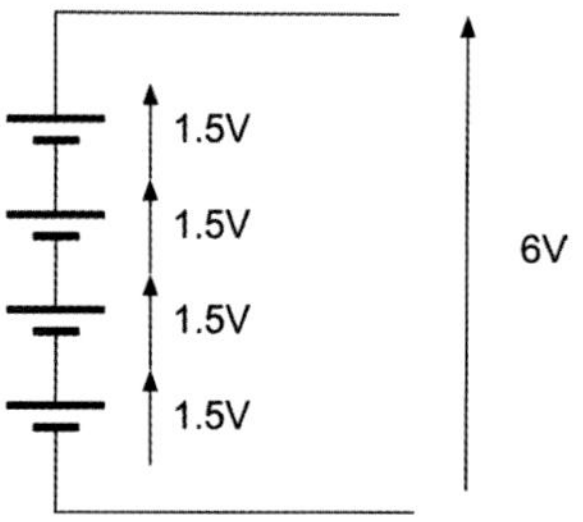

그림 3-3은 작동 중인 저항기 가열기를 보여 준다.

저항기에 간단히 손가락을 대어 뜨거운지 확인하라.

이게 좋은 건가 아니면 나쁜 건가? 달궈져 있으므로 갑자기 저항기가 고장 날까? 아니, 그렇지 않을 것이다. 저항기는 작은 열에 대처할 수 있도록 설계되어 있다. 수식을 풀어 보면 저항이 달구어질 때의 전력은 전압의 제곱을 저항으로 나눈 값이다.

$$(6×6) / 100 = 0.36W$$

이 값은 0.25W 저항기의 최대 전력을 초과한다. 우리가 대량 생산용 제품을 설계할 때 이런 저항기를 쓴다면 어리석은 짓이다. 그러나 우리가 그렇게 하지는 않을 것이므로 저항기는 무한정으로 계속 작동할 것이다.

그림 3-2 전지 소켓의 구성도

1.5V
1.5V
1.5V
1.5V

6V

그림 3-3 저항기 달구기

저항을 사용한 전압 분할

때때로 전압이 너무 클 때가 있다. 예를 들어, FM 라디오의 무선 부분에서 오디오 증폭기 부분으로 가는 신호는 임의로 지나치게 커질 것이므로 음량 조절 꼭지를 사용해 줄일 수 있다.

또 다른 예로는 0~10V 사이의 전압을 생성하는 센서를 0~5V가 요구되는 아두이노 마이크로컨트롤러에 연결하려는 경우를 들 수 있다. 전자공학에서 가장 널리 쓰이는 기술은 한 쌍의 저항기(또는 가변 저항기 한 개)를 '전압 분할기(voltage divider, 즉 분압기 또는 전압 분배기)'로 사용하는 것이다.

필요 물품

수량	품목	부록 코드
1	10kΩ 트림팟(소형 가변 저항기)	K1, R1
1	무땜납 브레드보드	K1, T5
2	수-수 점퍼선 또는 단선	K1, T6
1	4×AA 전지 소켓	K1, H1
1	4×AA 전지	
1	전지 클립	K1, H2
1	멀티미터	K1, T2

그림 3-4는 우리 실험의 구성도를 보여 준다. 새로운 구성도 기호가 두 개 나온다. 첫 번째는 가변 저항기(즉, 팟)이다. 가변 저항기 기호는 일반적인 저항기 기호처럼 보이지만, 저항기에 화살표가 있는 선이 연결되어 있다. 이 화살표는 가변 저항기의 움직이는 슬라이더를 이용하는 접속 방식을 나타낸다.

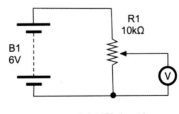

그림 3-4 **전압 분할기 구성도**

두 번째 새 기호는 'V'가 표시된 동그라미이다. 이것은 전압계를 나타내며, 직류 전압 범위로 설정된 멀티미터를 나타낸다.

가변 저항기에는 접속도선이 세 개 있다. 접속도선 중 한 개는 전도성 트랙, 즉 전도성 회로 궤도의 각 말단에 고정되어 있고, 중앙 슬라이더에 대한 세 번째 접속부는 트랙의 한 말단에서 다른 말단으로 이동한다. 전체 트랙의 전반적인 저항은 10kΩ이다.

우리는 전압을 전지함에서 공급할 것이며, 대략 6V가 될 것이다. 우리는 멀티미터를 사용해 출력 전압을 측정하고 가변 저항기의 축을 돌릴 때 전압 분할기로 얼마만큼 감소되는지 확인하려고 한다.

제작하기

그림 3-5는 이 실험에 사용할 브레드보드의 배치도를 보여 준다.

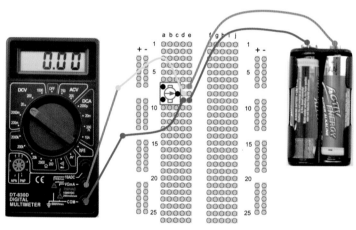

그림 3-5 **전압 분할기 브레드보드 배치도**

기억할지 모르겠지만 회색 막대 모양 그림(띠판을 나타내는 그림)은 구멍 밑의 접속부들이 어디에서 함께 접속되어 있는지를 나타낸다. 스트립보드의 선을 따라가며 구성도와 동일한 방식으로 모든 것이 연결되어 있는지 확인하라(그림 3-4).

보기와 같이 트림팟(가변 저항기)을 브레드보드에 꽂은 후, 그림 3-5에 표시된 위치에서 브레드보드에 접속도선을 조심스럽게 밀어 넣어 전지를 연결한다. 전지 클립의 연선(즉, 여러 가닥으로 된 선)을 구멍에 넣기가 힘들다면 단선(즉, 한 가닥으로 된 선)을 접속도선의 끝에 납땜하라.

마지막으로, 멀티미터를 부착하라. 멀티미터에 악어 입 모양으로 된 클립이 있으면, 일반적인 탐촉자보다 짧은 점퍼선을 악어 클립에 물린 후, 다른 쪽 끝을 그림 3-5의 위치로 밀어 넣어라. 이 모든 작업을 마치고 나면 그림 3-6a와 같은 모양이 된다.

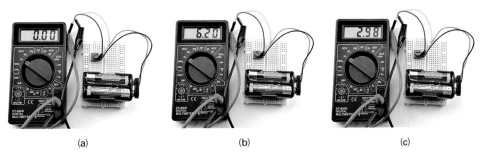

(a) (b) (c)

그림 3-6 **전압 분할기 브레드보드**

트림팟을 시계 방향으로 끝까지 돌린다. 멀티미터에는 0V가 판독되어 나와야 한다(그림 3-6a). 이제 시계 반대 방향으로 끝까지 돌리면 멀티미터는 6V 정도를 읽어야 한다(그림 3-6b). 다시 말해, 전지의 총 전압을 읽어야 한다. 마지막으로 대략 중간 위치로 돌리면 미터에 약 3V 정도가 표시된다(그림 3-6c).

그림 3-7에서 볼 수 있듯이 가변 저항기를 두 개의 저항기 R1과 R2가 동작하는 것처럼 여기라.

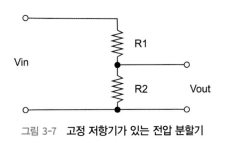

그림 3-7 **고정 저항기가 있는 전압 분할기**

Vin, R1 및 R2를 알면 Vout을 계산하는 수식은 다음과 같다.

$$Vout = Vin \times R2 / (R1 + R2)$$

따라서 R1과 R2가 모두 5kΩ이고, Vin이 6V이면 다음과 같이 된다.

$$Vout = 6V \times 5k\Omega / (5k\Omega + 5k\Omega) = 30 / 10 = 3V$$

이것은 우리가 트림팟을 중간 위치에 놓았을 때 본 전압과 관련이 있다. 이 방식은 각각 5kΩ 짜리 고정 저항기 두 개를 두는 것과 동일한다.

전자공학에서 수행하는 많은 계산과 마찬가지로 사람들은 편리한 계산 도구를 만들었다. 검색 엔진에 '전압 분할기 계산기(voltage divider calculator)'를 입력하면 찾을 수 있다. 그러한 예가 여기에 있다.

www.electronics2000.co.uk/calc/potential-divider-calculator.php.

이 계산기의 결과는 일반적으로 사용 가능한 고정 저항기의 가장 가까운 값과 일치한다.

저항을 전압으로 변환하기(그리고 가벼운 측정기 만들기)

광저항기(즉, 감광저항기 또는 포토레지스터)는 투명 창으로 비추는 빛의 양에 따라 저항이 변하는 저항기이다. 우리는 이들 소자 중 하나를 잠재적인 분할기의 절반으로 사용함으로써 저항을 전압으로 변환한다는 아이디어를 입증할 것이다.

필요 물품

수량	품목	부록 코드
1	광저항기(1kΩ)	K1, R2
1	무땜납 브레드보드	K1, T5
3	수-수 점퍼선 또는 단선	K1, T6
1	4×AA 전지 소켓	K1, H1
1	4×AA 전지	
1	전지 클립	K1, H2
1	멀티미터	K1, T2

브레드보드를 꺼내기 전에 광저항기를 직접 실험해 보자. 그림 3-8에는 20kΩ 저항으로 설정한 멀티미터에 광저항기를 직접 연결한 모양이 나온다. 광저항기의 어느 쪽 다리(leg)가 어떤 멀티미터 접속도선에 연결되어 있는지는 중요하지 않다. 보다시피 내 광저항기의 저항은 3.59kΩ을 나타내고 있다. 내 손을 광저항기 위에 올려놓으면 빛을 가린 셈이 되어 저항이 수십 k

Ω으로 늘었을 것이다. 이런 식으로 광저항기는 빛이 세질수록 저항이 줄어드는 방식으로 작동한다.

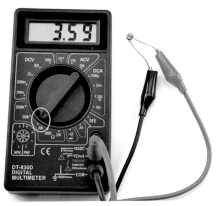

그림 3-8　LDR 저항 측정

아두이노와 같은 마이크로컨트롤러에서는 전압을 측정해 그것을 활용하면서 작업할 수 있지만, 저항을 직접 측정할 수는 없다. 따라서 광저항기의 저항을 더 쉽게 사용할 수 있는 전압으로 변환하려면 광저항기를 전압 분할기에 쓰이는 저항기 중 하나가 되게 하면 된다(그림 3-9).

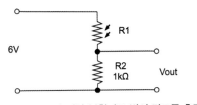

그림 3-9　LDR 및 전압 분할기로 빛의 강도를 측정

광저항기의 기호는 저항기와 같지만, 빛에 대한 감도를 작은 화살표로 가리켜 나타낸다는 점에 유의하라. 브레드보드에서 이 구성도대로 구성할 수 있다. 이번에는 멀티미터를 20V 직류 범위로 설정하고 광저항기에 도달하는 광량을 줄이기 위해 광저항기를 무언가로 덮었을 때 전압이 어떻게 변하는지를 관찰해 보자(그림 3-10 및 3-11).

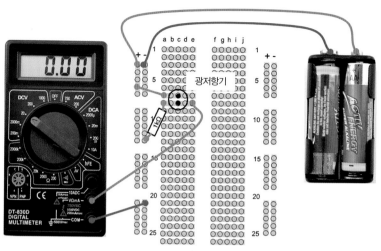

그림 3-10　광 측정을 위한 브레드보드 배치도

그림 3-11　광 측정

스위치등을 해킹해 빛을 감지하도록 만들기

전지 구동식 스위치등(push lights)은 1,000원짜리 물건을 주로 파는 점포에서 찾아볼 수 있는 인기 할인 상품 중 하나이다. 스위치등은 약한 빛만으로도 충분한 찬장이나 그 밖의 어두운 곳에 빛을 비추는 데 쓴다. 스위치등은 한 번 밀어 누를 때마다 켜지고 꺼지기를 반복한다.

광저항기로 빛을 켜고 끈다는 말에 놀라지는 않을 것이다. 그러나 이번에는 트랜지스터도 사용하려고 한다.

우리의 접근 방식은 먼저 브레드보드에서 스위치등이 작동하도록 한 후, 설계한 대로 납땜하는 것이다. 사실, 우리는 스위치등이 작동할 때까지는 그것 대신 단일 LED를 우선 사용할 것이다.

필요 물품

수량	이름	품목	부록 코드
1	R1	광저항기	K1, R2
1	T1	트랜지스터 2N3904	K1, S1
1	R2	10kΩ 저항기	K1, R5
1*	R3	270Ω 저항기	K1
1*	D1	고휘도 백색광 LED	K1 또는 S2
1		수-수 점퍼선 또는 단선	T6
1		무땜납 브레드보드	K1, T5
1		스위치등	

* 이러한 부품들은 브레드보드로 하는 실험에만 필요하다.

우리는 광저항기로 LED를 제어하고자 하므로 회로에 대한 첫 번째 생각은 그림 3-12와 같을 수 있다.

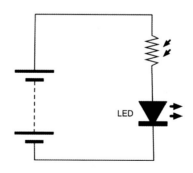

그림 3-12 **LED 한 개와 LDR(즉, 광저항기) 한 개**

이 설계에는 두 가지 치명적인 결함이 있다. 첫째, 더 많은 빛이 광저항기로 비추면 저항이 감소해 더 많은 전류가 흐르게 되어 LED가 더 밝아진다. 이것은 우리가 원하는 바와 반대이다. 우리는 LED가 어두워지기를 원한다.

그러므로 트랜지스터를 사용해야 한다. 트랜지스터의 기본 동작이 그림 3-13에 나와 있다. 여러 가지 트랜지스터가 있지만, 가장 일반적인 종류(그리고 우리가 사용할 종류)는 npn 양극성 트랜지스터(즉, npn 바이폴라 트랜지스터)이다.

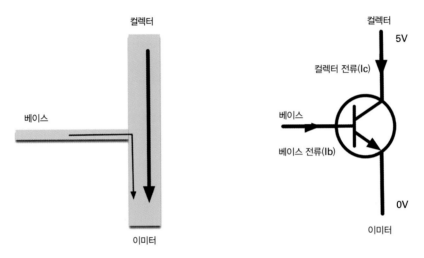

그림 3-13 **양극성 트랜지스터**

양극성 트랜지스터(bipolar transistor)에는 이미터, 컬렉터 및 베이스라는 세 가지 접속도선이 있다. 기본 원리는 베이스를 통해 흐르는 작은 전류가 컬렉터와 이미터 사이에서 훨씬 더 큰 전류가 흐르게 할 수 있다는 것이다. 해당 전류가 얼마나 더 클지는 트랜지스터에 달려 있지만, 일반적으로 100배가 된다.

브레드보드

그림 3-14는 브레드보드 위에 우리가 구축할 회로의 구성도를 보여 준다. 이 회로를 이해하려면 두 가지 경우를 고려해야 한다.

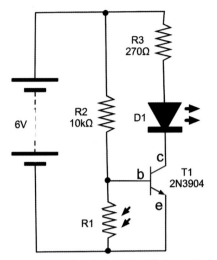

그림 3-14 **LDR과 트랜지스터를 사용해 LED를 개폐**

사례 1: 어두울 때

이 경우 광저항기 R1의 저항이 매우 높으므로 광저항기가 거의 존재하지 않는 것처럼 여길 수 있다. 이 경우, 전류는 트랜지스터의 베이스와 이미터를 거쳐 R2를 통해 흐르게 되어, R3, LED 및 T1을 통해 컬렉터로 들어간 전류가 이미터를 통해 흐르게 허용한다. 충분한 전류가 트랜지스터의 베이스로 흘러 컬렉터에서 이미터로 전류를 흐르게 했을 때 우리는 트랜지스터 가 '켜졌다'라고 말한다.

옴의 법칙을 사용하면 베이스 전류를 계산할 수 있다. 이 상황에서 트랜지스터의 베이스는 약 0.5V에 불과하므로 10kΩ 저항 R2를 통해 총 6V가 더 많거나 적다고 가정할 수 있다.

I = V / R이므로 전류는 6 / 10,000A, 즉 0.6mA가 된다.

사례 2: 밝을 때

밝은 경우에는 광저항기 R1의 저항을 고려해야 한다. 더 밝을수록 R1의 저항은 낮아지고 트랜지스터의 베이스를 향하는 전류가 R1을 통해 흐름을 바꾸므로 트랜지스터가 켜지지 않게 된다.

브레드보드에서 작업할 때가 된 것 같다. 그림 3-15는 브레드보드 배치도를 보여 주고, 그림 3-16a 및 3-16b는 완성된 브레드보드를 보여 준다.

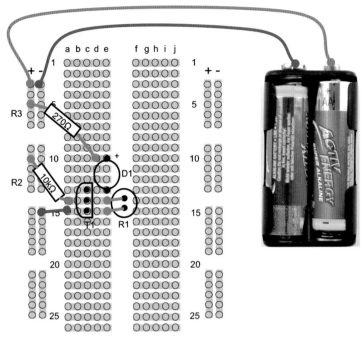

그림 3-15 광 스위치 브레드보드 배치도

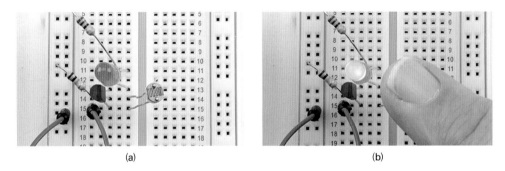

(a)   (b)

그림 3-16 완성된 광 스위치 브레드보드

브레드보드에 LED를 놓을 때는 방향을 잘 맞춰야 한다. 더 긴 접속도선은 양극 접속도선이며, R3에 연결된 10행에 있어야 한다(그림 3-16a).[11]

모든 게 알맞다면, 광저항기를 무언가로 가릴 때 LED가 켜져야 한다(그림 3-16b).

---

11 옮긴이 이 그림을 자세히 보면 11번 행에 있는 것처럼 보이는데, 11번에 있든 10번에 있든 그게 중요한 게 아니라 R3과 같은 행에 연결되어야 한다는 점이 중요하다.

제작하기

이제 회로가 작동함을 입증했으므로 스위치등을 켤 수 있다. 그림 3-17은 내가 사용한 스위치등을 보여 준다. 운이 아주 좋지 않는 한, 여러분이 만든 것이 내 것과 다를 가능성이 있으므로 다음 단원을 주의 깊게 읽고 빛을 바꾸는 법을 배워야 한다. 쉽게 가려면 6V(네 개의 AA형 전지 또는 AAA형 전지)에서 작동하는 스위치등을 찾으라.

그림 3-17 **스위치등**

스위치등의 뒷면에 있는 나사들을 제거한 후, 어딘가에 보관해 두라. 스위치등의 내부는 그림 3-18에 나와 있다. 등의 다양한 접속부들이 표시되어 있다. 멀티미터를 사용하면 조명기구에서 해당 접속부들을 찾을 수 있다.

그림 3-18 **스위치등의 내부**

멀티미터를 20V 직류 범위로 설정하면 어떤 전지 접속도선이 양극인지 음극인지를 알 수 있다. 배선을 살펴보면, 등을 변경하기 전에 해당 등의 상태 그대로 구성도를 그릴 수 있다(그림 3-19).

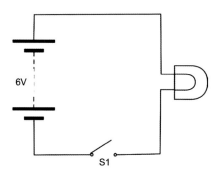

그림 3-19 **원래의 스위치등에 대한 구성도**

이 등은 구식 백열 전구를 사용한다. 우리는 이것을 고휘도 LED로 대체할 것이다. 고휘도 LED가 없다면 원하는 색상에 맞는 일반 LED를 써도 되지만, 밝지는 않다.

그림 3-20은 전구를 LED와 270Ω 저항으로 어떻게 대체했는지를 보여 준다. LED의 더 긴 양극 접속도선이 저항기에 연결되어 있고, 그 저항기의 다른 쪽이 전지의 양극 단자에 연결되어 있는지 확인하라.

그림 3-20 **전구를 LED와 저항으로 교체**

스위치를 눌러 LED가 작동하는지 확인하라.

이제 우리는 기존 전등과 광 검출 회로(그림 3-21)를 결합한 구성도를 그릴 수 있다.

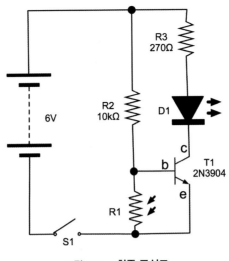

그림 3-21 **최종 구성도**

사실, 이 모든 과정을 거쳐야 원래 LED 구성도에 스위치가 추가된다. 우리는 이미 전구를 LED로 교체할 때 R3과 D1을 설치했다. 스위치가 이미 있기 때문에 트랜지스터, 광저항기 및 R2만 추가하면 된다. 그림 3-22는 스위치등을 다시 배선하는 방법을 보여 준다.

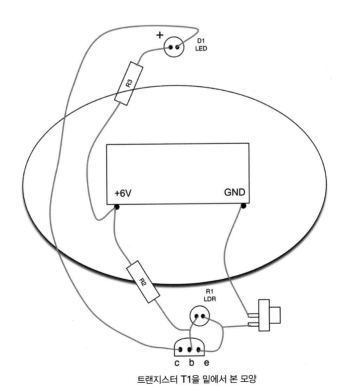

트랜지스터 **T1**을 밑에서 본 모양

그림 3-22 **스위치등 배선도**

그림 3-23은 여분의 부품을 등에 땜질해 놓는 일련의 단계를 보여 준다. 납땜을 시작하기 전에 전지를 꺼내라.

먼저 음극 전지 단자에 연결되지 않은 스위치로부터 땜납을 제거해 접속도선을 떼내라(그림 3-23a).

10kΩ 저항 R2를 트랜지스터의 중간 접속도선과 전지 소켓의 양극 단자 사이에 납땜하라.

트랜지스터의 평평한 면이 위쪽을 향한 상태에서 보기와 같이 트랜지스터의 왼쪽 접속도선을 스위치에서 방금 연결한 전선에 연결하라(그림 3-23b).

트랜지스터의 왼쪽과 중간 핀 사이에서 광저항기를 납땜하고, 결합된 왼쪽 트랜지스터 접속도선과 광저항기 접속도선을 전선이 부착되어 있던 스위치의 접속부에 연결한다(그림 3-23c)

벗겨 낸 접속도선이 서로 닿지 않는지 확인하기 위해 접속도선을 구부려 부품을 깔끔하게 정리하라(그림 3-23d).

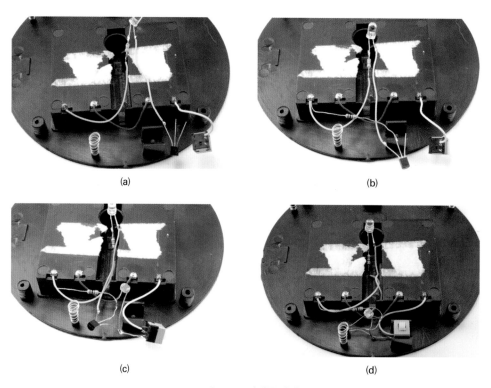

(a)

(b)

(c)

(d)

그림 3-23 **과제물 납땜**

이제 다 되었다! 여러분은 전자공학을 약간은 해킹했다.

MOSFET 트랜지스터

이전 과제물에서 사용한 2N3904를 양극성 트랜지스터(즉, 바이폴라 트랜지스터)라고 한다. 이것은 기본적으로 전류를 증폭시키는 장치이다. 베이스로 흐르는 작은 전류가 컬렉터를 통해 흐르는 더 큰 전류를 제어한다. 때로는 100배 정도인 전류 이득만으로는 충분하지 않을 때가 있다.

MOSFET(Metal Oxide Semiconductor Field Effect Transistor, 금속 산화물 반도체 전계 효과 트랜지스터)이라 부르는, 이 한계를 겪지 않는 또 다른 유형의 트랜지스터가 있다. 여러분은 MOSFET이 얼마나 편리한지를 알 수 있을 것이다. 전류가 아닌 전압으로 이 트랜지스터를 제어하므로 MOSFET을 사용하면 매우 우수한 스위치를 구현할 수 있다.

MOSFET에는 이미터, 베이스 및 컬렉터가 없으며, 그 대신 소스(sources), 게이트(gates) 및 드레인(drains)이 있다. MOSFET은 게이트 전압이 임계치(일반적으로 약 2V)를 넘을 때 켜진다. 일단 켜지면 상당히 큰 전류가 양극성 트랜지스터와 같이 드레인을 거쳐 소스로 흐를 수 있다. 그러나 게이트는 절연 유리질 층에 의해 트랜지스터의 나머지 부분과 격리되어 있기 때문에 게이트로는 전류가 거의 흐르지 않는다. 게이트의 전압이 흐르게 될 전류를 결정한다.

곧 이어 나오는 '고전력용 MOSFET을 이용한 전동기 제어' 단원에서 다시 MOSFET을 만나게 될 것이다.

pnp 및 p 채널 트랜지스터

이전 단원에 나왔던 자동 전등 스위치는 '부하의 음극 측면'을 개폐했다. 즉, 그림 3-21으로 돌아가면 트랜지스터를 통하지 않고 빛을 형성하는 저항기와 LED가 GND에 연결되어 있지 않음을 알 수 있다. 어떤 이유로(그리고 이런 일이 발생했을 때) 양극 쪽을 바꾸고 싶다면 2N3906과 같은, npn 2N3904와 동일한 pnp를 사용해야 한다. npn은 Negative-Positive-Negative(음극-양극-음극)의 약자이므로 pnp의 약자도 추측할 수 있을 것이다. 이는 트랜지스터가 n형 또는 p형 재료를 빵으로 사용한, 일종의 반도체 샌드위치 같은 꼴로 되어 있기 때문이다. 빵이 n형인 경우(가장 일반적인 경우) 트랜지스터가 켜지기 전에 베이스 전압이 이미터 전압보다 높아야 한다(약 0.5V 정도). 반면, 베이스 전압이 이미터 전압보다 0.5V 이상 낮으면 pnp 트랜지스터가 켜진다.

양극 측면을 바꾸고 싶다면 그림 3-24에 표시된 pnp 트랜지스터를 사용할 수 있다(그림 3-21의 pnp 대안).

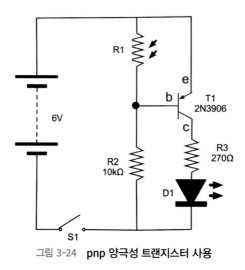

그림 3-24 **pnp 양극성 트랜지스터 사용**

또한 p 채널이라는 pnp 트랜지스터와 동일한 기능이 MOSFET에 있으며, 더 흔한 npn형은 n 채널이라 부른다.

흔한 트랜지스터

표 3-1에 나오는 트랜지스터들은 폭넓은 트랜지스터 응용에 쓰인다. 트랜지스터 종류가 엄청 나게 많지만, 이 책에서는 실상 개폐하는 데만 트랜지스터를 사용할 것이므로 이 책은 주로 트랜지스터의 '기본'만 다룰 것이다!

표 3-1 **정말 유용한 트랜지스터**

이름	부록 코드	형식	최대 개폐 전류	참고
소전류 / 중전류 개폐				
2N3904	S1	npn 양극성		전류 이득은 약 100
2N3906	S4	pnp 양극성	200mA	
2N7000	S3	N 채널 MOSFET		2.1V 게이트-소스 임계 전압: 게이트가 소스보다 2.1V 높으면 켜짐
대전류 개폐				
FQP30N06L	S6	N 채널 MOSFET	30A	2.0V 게이트-소스 임계 전압: 게이트가 소스보다 2.0V 높으면 켜짐

고전력용 MOSFET을 이용한 전동기 제어

그림 3-25는 FQP30N06L이라는 n 채널 MOSFET의 구성도 및 핀 출력을 보여 준다.

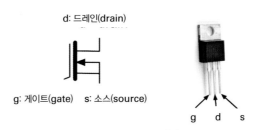

d: 드레인(drain)

g: 게이트(gate)   s: 소스(source)

g   d   s

그림 3-25   **FQP30N06L n 채널 MOSFET**

이 MOSFET은 최대 30A에 이르는 부하를 제어할 수 있다. 우리는 MOSFET을 그 정도 부하까지 감당하게는 하지 않을 것이고, 피크 부하(즉, 첨두 부하) 1A 또는 2A 정도일 것으로 보이는 소형 전동기의 동력을 제어하는 데만 사용할 것이다. 이 정도 부하일지라도 우리가 지금까지 사용해온 양극성 트랜지스터에 비하면 매우 크지만, 이 MOSFET에게는 거의 눈치채지 못할 정도에 불과하다!

필요 물품

이 고(高)전력용 MOSFET을 시험하려면 다음과 같은 품목이 필요하다.

수량	품목	부록 코드
1	무땜납 브레드보드	K1, T5
4	수-수 점퍼선 또는 단선	K1, T6
1	4×AA 전지 소켓	K1, H1
1	4×AA 전지	
1	전지 클립	K1, H2
1	멀티미터	K1, T2
1	10kΩ 트림팟	K1
1	FQP30N06L MOSFET 트랜지스터	K1, S6
1	6V 직류 전동기 또는 기어 모터	K1, H6

직류 전동기(즉, DC 모터)는 정격이 약 6V 정도인 작은 전동기일 수 있다. 정격이 12V인 전동기일지라도 6V에서 회전해야 한다. 이를 테스트하려면, 단자를 6V 전지에 직접 연결하라.

브레드보드

우리가 만드는 것에 대한 구성도가 그림 3-26에 나와 있다.

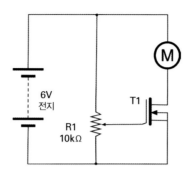

그림 3-26 **MOSFET 실험을 위한 구성도**

가변 저항기는 MOSFET의 게이트상의 전압을 제어한다. 게이트 전압이 게이트 임계를 초과하면 트랜지스터가 켜지고 전동기가 돌기 시작한다.

과제의 브레드보드 배치도와 실제 실험 사진이 그림 3-27과 그림 3-28에 나와 있다.

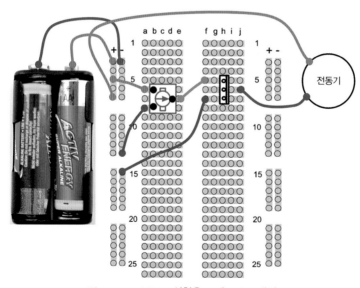

그림 3-27 **MOSFET 실험용 브레드보드 배치도**

그림 3-28 **MOSFET 실험**

브레드보드에 전동기를 연결하려면 아마도 한 쌍의 접속도선을 납땜해야 할 것이다. 어떤 방식으로 전동기를 연결하든 상관없다. 극성으로 인해 전동기가 어느 방향으로 회전할지가 결정된다. 따라서 전동기 접속도선을 서로 바꾸면 반대 방향으로 회전한다.

가변 저항기의 꼭지를 돌려 보라. 전동기 속도를 마음껏 제어할 수 없다는 점을 알게 될 것이다. 임계 전압 주변을 서성이다 보면 전동기 속도를 제어할 수 있기는 하지만, 여러분은 아마도 MOSFET이 켬/끔 스위치(즉, on/off 스위치)로 가장 널리 사용되는 이유도 알 수 있을 것이다.

이러한 MOSFET 종류에서는 게이트 전압이 마이크로컨트롤러의 디지털 출력 핀으로 직접 제어할 수 있을 만큼 충분히 낮기 때문에 로직 레벨 MOSFET이라고 부른다. 모든 MOSFET이 이렇다는 것은 아니다. 어떤 MOSFET의 경우에는 게이트 임계 전압이 6V 이상이다. 7장에서는 MOSFET을 사용해 전동기 속도를 미세하게 제어해 볼 것이다. 실제로 MOSFET을 제어하는 게 전류가 아닌 전압임을 증명하기 위해 이 작은 실험을 해 보라.

- 가변 저항기의 중간 접속부에 연결된 전선을 떼내라. 이것은 MOSFET의 게이트에 연결되는 접속도선 역할을 한다.
- 6V와 GND에 연결된 전선이 없도록 가변 저항기로 가는 다른 두 개의 접속도선 끝을 분리하라.

- 한 손가락으로는 게이트에 연결된 전선의 노출된 금속 부분을 만지고, 다른 손가락으로는 6V 전선에 댄다. 이러면 전동기가 켜져야 한다.
- 이제 실험을 반복하되, GND와 게이트 전선에 손가락을 대면 전동기가 꺼진다.

전동기를 일단 켜면 게이트가 단선된 상태에서도 MOSFET이 잠시 동안 켜져 있을 것이다. 이는 게이트가 설정된 전압을 유지하면서 커패시터처럼 작동하기 때문이다. 잠시 후 전압이 누설되면서 MOSFET이 다시 꺼진다.

스위치 선택

스위치를 실제로 보면 아주 간단한 것임을 알 수 있다. 스위치는 두 접점을 이어서 접속되게 한다. 대체로 이게 필요한 일의 전부일 때가 있다. 그러나 어떤 때는 좀 더 복잡한 게 필요하다. 예를 들어, 두 가지 물건을 동시에 개폐하려 한다고 가정해 보자.

또한 스위치를 누르고 있는 동안만 접촉하는 스위치도 있고, 한 자리에만 걸리는 스위치도 있다. 스위치에 쓰이는 방식으로는 누름 버튼 방식(즉, 누름 버튼 방식 또는 푸시 버튼 방식), 토글 방식(즉, 똑딱이 방식), 회전 방식(즉, 로터리 방식) 등이 있다. 선택지가 다양하므로 이번 단원에서는 이러한 선택지들을 설명하고자 한다.

그림 3-29에 내가 선정해 둔 스위치들이 나온다.

그림 3-29 **스위치**

누름 버튼 스위치

마이크로컨트롤러를 사용하는 곳에서는 간단한 누름 스위치가 가장 일반적인 스위치 유형이다(그림 3-30).

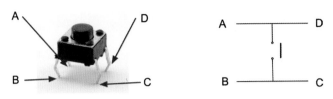

그림 3-30 **누름 스위치**

이러한 종류의 스위치는 회로 기판에 직접 납땜하도록 설계되었다. 누름 스위치는 매우 편리하기도 해서 우리의 브레드보드에도 잘 맞을 것이다.

이 스위치에는, 두 개가 있을 것으로 예상한 접속부가 네 개나 있다는 점에서 다소 혼란스러울 수 있다. 그림 3-30을 보면 A와 D처럼 B와 C가 항상 함께 연결되어 있음을 알 수 있다. 그러다가 누군가가 버튼을 누르면 네 개의 핀이 모두 연결된다.

이는 여러분이 항상 적절한 핀을 찾아야 하고, 그러지 않으면 스위치가 항상 연결된다는 점에 주의해야 한다는 것을 의미한다.

스위치가 작동하는 방법에 의문이 생기면 멀티미터를 연속성 모드로 설정해, 우선 스위치를 누르지 않았을 때 그리고 그 다음으로 스위치를 누른 상태에서 무엇이 먼저 연결되었는지 확인하라.

마이크로 스위치

마이크로 스위치도 편리한 스위치 형태다. 마이크로 스위치를 직접 눌러 쓰게 설계되지는 않지만, 문이 닫혀 있는 것을 감지하기 위해 전자레인지와 같은 물건에 종종 사용되거나, 침입자 경보 상자의 뚜껑이 제거되었을 때 이를 감지하는 간섭 방지(즉, 안티-탬퍼) 스위치로 사용된다.

그림 3-31은 핀이 세 개인 마이크로 스위치를 보여 준다.

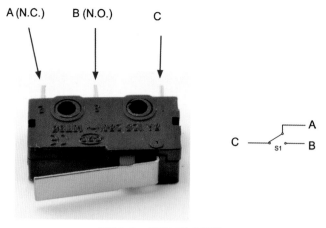

그림 3-31 **마이크로 스위치**

마이크로 스위치에 단 두 개가 아닌 세 개의 핀이 있는 이유는 그것이 '쌍투(double throw)' 또는 '절환(change-over)' 스위치로 알려져 있기 때문이다. 즉, 하나의 공통 접속부 C와 두 개의 다른 접속부가 있다. 공통 접속부(common connection)는 항상 해당 접점들(contacts) 중 하나에 접속되지만, 동시에 접속되지는 않는다. 평상시 열림(normal open, n.o.) 접속부는 버튼을 누를 때만 닫힌다. 그러나 평상시 닫힘(normal close, n.c.) 접속부는 평상시에는 닫혀 있다가 버튼을 놓을 때만 열린다.

이 스위치 중 하나를 사용하는 경우, 멀티미터를 연결하고 싶어질 것이다. 공통 접속부에 하나의 접속도선을 연결하고 그것을 사용해 n.c.를 찾는다. 버튼을 누르면 신호음이 멈춘다.

토글 스위치

부품 카탈로그를 살펴보면(훌륭한 전자공학 해커라면 다 하는 일) 어색한 배열로 된 토글 스위치(즉, 똑딱이 스위치)를 발견할 수 있다. 이것들 중 일부는 DPDT, SPDT, SPST 또는 순간 켜기와 같은 용어들로 설명할 수 있다.

이 암호와 같은 글자들을 열쇠로 삼아 이 전문 용어의 일부를 풀어 보자.

- D = 2 또는 쌍(二 또는 雙, double)
- S = 단(單, single)
- P = 극(極, pole)
- T = 투(投, throw)

따라서 DPDT 스위치는 2극쌍투이다. '극'이라는 단어는 하나의 기계식 레버로 제어되는 개별 스위치 접점의 수를 나타낸다. 따라서 2극 스위치는 두 가지를 독립적으로 켜고 끌 수 있다. 단투(單投) 스위치는 접점을 열거나 닫을 수 있다(또는 두 개의 접점이 두 개인 경우). 그러나 쌍투 (雙投) 스위치를 사용하면 공통 접점을 두 개의 다른 접점 중 하나에 연결할 수 있다. 따라서 마이크로 스위치에는 '평상시 닫힘' 및 '평상시 열림' 접점이 모두 있으므로 쌍투 스위치이다. 그림 3-32는 이것을 요약한 것이다.

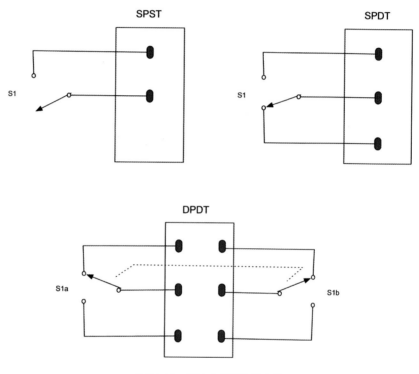

그림 3-32 **토글 스위치의 극과 투**

그림 3-32에서 2극 스위치가 있는 구성도를 그리는 경우, 스위치가 두 개의 스위치(S1a 및 S1b) 로 그려지고, 점선으로 연결되어 기계적으로 연결되었음을 알 수 있다.

이 문제는 스위치에 세 개 또는 그 이상의 극이 있을 수 있기 때문에 더욱 복잡해지며, 쌍투 스위치가 때때로 튀어나와 이 위치 중 하나 또는 둘 모두에 머물지 않는 경우도 있다. 즉, 공통 접점이 아무 곳에도 연결되어 있지 않은 가운데 자리에 있을 수도 있다.

여러분은 'DPDT, On-Off-Mom'이라고 표시된 스위치를 볼 수 있을지도 모른다. 자, 우리는 DPDT(2극쌍투)라는 문자열이 무엇을 의미하는지 알고 있다. 그것은 무엇보다도 다리가 여섯 개일 것이다. 'On-Off-Mom'은 가운데 자리가 있어 공통 연결이 이뤄지지 않을 수 있다는 점을 의미한다. 한 방향으로 개폐하면 하나의 접점으로 이동해 해당 위치에 머물게 된다. 다른 방법으로 개폐하면 중앙 위치로 돌아가서 튀어나와 '일시적인' 연결을 할 수 있게 한다.

이 용어 중 상당수는 토글 스위치 외에 다른 종류의 스위치에도 적용된다.

요약

우리는 이제 전압, 전류 저항, 전력을 조금은 알게 되었다. 4장에서는 이러한 아이디어를 사용해 LED를 사용하는 방법을 살펴본다.

## CHAPTER 4

LED

LED(발광 다이오드)는 전류가 통과할 때 빛을 방출하는 다이오드이다. 거의 모든 응용 분야에서 필라멘트 전구를 완전히 대체하는 중으로, 표시기(즉, 인디케이터)로 사용하거나 매우 밝은 LED라면 조명에도 사용할 수 있다.

LED는 기존 전구보다 훨씬 효율적이어서 동일한 와트에서 더 많은 빛을 생성한다.

그러나 LED를 사용할 때는 좀 더 신중해야 한다. LED는 극성에 맞게 전력을 공급받아야 하고, 전류 제한 회로가 필요하다.

LED가 타지 않게 하기

LED는 작고 섬세해서 실수로 쉽게 파손하기 쉽다. 저항을 사용해 전류를 제한하는 방식으로 하지 않고 LED를 직접 전지에 연결하면 LED가 쉽게 고장 난다.

LED를 파악하기 위해 브레드 보드에 LED 세 개를 색상별로 올려놓아 보자(그림 4-1).

그림 4-1 **브레드보드에 올려 둔 LED**

필요 물품

수량	이름	품목	부록 코드
1		무땜납 브레드보드	K1, T5
1	D1	적색 LED	K1
1	D2	황색 LED	K1
1	D3	녹색 LED	K1
3	R1, R2, R3	270Ω 저항기	K1
3		수-수 점퍼선 또는 단선	K1, T6
1		4×AA 전지 소켓	K1, H1
1		전지 클립	K1, H2
4		AA 전지	

다이오드

LED를 잘 사용하려면 LED를 좀 더 잘 이해해야 한다. LED는 '발광 다이오드'를 의미하므로 다이오드가 무엇인지 부터 살펴보자(그림 4-2).

다이오드(diode, 즉 이극소자)는 전류를 한 방향으로만 흐르게 하는 부품이다. 다이오드에는 접속도선이 두 개 있는데, 그중 하나는 애노드(anode, 즉 양극)라고 하고, 다른 하나는 캐소드(cathode, 즉 음극)라고 한다. 애노드의 전압이 캐소드보다 높은(약 0.5V만큼 커야 함) 경우에 전기가 통하게 되며, 이때를 '순방향으로 바이어스되었다(forward-biased, 즉 바이어스되었다 또는 전진 편향되었다)'라고 한다. 반면, 애노드의 전압이 캐소드보다 적어도 0.5V 이상 높지 않다면, '역방향으로 바이어스되었다(reverse- biased, 즉 역바이어스되었다 또는 후진 편향되었다)'라고 하고, 전류는 흐르지 않는다.

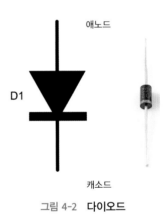

애노드

D1

캐소드

그림 4-2 **다이오드**

LED

LED는 순방향 바이어스일 때 전류를 흐르게 하면서 빛을 낸다는 점을 제외하면 일반 다이오드와 같다. 또한 보통의 다이오드와 달리, 빛을 내게 하려면 일반적으로 애노드의 전압이 캐소드보다 2V 이상 높아야 한다.

그림 4-3은 LED를 구동하기 위한 구성도를 보여 준다.

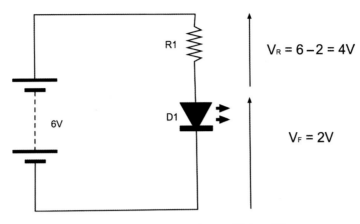

$V_R = 6 - 2 = 4V$

$V_F = 2V$

그림 4-3 **LED로 흐르는 전류를 저항기로 제한**

이 회로의 핵심은 저항기를 사용해 LED를 관통해 흐르는 전류를 제한하는 것이다. 일반 적색 LED는 일반적으로 약 1mA에서 켜진 후에 약 10~20mA(이를 '순방향 전류' 또는 I_F라고 함)에서 사용되도록 설계되었다. 우리 LED에서는 15mA를 목표로 삼는다. 우리는 또한 LED가 전도될 때(즉, 전류를 흐르게 할 때) 약 2V가 걸릴 것이라고 추측할 수 있다. 이를 '순방향 전압' 또는 V_F라고 한다. 즉, 저항기 양단에 6 - 2 = 4V가 있게 된다.

그래서 우리는 15mA의 전류(LED)와 4V의 전압을 통과하는 저항기를 사용한다. 우리는 옴의 법칙을 사용해 이 목표를 달성하는 데 필요한 저항값을 계산할 수 있다.

$$R = V / I = 4V / 0.015A = 267\Omega$$

저항기는 표준값에 맞춰 출시되는데, 우리의 입문용 키트에 있는 저항기 중에서 가장 가까운 값은 270Ω이다.

앞에서 언급했듯이 적색 LED는 거의 항상 10~20mA 정도에서 밝게 빛날 것이다. 전류가 정확히 맞춰져야 하는 건 아니다. LED가 켜지는 데 필요할 만큼 전류가 커야 하면서도 LED의 최대 순방향 전류를 초과하지 않아야 한다(소형 적색 LED의 경우, 일반적으로 25mA).

표 4-1은 다양한 색상의 일반적인 LED 범위에 대한 데이터시트 부분을 보여 준다. LED 색상에 따라 V_F가 어떻게 변하는지에 주목하라.

표 4-1 LED 데이터시트

매개변수(즉, 파라미터)	적색	녹색	황색	주황색	청색	단위
최대 순방향 전류(I_F)	25	25	25	25	30	mA
일반적인 순방향 전압(V_F)	1.7	2.1	2.1	2.1	3.6	V
최대 순방향 전압	2	3	3	3	4	V
최대 역전압	3	5	5	5	5	V

여러분이 알아야 할 다른 변수는 '최대 역전압'이다. 예를 들어, LED를 잘못 배선하면 LED를 망가뜨릴 수 있다.

LED에 대한 공급 전압 V_F와 전류 I_F가 주어지면 많은 온라인 직렬 저항 계산기를 사용해 직렬 저항을 계산할 수 있다. 예를 들면 다음과 같다.

www.electronics2000.co.uk/calc/led-series-resistor-calculator.php

표 4-2는 약 15mA의 순방향 전류를 가정할 때 유용한 대략적인 지침이다.

표 4-2 LED용 직렬 저항기

공급 전압(V)	적색	녹색, 황색, 주황색	청색
3	91Ω	60Ω	없음
5	220Ω	180Ω	91Ω
6	270Ω / 330Ω	220Ω	180Ω
9	470Ω	470Ω	360Ω
12	680Ω	660Ω	560Ω

시도해 보기

여러분은 LED를 시험해 보고 브레드보드에서 불을 켜 보기를 원할 것이다. 그러므로 그림 4-4와 4-5를 지침으로 사용해 브레드보드를 배선에 맞게 연결하라. LED의 더 긴 접속도선은 일반적으로 애노드(양극)이므로 브레드보드의 왼쪽에 있어야 한다.

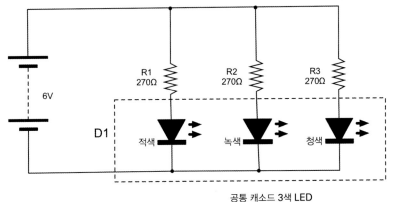

그림 4-4 **LED의 구성도**

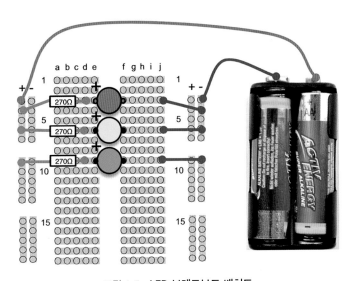

그림 4-5 **LED 브레드보드 배치도**

여기서 주목해야 할 점은 각 LED에는 자체 직렬 저항이 있다는 점이다. 저항이 낮은 전류 제한 저항기를 한 개 사용하고 LED를 병렬로 연결하려는 유혹에 빠질 수 있지만, 그렇게 하지는 마라. 그렇게 하면 V_F가 가장 낮은 LED가 모든 전류를 소모해 소손될 수(즉, 타버릴 수) 있는데, 이 지점에서 모든 LED가 완전히 고장 날 때까지 V_F가 가장 낮은 이웃 LED부터 똑같이 그렇게 된다.

작업에 적합한 LED 선택

LED는 다양한 색상과 모양 및 크기로 공급된다. 여러 번에 걸쳐 여러분에게는 단지 작은 표시등이 필요할 뿐이므로 이 경우에는 표준 적색 LED가 괜찮다. 그러나 등으로 사용하기에 충분히 밝은 LED를 비롯한 많은 선택지가 있다.

광도 및 조사각

LED를 선택할 때 LED에 간단히 '표준(standard)'이나 '고휘도(high brightness)' 또는 '초고휘도(ultra-bright)'라고 표시되어 있을 수 있다. 이러한 용어들은 주관적이어서 파렴치한 공급 업체가 남용하기 쉽다. 여러분이 정말로 알아야 할 것은 LED의 광도이다. 광도로 LED가 얼마나 많은 빛을 생성하는지를 나타낸다. LED가 빛을 퍼뜨리는 조사각(angle, 각도)도 알고 싶을 것이다.

광도와 조사각을 알아야만 손전등의 경우, 광도가 높고 조사각이 좁은 LED를 사용해야 하기 때문이다. 여러분의 소도구가 켜져 있음을 나타내는 표시등이 필요하다면 광도는 낮지만 조사각이 더 넓은 LED를 사용해야 할 것이다.

광도는 밀리칸델라(mcd) 단위로 측정하고, 표준 표시등 종류에 속하는 LED의 광도는 보통 약 10~100mcd이며, 조사각은 상당히 넓어 50°에 이른다. '고휘도' LED는 최대 2000~3000mcd여서 엄청나게 밝으며, 어떤 것은 2만mcd까지 이른다. 조사각이 좁은 LED의 조사각은 약 20°이다.

여러 가지 색상

이미 일반적인 LED 색상을 살펴보았지만 같은 패키지 안에 색이 다른 LED 두세 개가 들어 있는 LED 패키지도 입수할 수 있다. 흔한 변형은 적색/녹색 각 색상의 비율을 변경해 LED 패키지에서 생성되는 빛의 색상을 바꿀 수 있다(그림 4-6).

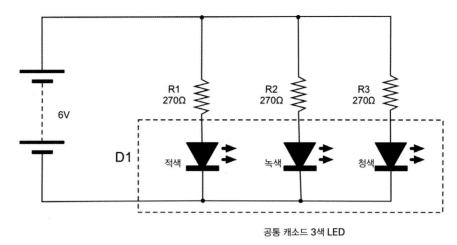

공통 캐소드 3색 LED

그림 4-6   **RGB LED 테스트 구성도**

'RGB LED로 실험하기' 단원에서 적색, 녹색 및 청색 LED를 단일 패키지로 결합한 LED를
시험해 볼 수 있다.

적외선 LED와 자외선 LED

보이는 LED뿐만 아니라 빛이 보이지 않는 LED를 구입할 수도 있다. 이런 LED가 생각만큼이
나 무의미한 것은 아니다. 적외선 LED는 TV 리모컨에 사용되며, 자외선 LED로는 지폐의 진
위 여부를 확인하고, 클럽에서 사람들의 흰색 옷을 밝히는 등의 전문 응용 분야에 사용한다.

이런 LED들도 다른 LED처럼 사용하면 된다. 이것들에도 권장 순방향 전류 및 전압이 있으
며, 직렬 저항이 필요할 것이다. 물론 이것들이 작동하는지를 점검하기는 더 까다롭다. 디지
털 카메라는 종종 적외선에 약간 민감해 화면에 적색 광선이 보일 수 있기 때문이다.

조명용 LED

LED는 일반적인 가정용 조명에도 사용된다. 이런 일은 백열등에 필적하는 밝기로 LED를 생
산할 수 있게 된 LED 기술의 진보로 가능해졌다. 그림 4-7은 그러한 고휘도 LED 하나를 보
여 준다. 3W 및 5W LED 모듈을 사용하기도 하지만, 이 보기의 경우에는 1W LED이다.

그림 4-7 **고출력 LED**

멋진 별 모양으로 나오는 이유는 LED에 부착된 알루미늄 흡열부(즉, 방열판) 때문이다. 전출력 (full power) 시 LED는 그러한 흡열부가 열을 공기 중으로 분산시켜야 할 만큼 많은 열을 낸다.

저항기를 사용해 이 LED로 흐르는 전류를 제한할 수 있는데, 간단히 계산해 보면 상당히 높은 전력 저항이 필요하다는 것을 알 수 있다. 이 LED를 사용하는 더 좋은 방법은 정전류 구동자(constant current driver)를 사용하는 것이다. 다음 단원에서 살펴본다.

RGB LED로 실험하기

브레드보드에 다른 색상의 빛을 섞어 RGB LED로 실험해 볼 수 있다.

필요 물품

수량	이름	항목	부록 코드
1		무땜납 브레드보드	K1, T5
1	D1	RGB 공통 음극 LED	K1, S4
3	R1–R3	270Ω 저항기	K1
1		수-수 점퍼선 또는 단선	K1, T6
1		4×AA 전지 소켓	H1
1		전지 클립	K1, H2
4		AA 전지	

그림 4-8과 같이 브레드보드를 만들고 회로의 전원을 켠다(그림 4-9). LED는 다소 흰색인 빛을 생성해야 한다. 흰 빛은 적색, 녹색 및 청색 빛이 혼합된 것이다. 이제 저항기들을 한 번에 하나씩 떼어 냈을 때 색상이 어떻게 변하는지 알아보라. LED의 공통 캐소드 접속도선은 가장 긴 접속도선이며, GND에 연결된다.

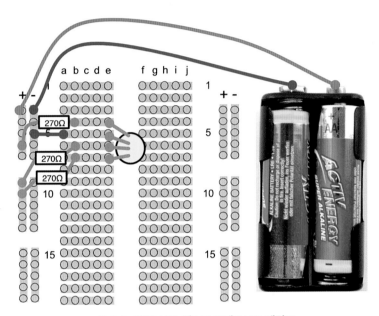

그림 4-8 **RGB LED 테스트 브레드보드 배치도**

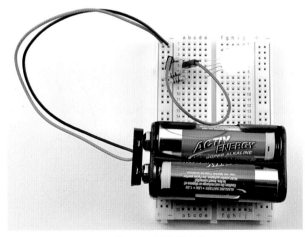

그림 4-9 **RGB 테스트**

정전류 구동자 만들기

소형 LED라면 저항기를 사용해 전류를 제한하는 게 바람직하다. 고출력 LED의 경우라면 직렬 저항을 사용할 수 있지만(매우 높은 전력이 필요하다), 정전류 구동자를 사용하는 방식이 더 낫다.

이름에서 알 수 있듯이, 정전류 구동자는 공급 전압과 LED의 순방향 전압에 관계 없이 동일한 전류를 공급한다. 전류를 설정한 대로 해당 전류량만큼이 고출력 LED에 흐르게 될 것이다.

이 목적으로 자주 사용되는 매우 유용한 IC는 LM317이다. 이 IC는 기본적으로 가변 전압 조정기용으로 설계되었지만, 전류 조절에도 쉽게 응용할 수 있다.

이번 과제에서는 브레드보드에서 시작해 전지 클립의 상단을 잘라 LM317과 저항기를 납땜해 비상용 1W LED 등을 만든다.

필요 물품

수량	이름	항목	부록 코드
1		무땜납 브레드보드	K1, T5
1	D1	1W 백색 루미레즈(Lumileds) LED	S3
1		LM317 전압 조정기 IC	S13
3	R1	4.7Ω 저항기(0.5W)	R3
1		전지 클립(잘라 낼 것)	K1, H2
1		9V 전지	
		단선	K1, T9

설계

그림 4-10은 그림 4-9와 같은 고출력 LED로 전류를 조정하기 위한 구성도를 보여 준다.

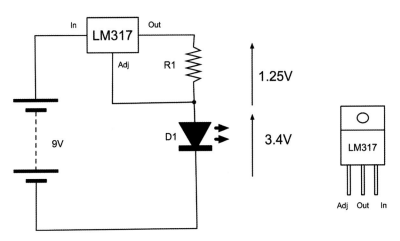

그림 4-10 **LM317 정전류 LED 구동자 구성도**

우리가 사용할 LED는 1W 백색광 LED이다. 해당 LED는 I_F(순방향 전류)가 300mA이고, V_F(순방향 전압)가 3.4V이다. LM317과 함께 사용하기 위해 R1의 올바른 값을 계산하는 공식은 R = 1.25V / I이다. 그래서 이 경우, R = 1.25 / 0.3 = 4.2Ω이다.

4.7Ω의 표준 저항기값을 사용하면, 전류가 다음과 같이 감소한다.

$$I = 1.25V / 4.7Ω = 266mA$$

저항기의 정격 전력을 점검하면, LM317은 항상 Out과 Adj 사이에 1.25V가 되게 한다. 그래서 P = V × I = 1.25V × 266mA = 0.33W이다.

그러므로 $\frac{1}{2}$와트 저항기라면 적합하다.

LM317에서는 또한 Adj와 출력 사이에 1.25V를 보장하려면, 입력이 출력보다 약 3V 높아야 한다. 이것은 순방향 전압이 3.4V이기 때문에 6V 전지가 충분히 높지 않다는 것을 의미한다. 그러나 우리는 입력 전압이 무엇이든 전류가 항상 약 260mA로 제한되므로 9V 전지 또는 12V 전원공급장치를 사용해 회로를 수정하지 않고 구동할 수 있다.

LM317이 소비하는 전력을 빠르게 계산하면 최대 전력 등급을 거의 초과하지 않을 것이라고 확신할 수 있다.

9V 전지의 경우, In과 Out 사이의 전압은 9 - (1.25 + 3.4) = 4.35V가 된다. 전류는 260mA이므로 전력은 다음과 같다.

$$4.35 × 0.26 = 1.13W$$

이 제품의 데이터시트에 따르면 LM317의 최대 전력 처리 능력은 20W이며, 공급 전압이 15V 미만인 경우 전류를 최대 2.2A까지 처리할 수 있다. 그러므로 문제는 없다.

브레드보드

그림 4-11은 이 브레드보드의 배치도, 그림 4-12는 실제 브레드보드를 보여 준다. 이 LED는 거의 눈이 따가울 정도로 밝으므로 빤히 쳐다보지 마라. 나는 이 LED를 사용할 때 종이로 가린 채 본다. 그러면 일시적으로 눈이 머는 일이 없이 켜진 상태에서도 LED를 볼 수 있다!

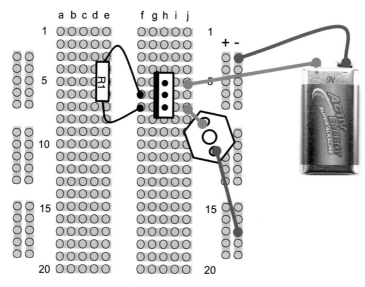

그림 4-11　**LED 정전류 구동자 브레드보드 배치도**

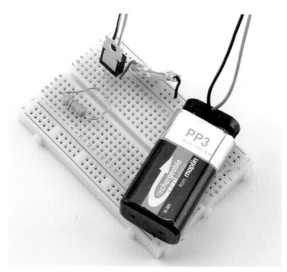

그림 4-12　**LED 정전류 구동자**

LED의 단자에 단선을 납땜해야 브레드보드에 꽂을 수 있다. 노출된 선이 흡열부에 닿아 단락될 위험이 없도록 절연체를 두는 것이 좋다. 전선 절연체에 다른 색상을 사용하면 어느 접속도선이 양극인지를 알 수 있다.

제작하기

이것으로 전지 클립을 해킹해 비상용 손전등을 만들고 전자제품들을 그 위에 쌓아 전원공급장치 장애 시 PP3(9V) 전지 위에 끼울 수 있다(그림 4-13).

그림 4-14a부터 4-14d까지는 납땜에 관련된 단계를 보여준다.

그림 4-13 **LED 비상등**

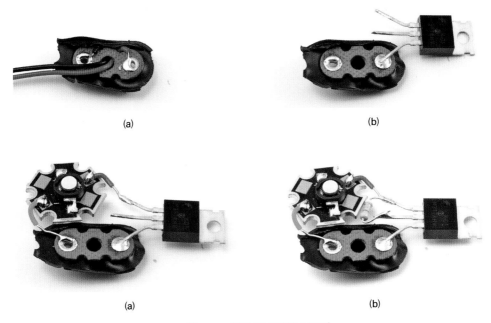

(a)   (b)

(a)   (b)

그림 4-14 **1W LED 비상등 만들기**

먼저 공예용 칼을 사용해 전지 클립 뒷면의 플라스틱을 제거한다. 그런 다음, 노출된 접속도선의 납땜을 풀어낸다(그림 4-14a).

다음 단계(그림 4-14b)는 LM317의 입력 접속도선을 전지 클립의 양극 단자에 납땜하는 것이다. 클립의 양극 커넥터는 전지 자체의 커넥터 반대쪽에 있으므로 클립의 양극 커넥터는 소켓 모양의 커넥터이다. LM317의 접속도선을 부드럽게 구부리면 더 쉽게 사용할 수 있다.

이제 LED의 음극이 전지 클립의 음극 접속부로 연결되도록 LED를 제자리에 납땜하라(그림 4-14c).

마지막으로 LM317의 두 개의 맨 위 접속도선에 저항을 납땜하라(그림 4- 14d).

아주 많은 LED에 전력 공급하기

12V 전원공급장치와 같은 것을 사용하는 경우, 한 종류 LED를 여러 개 사용해 직렬로 연결할 수 있다. 실제로 순방향 전압을 상당히 정확하게 알고 전원공급장치가 잘 조절된다면 직렬 저항 없이도 그럭저럭 해 나갈 수 있다.

따라서 순방향 전압이 2V인, 상당히 표준적인 LED가 있다면 직렬로 여섯 개를 넣을 수 있다. 그러나 LED가 얼마나 많은 전류를 소비할지를 예측하기란 그리 쉽지 않다.

LED를 나란한 줄 모양으로 배열하고 각 줄마다 자체 전류 제한 저항을 두면 더 안전하다(그림 4-15).

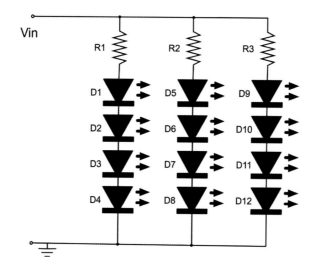

그림 4-15 **여러 LED에 전력 공급하기**

이것에 관한 수학이 너무 어렵지는 않지만, 약간의 시간이 걸릴 수 있으므로 http://led.linear1.org/led.wiz와 같은 온라인 계산기[12]를 사용하면 시간을 크게 아낄 수 있다(그림 4-16).

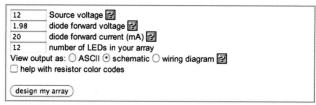

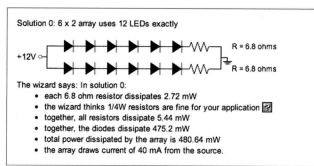

그림 4-16   LED 마법사[13]

이 특별한 설계자(즉, 온라인 계산기)에 전체 공급원의 전원 전압(즉, 소스 전압), LED 순방향 전압, 각 LED에 대한 원하는 전류 및 밝기를 원하는 LED 수를 입력한다. 그러면 마법사(즉, 온라인 계산기)는 수학 계산을 해서 몇 가지 배치도를 완성한다.

일련의 LED가 직렬로 연결된 경우, LED 중 하나라도 문제가 생기면 모든 LED가 꺼진다는 점은 고려해야 한다.

---

12   옮긴이 'LED 저항값 계산기' 또는 'LED 직렬 저항 계산기'로 검색해 보면 한글로 표시된 계산기를 쉽게 찾을 수 있다.
13   옮긴이 지금은 화면 모양이 바뀌었다.

LED 점멸기 만들기

555 타이머 IC는 다양한 용도로 사용할 수 있는 유용한 IC이지만, LED들로 이뤄진 LED가 깜박이게 만들거나 가청음을 만들기에 적합한 높은 주파수의 진동을 발생시키는 데 특히 편리하다(10장).

우리는 브레드보드에서 이 설계를 구현한 후, 약간의 스트립보드를 사용해 더 영구적인 형태로 바꿀 생각이다.

필요 물품

수량	이름	항목	부록 코드
1		무땜납 브레드보드	K1, T5
1	D1	적색 LED	K1
1	D1	녹색 LED	K1
1	R1	1kΩ 저항기	K1
1	R2	470kΩ 저항기	K1
2	R3, R4	270Ω 저항기	K1
1	C1	1µF 커패시터	K1
1	IC1	555 타이머	K1
4		수-수 점퍼선 또는 단선	K1, T6
1		4×AA 전지 소켓	K1, H1
1		전지 클립	K1, H2
4		AA 전지	

브레드보드

그림 4-17은 LED 점멸기의 구성도이다.

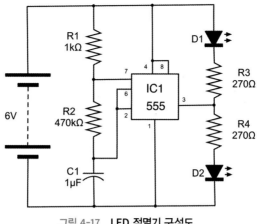

그림 4-17 LED 점멸기 구성도

브레드보드 배치도는 그림 4-18과 같다. IC를 올바른 방향으로 놓았는지 확인해야 한다. IC 본체에는 상단(1번 핀과 8번 핀) 옆에 파인 부분이 있다. 커패시터와 LED는 모두 올바른 방향이어야 한다.

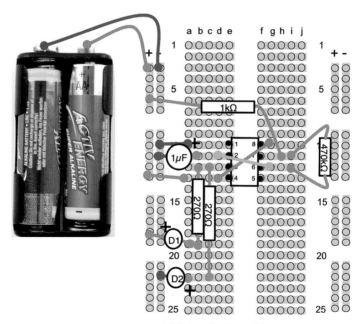

그림 4-18 LED 점멸기 브레드보드 배치도

그림 4-19는 완성된 브레드보드를 보여 준다. LED가 번갈아 가면서 약 1초 동안 계속 켜져 있어야 한다.

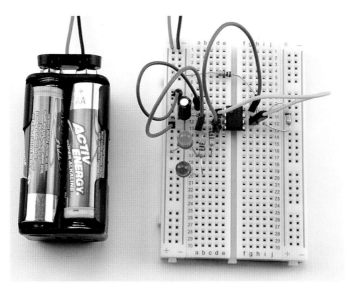

그림 4-19 **브레드보드의 LED 점멸기**

이제 설계가 옳았고, 모든 것이 작동한다는 것을 알았으므로 R2를 100kΩ 저항기로 교체해 점멸 효과를 확인하라.

555 타이머는 매우 다재다능해서 이 구성 상태에서도 다음 공식에 의해 결정된 주파수로 진동한다.

$$주파수 = 1.44 / ([R1 + 2 \times R2] \times C)$$

여기서 R1, R2 및 C1 단위는 각기 Ω 및 F이다. 이 설계값을 입력하면 다음과 같이 표시할 수 있다.

$$주파수 = 1.44 / ([1000 + 2 * 470000] \times 0.000001) = 1.53Hz$$

1Hz(1헤르츠)는 1초당 한 차례의 진동을 의미한다.

10장에서는 555 타이머로 가청음을 생성하면서 동일한 회로를 사용해 수백 헤르츠의 주파수를 생성할 것이다.

수많은 전자 계산기와 마찬가지로 555 타이머용 온라인 계산기도 있다.

프로토보드(LED 점멸기) 사용법

시제품을 만드는 데는 브레드보드가 무척 유용하지만, 전자제품이 오래 정착할 곳으로 삼기에는 그리 유용하지 않다. 브레드보드의 문제는 전선이 잠시 후에 떨어지는 경향이 있다는 것이다.

브레드보드 디자인을 더 영구적인 것으로 옮기는 가장 쉬운 방법은 브레드보드와 배치도가 동일한 '프로토보드(Protoboard)'를 사용하는 것이다. 이러한 프로토보드로는 에이다프루트가 내놓은 페르마프로토(PermaProto) 보드와 그림 4-20에 나오는 것처럼 몬메익스가 출시한 프로토보드(부록 참조)와 같은 보드가 있다.

그림 4-20 **몬메익스가 출시한 프로토보드상에 구현한 LED 자동 점멸기**

부품들을 브레드보드 위치에 맞춰 프로토보드로 옮길 수 있으며, 보드 밑면의 패드에 납땜할 수 있다. 몬메익스의 프로토보드는 또한 PCB 나사 단자와 브레드보드에 잘 맞지 않는 다른 부품을 납땜할 수 있는 면이 있다. 이 경우, 나사 단자는 전지 클립을 연결하는 데 사용된다.

스트립보드 사용하기(LED 점멸기)

스트립보드(그림 4-21)는 범용 인쇄 회로 기판과 비슷하다. 그것은 전도성 띠판이 아랫면에서 이어져 있는 천공 보드로, 이런 면에서 브레드보드와 비슷하다. 보드를 필요한 크기로 잘라낼 수 있으며, 부품과 선을 납땜할 수 있다.

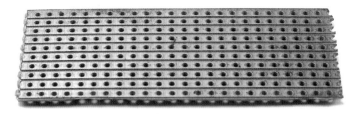

그림 4-21　스트립보드

스트립보드 배치도 설계

그림 4-22는 이전 단원에서 만든 LED 점멸기의 최종 스트립보드(stripboard) 배치도를 보여 준다. 구성도와 브레드보드 배치도에서 우리가 이것을 어떻게 얻었는지 설명하기는 쉽지 않다. 어느 정도의 시행착오가 있기는 하지만, 쉽게 시도하고 수행할 수 있는 몇 가지 원칙이 있다.

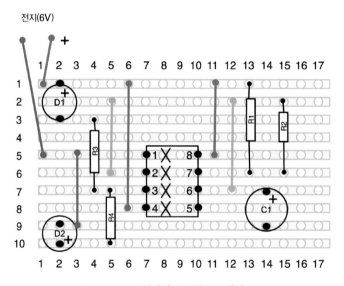

그림 4-22　**LED 점멸기 스트립보드 배치도**

무료 소프트웨어인 프리칭(Fritzing, http://fritzing.org/home/)은 브레드보드 배치도를 간단히 그릴 수 있게 고안되었다. 또한 스트립보드 배치도를 그릴 수 있는 기능이 있다.

IC 밑에 표시된 X 자들은 트랙이 단절된 틈을 나타낸 것으로, 우리는 천공기를 사용해 이 틈을 만들 것이다. 좋은 스트립보드 배치도의 목표 중 하나는 트랙을 너무 많이 끊는 일을 피하려고 하는 것이다. 그렇지만 여기 나온 것과 같은 IC에서는 단절이 불가피하다. 우리가 해당 트랙을 단절하지 않으면 핀 1은 핀 8에 연결되고, 핀 2는 핀 7에 연결되어 버리므로 결국 아무 것도 작동하지 않게 된다.

보드상의 색으로 표시한 선은 연결 전선을 나타낸다. 예를 들어, 그림 4-17의 구성도에서 볼 수 있듯이 IC의 4번 핀과 8번 핀은 서로 연결되어 있어야 하며, 이 두 가지는 양극 전원으로 연결되어야 한다. 이것은 두 개의 적색 연결선에 의해 수행된다. 마찬가지로 2번 핀과 6번 핀을 함께 연결해야 한다. 주황색 접속도선을 사용해 이렇게 한다.

논리적으로 스트립보드 배치도는 구성도와 동일하지만, 부품이 놓인 자리가 다소 다르다. LED들은 스트립보드 배치도에서는 왼쪽, 구성도에서는 오른쪽에 자리 잡고 있다. 항상 이와 같지는 않지만, 비슷하게 되어 있으면 더 쉽다. 그러나 이 경우 IC의 왼쪽 핀은 LED에 필요한 출력 핀 3을 포함하고 R1, R3 및 C1에 연결된 핀은 모두 IC의 오른쪽에 있다.

여러분이 구성도를 바탕으로 삼아 스트립보드 배치도를 만들면, 내가 만든 배치도와는 다른 모양으로 된 배치도를 얻을 수 있다.

이 배치도를 설계할 때 내가 거친 단계는 다음과 같다.

1. IC를 정중앙에 놓은 후, 아래보다 약간 더 넓은 공간을 확보한다(핀 1을 맨 위에 두는 것이 일반적이다).

2. R3과 R4가 놓일 수 있는 적당한 위치를 찾아 띠들이 하나의 저항 접속도선에 대해 적어도 세 개 구멍을 띄우도록 한다. 각 저항의 다른 접속도선은 3번 핀에 연결된다.

3. 스트립보드의 상단 트랙을 +V로 선택해 LED 중 하나의 양 끝단 가까이에 놓는다.

4. 5번 행을 접지 연결로 선택하라. 이렇게 하면 IC의 1번 핀에 곧바로 연결할 수 있다.

5. LED D2에 대한 음극 연결을 제공하기 위해 5행에서 9행으로 이어지는 연결 전선을 추가하라.

6. 점퍼선을 IC의 4번 핀에서 1행(+V)에 놓는다.

이제 보드의 오른쪽 편으로 돌아가자.

1. 점퍼를 끼워 IC의 8번 핀을 1행(+V)에 연결한다.

2. R1과 R2는 모두 한쪽 끝이 7번 핀에 연결되어 있으므로 R1의 먼 쪽 끝을 나란히 놓고 1행(+V)에 놓는다.

3. R2는 6번 핀에 연결해야 하지만, IC의 6번 핀과 7번 핀이 너무 가깝기 때문에 저항이 평평하게 놓여 있지 않으므로 대신 사용되지 않은 2행으로 가져간 후, 2행의 점퍼를 IC의 6번 핀과 2번 핀 양쪽에 연결하라.

4. 마지막으로 C1은 6번 핀(또는 2번 핀, 그렇지만 6번 핀이 더 간단하다)과 GND(9행) 사이에 있어야 한다.

필요한 모든 연결을 구성했는지 확인하는 좋은 방법은 구성도를 인쇄해 스트립보드의 각 연결을 검토하고, 구성도에서 해당 연결을 최종 확인하는 것이다.

이것은 거의 마술처럼 보일 수도 있지만 한번 시도해 보라. 설명한 것 만큼 어렵지는 않다.

납땜을 시작하기 전에 이 프로젝트에 사용하려는 LED의 종류를 고려해야 한다. 고휘도 LED를 사용하거나 낮은 전압에서 프로젝트에 전원을 공급할 수도 있다. 이것을 결정했다면, R3과 R4의 값을 다시 계산하고 브레드보드 배치도에서 시도해 보라. 555 타이머 IC에는 4.5~16V 사이의 공급 전압이 필요하며, 출력은 최대 200mA를 공급할 수 있다.

제작하기

1단계. 알맞은 크기로 스트립보드를 자른다

큰 스트립보드를 사용하지 않아도 되므로 먼저 스트립보드를 적당한 크기로 자르라. 우리의 경우에는 각기 17개 구멍을 지닌 띠가 10개 있는 꼴이다. 스트립보드가 실제로는 잘 잘리지 않는다. 회전식 절단 공구를 사용할 수는 있지만 스트립보드에서 먼지가 심하게 나오므로 그걸 폐에 묻히고 싶지 않다면 마스크를 착용하라. 나는 실제로는 스트립보드의 양면에 공예용 칼과 금속 눈금자로 자국을 긁어 새긴 다음, 작업대의 모서리 위에 대고 쪼개는 게 스트립보드를 가장 쉽게 자르는 방법이라는 점을 알게 되었다.

구멍들 사이가 아닌 구멍을 관통하게 자국을 내라. 보드를 절단하면 구리 밑면이 그림 4-23과 같이 보인다.

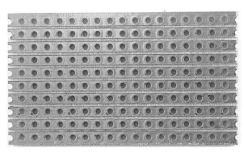

그림 4-23 크기에 맞게 잘라 낸 스트립보드

2단계. 트랙에 단절 부분을 만든다

한 가지 요령을 알려 주면 영구 마커를 사용해 왼쪽 상단 모서리에 점을 찍어 두는 게 좋다. 그렇지 않으면 보드를 뒤집어 놓기가 매우 쉬워 단절 부분과 연결 부분이 잘못된 자리에 놓이게 된다.

단절 부분들을 만들 때는 보드 배치도 상단에서 단절 지점의 행과 열의 위치를 계산한 후, 약간의 전선을 밀어 넣음으로써 스트립보드의 구리면에서 해당 구멍을 확인할 수 있다(그림 4-24a). 엄지와 검지 손가락으로 스트립보드를 잡고 드릴 비트를 '빙빙 돌리기만 하면' 구리 트랙을 자를 수 있다. 대개 두 번 정도 돌리면 된다(그림 4-24b 및 c).

(a)

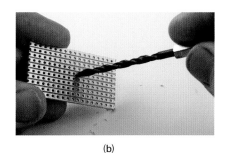

(b)

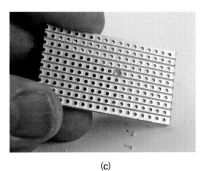

(c)

그림 4-24 스트립보드상의 트랙 자르기

단절 부분 네 개를 모두 절단하고 나면, 브레드보드의 아래쪽 면은 그림 4-25와 같아야 한다.

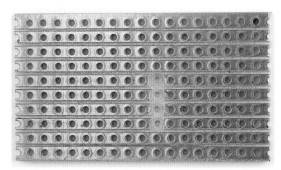

그림 4-25 **단절 부분을 잘라 낸 스트립보드**

구리선에서 나온 쇠가시(절단하면서 생긴 가시)들이 트랙 사이에 끼어 있지는 않은지 그리고 제대로 단절되지 않은 부분은 없는지를 아주 주의해서 살펴봐야 한다. 보드를 사진으로 찍은 후 확대해 보면서 살피는 방식이 실제로 보드를 확인하는 데 좋은 방법이다.

3단계. 전선을 연결한다

스트립보드를 사용할 때를 포함해 모든 유형의 회로 기판 구축 시의 황금률은 부품을 최대한 적게 두고 시작하는 것이다. 이것은 보드를 뒤쪽으로 돌려 보드를 납땜할 때, 땜질된 것이 보드의 무게를 통해 제 위치에 유지되도록 하기 위한 것이다.

이번 경우에는 연결 부분을 제일 먼저 납땜한다.

단선(솔리드 코어 와이어)의 피복을 벗겨낸 다음에 연결 부분의 길이보다 약간 길게 자른다. 해당 단선을 U자 모양으로 구부린 후 상단의 구멍을 통과시키되, 행과 열을 세어 적절한 구멍을 사용해야 한다(그림 4-26a). 어떤 사람들은 매우 능숙하게 플라이어를 사용해 전선을 적당한 길이로 굽힌다. 나는 전선을 구부려 약간 곡선 모양이 되게 한 후, 적절한 구멍에 밀어 넣는 편이 더 쉽다는 점을 알았다. 이런 방식이 처음부터 길이를 바로 잡으려고 노력하는 방식보다 더 쉬웠다.

보드를 뒤집어 전선을 구멍에서 빠져 나오는 지점까지 인두로 고정한 후, 전선을 납땜하라. 1~2초 동안 가열한 후, 트랙을 따라 땜납을 천천히 흘려 구멍과 전선을 덮도록 하라(그림 4-26b 및 c).

접속도선의 다른 쪽 끝부분에 대상으로 삼아 이 과정을 반복한 후, 여분의 전선을 잘라낸다(그림 4-26d 및 e).

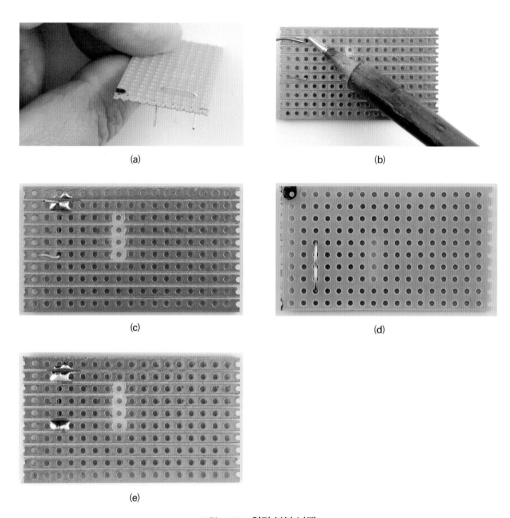

(a)

(b)

(c)

(d)

(e)

그림 4-26   **연결 부분 납땜**

모든 연결 부분을 납땜하고 나면 보드는 그림 4-27과 같아야 한다.

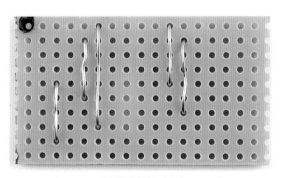

그림 4-27   **모든 연결 부분이 있는 스트립보드**

4단계. 저항기 납땜

저항기는 보드에 쓰이는 부품 중 가장 저렴하므로 연결 부분에서 한 것과 같은 방법으로 다음 차례에 납땜하라. 모든 납땜이 이뤄지면 스트립보드는 그림 4-28과 같아야 한다.

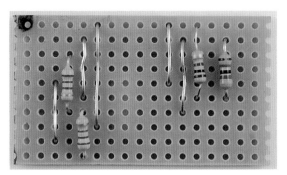

그림 4-28 **저항기가 있는 스트립보드**

5단계. 남아 있는 부품 납땜

다음으로 LED와 커패시터(그림 4-29와 같이 측면에 놓을 수도 있음)를 납땜하고, 마지막으로 LED 및 커넥터를 전지 클립에 납땜한다.

그림 4-29 **스트립보드상의 LED 점멸기**

이게 전부다. 이제 중요한 순간이 다가왔다. 플러그를 꽂기 전에 보드의 밑면에 단락이 있는 지를 주의 깊게 검사하라.

모든 것이 정상적으로 보인다면 전지 클립을 전지에 연결하라.

문제 해결

작동하지 않으면 즉시 플러그를 뽑고 다시 돌아가 모든 것을 확인하라. 특히 LED, IC 및 커패시터가 올바르게 되어 있는지 점검하라. 또한 전지가 괜찮은지 확인하라.

레이저 다이오드 모듈

레이저를 구입할 때는 모듈 형태로 된 것을 구입하는 게 제일 좋다. 레이저 모듈과 레이저 다이오드의 차이점을 언급하자면, 레이저 모듈에는 레이저 다이오드뿐만 아니라 레이저 광의 빔을 집속시키는 렌즈와 레이저 다이오드에 대한 전류를 제어하는 구동 회로가 있다는 것이다.

레이저 다이오드를 구입하는 경우라면, 이 모든 작업을 직접 수행해야 한다.

그림 4-30에 나와 있는 1mW 모듈과 같은 레이저 다이오드 모듈에는 3V를 공급해야 한다는 데이터시트가 함께 제공된다. 따라서 3V 전지를 찾아 연결하면 된다.

그림 4-30 레이저 다이오드 모듈

장난감 자동차 해킹

장난감 자동차(slot car, 즉 궤도를 따라 달리는 작은 장난감 자동차)는 매우 재미있지만, 전조등과 브레이크등을 자동차에 덧붙이면 더 나아질 것이다(그림 4-31).

그림 4-31 **보완한 장난감 자동차**

LED들의 크기는 자동차 앞뒤에 장착하기에 알맞다.

필요 물품

장난감 자동차에 전조등을 추가하려면 다음 품목이 필요하다.

수량	이름	항목	부록 코드
1		보완할 장난감 자동차	
1	D1	1N4001 다이오드	K1, S5
2	D2, D3	고휘도 백색광 LED	K1
2	D4, D5	적색 LED	K1, S11
4	R1-4	1kΩ 저항기	K1
1	C1	1000μF 16V 커패시터	C1
		적색, 황색, 흑색 연결선	K1, T7, T8, T9
1		* 양방향 헤더 플러그 및 소켓	

＊ 떼어 낸 양방향 헤더 소켓과 플러그를 사용해 차량의 두 반쪽에서 작업하기가 쉬워졌다. 하지만 이는 필수가 아니다.

여기에 사용된 장난감 자동차는 전자제품을 장착할 공간이 충분한, 여러분이 지닌 장난감 자동차의 일부이다. 미리 계획해 모든 게 알맞게 장착될 수 있는지를 확인하라.

커패시터에 전하 저장하기

차가 멈춘 후 잠시 동안이라도 브레이크등을 켜 놓으려면 전하를 저장하기 위한 커패시터가 필요하다.

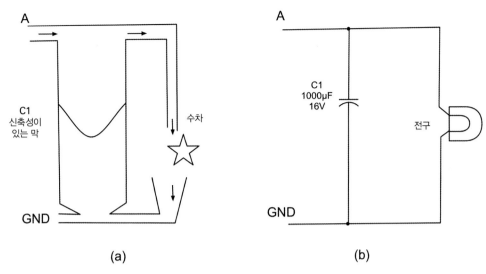

(a)   (b)

그림 4-32 **물통 역할을 하는 커패시터**

전기를 물에 비유했던 아이디어를 다시 떠올려 본다면, 커패시터는 마치 수압에 따라 늘어나는 탄력성 있는 막[14]이 들어 있는 관(즉, 튜브)과 어느 정도 비슷하다. 그림 4-32는 커패시터를 사용해 전하를 저장하는 방법을 보여 준다.

그림 4-32a는 A를 통해 물이 채워지는 커패시터(C1)를 보여 준다. 이곳에서 물이 위쪽을 따라 흐르면서 수차를 움직여 전기 에너지로 바꿔 움직임으로 전환하는데, 이는 어느 정도는 마치 전구나 LED가 전기 에너지를 빛으로 바꾸는 점과 비슷하다. 물은 아래쪽으로 떨어져 나와 GND로 돌아간다. 다른 회로를 생각해 볼 수 있게 물을 끌어당기는 펌프(전지와 같은 것)를 상상해 보라. 물이 A를 거쳐 C1으로 흘러 들던 일을 멈추면 탄력성 있는 막의 압력이 완화되어 막이 평평한 상태로 돌아가면서, C1에 있는 수위가 수차의 배출구 아래 수준까지 낮아질 때까지 물을 위로 밀어내 물 바퀴가 돌아가게 한다.

그림 4-32b는 이 회로를 응용한 전자제품을 보여 준다. A의 전압이 GND보다 높으면 C1이 충전되어 등이 켜지게 한다.

A의 전압이 차단되어도 커패시터가 전구를 통해 방전하며 해당 전구를 켠다. 커패시터의 전압 수준이 떨어지면 전구는 GND에 도달할 때까지 점차 희미해질 것이다.

---

14 옮긴이 풍선 재질로 된 막이라고 생각하면 된다.

그런 측면에서 보면, 여러분은 커패시터가 어느 정도는 전지와 비슷하다고 생각할 수 있다. 둘 다 전하를 저장하기 때문이다. 그러나 몇 가지 중요한 차이점이 있다.

커패시터는 동일한 크기의 전지에 저장할 수 있는 전하 중 일부만 저장한다.

전지는 전기 에너지를 저장하기 위해 화학 반응을 사용한다. 이는 전기 에너지가 다 소비될 때까지 전압이 상대적으로 일정하게 유지된다는 것을 의미하며, 소비되는 순간 전압은 급속히 떨어진다. 그러나 커패시터는 탱크에서 물의 양이 감소하는 것처럼 방전하는 동안에 전압이 고르게 떨어진다.

설계

그림 4-33은 이 개조 작업에 관한 구성도를 보여 준다.

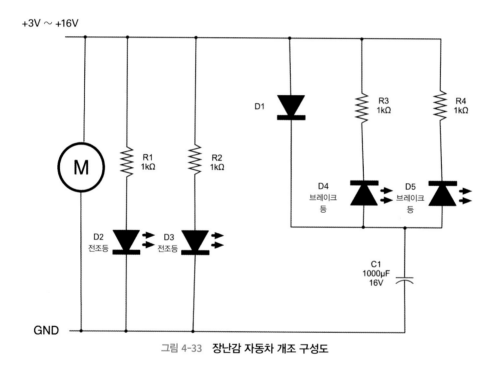

그림 4-33 **장난감 자동차 개조 구성도**

장난감 자동차가 따라서 도는 길에 연결된 부분에서 나온 전력이 항상 전조등(D2와 D3)에 공급되므로 전동기가 작동될 때마다 LED가 켜질 것이다.

브레이크등은 더 재미난 것이다. 자동차가 멈추면 자동으로 켜졌다가 몇 초 후에 꺼진다. 이를 위해 커패시터 C1을 사용한다.

자동차에 전력이 공급되면 D1을 통해 C1이 충전된다. 이 시점에서 브레이크등 D4와 D5는 역바이어스될 것이다. 즉, 자동차 궤도에서 들어오는 전압이 커패시터 상단의 전압보다 높다.

리모컨에서 손을 놓으면 전압이 들어오지 않는다. 이런 경우에 커패시터 상단의 전압이 들어오는 전압보다 높으므로 커패시터가 D4와 D5를 통해 방전되어 빛을 낸다.

제작하기

그림 4-34는 자동차를 반으로 쪼갰을 때 보이는 두 반쪽에 부품을 배치한 방법을 보여 준다.

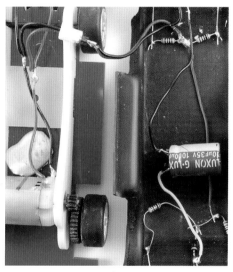

그림 4-34 **자동차 내부 부품**

여러분의 차량에 이 부품들을 배치하는 방법은 여러분에게 얼마만한 공간이 있느냐에 따라 달라질 수 있다.

자동차 껍데기에 구멍을 뚫어 5mm 크기 LED를 둘 수 있게 했다. 해당 LED들은 구멍에 꼭 맞으므로 접착제 없이도 제 위치에 자리 잡고 있다.

그림 4-35는 진행 상황을 더 쉽게 볼 수 있도록 배치 방식에 대한 배선도를 보여 준다.

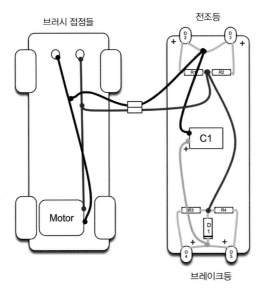

그림 4-35 **개조된 자동차의 배선도**

20V 범위의 멀티미터를 사용해 차량 정면의 접점에 양극 전원 커넥터가 있는지 확인하라. 이 접점은 적색 접속도선에 연결된다. LED의 더 긴 접속도선은 양극성 연결 부분이고, 커패시터 의 음극 접속도선은 '-' 표시가 되어 있어야 한다.

선택 사양인 커넥터를 사용하면 두 개의 반쪽을 별도로 작업할 수 있다.

시험

시험이란, 실제로 장난감 자동차용 찻길 위에서 차를 굴려보는 일을 말한다. 리모컨을 누르 자마자 전조등 역할을 하는 LED가 켜지지 않으면 LED의 극성에 유의해 배선을 점검하라.

요약

4장에서는 LED를 사용하는 방법을 배웠고, 스트립보드를 사용해 자신이 만든 창작물을 좀 더 오래 가게 만드는 1좋은 제작 기술을 습득했다.

5장에서는 전지, 전원공급장치 및 태양광 전지판과 같은 전력원을 살펴본다. 또한 올바른 종 류의 전지를 선택하는 방법과 오래된 충전식 전지의 용도를 바꿔 과제에 사용하는 방법을 살 펴본다.

## CHAPTER 5

전지 및 전력

여러분이 만들거나 적용하는 게 무엇이든 어딘가에서 전력을 얻어야 한다. 이런 전력을 공급하는 것들로는 가정용 전기 어댑터, 태양광 전지판, 다양한 종류의 충전용 전지 또는 표준 AA형 전지가 있다.

5장에서는 전지(즉, 배터리)부터 시작해 전지와 전원의 모든 것을 알아본다.

> **NOTE** 나는 전지라는 단어로 전지와 셀을 모두 나타낸다. 엄밀히 말하면, 전지는 원하는 전압을 부여하기 위해 순차적으로 셀을 연결해 모아 둔 것이기는 하지만 말이다.

적절한 전지 선택

시장에는 다양한 전지가 출시되어 있다. 그러니 쉽게 이해할 수 있게 가장 일반적인 유형의 전지, 즉 쉽게 사용할 수 있으며 이 책에 나오는 대부분의 과제에서 사용되는 전지를 살펴볼 것이다.

전지 용량

일회용이든 충전용이든 전지에는 용량이 있다. 즉, 일정량의 전기를 유지한다는 말이다. 일회용 전지 제조업체는 슈퍼마켓에서 구입할 수 있는 전지를 공급할 때 이런 용량을 표기하지 않는 경우가 많다. 제조업체는 그런 전지에 다만 중형(heavy duty, 즉 중부하) 또는 소형(light duty, 즉 경부하) 등만 표시한다. 이것은 우유를 사면서 '큰 병' 또는 '작은 병'을 선택할 수 있지만, 정확한 단위로 얼마나 많은 양이 담겨 있는지를 모르는 상황과 비슷하다. 여러분은 이와 같이 부르는 이유를 추측할 수 있을 것이다. 그 이유 중 하나로 전지 생산자는 명시된 전지 용량을 충분히 이해할 만큼 보통 사람들에게는 전문 지식이 없다고 생각할 수 있다. 또 다른 이유로 전지가 선반 같은 곳에 오래 보관되어 있을수록 용량이 줄어들기 때문일 수도 있다. 아직 남은 이유로는 용량이 전지에서 실제로 소비되는 전류에 따라 많이 달라진다는 것이다.

어쨌든, 전지 제조업체가 친절하게 여러분이 무엇을 사고 있는지 말해 줘야 한다면 용량 수치를 Ah(즉, 암페어시) 또는 mAh(즉, 밀리암페어시)로 표시할 것이다. 따라서 3000mAh 용량(단, 일회용 알카라인 AA 셀인 경우라고 가정)이라고 주장하는 전지라면, 한 시간에 3000mA를 공급할 수 있다. 즉, 한 시간에 3A를 공급할 수 있다는 말이다. 그러나 3A를 내보내야만 하는 것은 아니다. 과제물에서 30mA만 사용하는 경우, 전지 수명이 100시간(3000 / 30)에 이를 것으로 예상할 수 있다. 사실, 이 관계가 아주 단순하지는 않다. 더 많은 전류를 끌어 쓸수록 용량이 감소하기 때문이다. 그럼에도 불구하고 경험칙으로 삼을 만하다.

최대 방전율

용량이 200mAh인 CR2032와 같은 소형 전지를 가져다 쓴다고 해서 20A를 소비하는 대형 전기 전동기에 1/100시간(6분) 동안 전력을 공급할 것으로 예상해서는 안 된다. 이에는 두 가지 이유가 있다. 첫째, 실제로는 모든 전지에 내부 저항이 있다는 점이다. 그래서 마치 단자 중 하나에 저항기가 연결되어 있는 것처럼 보이게 된다. 이것은 전지에서 소비되는 전류에 따라 다르기는 하지만, 수십 옴 정도 될 수 있다. 이런 보이지 않는 저항이 자연스럽게 전류를 제한한다.

둘째, 너무 빨리 방전되는 동안 지나치게 큰 전류에 의해 전지가 뜨거워질 수 있다. 때로는 아주 뜨거워지고, 때로는 '불이 붙을 정도로' 뜨거워질 수 있다. 이렇게 하면 전지가 손상된다.

그래서 전지에서 안전하게 전류를 끌어 쓸 수 있는 있는 최대 방전율이 정해져 있다.

일회용 전지

다소 낭비이긴 하지만, 때로는 충전할 수 없는 일회용 전지를 사용하는 것이 좋다. 다음과 같은 경우에는 일회용 전지를 고려해야 한다.

- 전력을 거의 사용하지 않기 때문에 어쨌든 전지가 오래 갈 것으로 보이는 과제
- 충전해서 써야 하는 수준까지는 결코 이르지 않는 과제

표 5-1은 일회용 전지를 보여 준다. 이는 일반적인 값이며 실제 장치 사이에서 많이 달라질 것이다.

특히 최대 방전율에 관해 말하자면, 최대 방전율을 넘어선 상태에서도 전지가 어느 정도까지는 그럭저럭 버티기도 하지만, 그렇지 못할 때에는 전지가 아예 고장이 나버리거나 아주 뜨거워지기도 한다. 또한 대전류에서 가열이 되버리는 문제는 아주 심각한 문제이기 때문에 얼마나 통풍이 잘되는지가 관건이다.

따라서 전자공학 해킹 정신만 지닌 채로 무작정 계획하기보다는 이것저것 시도해 보는 일에 시간을 더 많이 투자해야 한다.

표 5-1 일회용 전지 유형

유형		일반적인 용량	전압	최대 방전 전류	특성	일반적인 용도
리튬 버튼 전지 (예를 들면, CR2032)		200mAh	3V	펄스를 동반한 4mA에서 최대 12mA까지	높은 온도 범위 (−30~80℃)	작은 저전력 기기, 무선 원격 조종기, LED 열쇠 고리 불빛, 기타
알칼리 PP3 전지		500mAh	9V	800mA	저가, 구하기 쉬움	소형 휴대 전자기기, 화재 경보기, 기타 페달
리튬 PP3		1200mAh	9V	펄스를 동반한 400mA에서 최대 800mA까지	고가, 경량, 고용량	라디오 수신기
AAA형 전지		800mAh	1.5V	1.5A 연속	저가, 구하기 쉬움	소형 전동 완구, 리모컨
AA형 전지		3000mAh	1.5V	2A 연속	저가, 구하기 쉬움	전동 완구
C형 전지		6000mAh	1.5V	4A 정도까지 견뎌 냄	고용량	전동 완구, 고출력 손전등
D형 전지		15,000mAh	1.5V	6A 정도까지 견뎌 냄	고용량	전동 완구, 고출력 섬광등

NOTE 표에 나오는 사진 중 일부는 잘 알려진 전지이다. 표시된 수치는 나열된 전지가 아닌 해당 유형의 전지를 나타낸다.

여러분이 지닌 전지의 역할

전압이 1.5V인 단일 셀 전지는 아마도 사용하지 않을 것이다. 일반적으로 원하는 전압을 내는 전지를 구성하려면 여러 셀을 직렬로 연결해 사용해야 한다(한쪽 끝에서 다른 쪽 끝까지 한 줄로 연결).

이렇게 한다면 굳이 용량을 늘리지 않아도 된다. 각 셀이 2000mAh인 경우, 1.5V 전지 네 개를 직렬로 연결하면 용량은 2000mAh이지만, 전압은 1.5V가 아닌 6V가 된다.

그림 5-1과 같은 전지 소켓은 이를 수행하는 좋은 방법이다. 전지 소켓이 어떻게 구성되었는지 자세히 살펴보면 한 전지의 양극이 다음 전지의 음극에 연결된 방식임을 알 수 있을 것이다.

그림 5-1 **전지 소켓**

이 소켓은 AA형 전지 여섯 개를 사용해 총 9V 전압을 생성하도록 설계되어 있다. 이와 같은 전지 소켓은 AA형 및 AAA형 모두에서 2, 4, 6, 8 또는 10개 셀을 사용할 수 있다.

전지 소켓을 사용하는 또 다른 장점은 일회용 전지 대신 재충전 전지를 사용할 수 있다는 것이다. 그러나 충전식 셀은 일반적으로 전압이 낮으므로 전지함의 전체 전압을 계산할 때 이점을 고려해야 한다.

전지 선택하기

표 5-2는 프로젝트에 적합한 전지를 결정하는 데 도움이 된다. '어떤 전지를 사용해야 하는가'라는 질문에 대해 늘 최선의 답일 수는 없고, 이 표는 확실히 경험칙에 근거한 것이다.

표 5-2 **일회용 전지 선택**

전력	전압			
	3V	6V	9V	12V
4mA(짧은 돌발파) 미만 또는 12mA 연속	리튬 버튼 전지 (예를 들면, CR2032)	2×리튬 버튼 전지 (예를 들면, CR2032)	PP3	있을 것 같지 않음
3A 미만(짧은 돌발파) 또는 1.5A 연속	2×AAA 전지함	4×AAA 전지함	6×AAA 전지함	8×AAA 전지함
5A 미만(짧은 돌발파) 또는 2A 연속	2×AAA 전지함	4×AAA 전지함	6×AAA 전지함	8×AAA 전지함
더 큰 전력	2×C 또는 D 전지함	4×C 또는 D 전지함	6×C 또는 D 전지함	8×C 또는 D 전지함

여러분은 또한 수학 계산을 해서 전지 교체 빈도를 포함시켜야 한다.

재충전 전지

재충전 전지는 일회용 전지보다 비용도 더 저렴하고(쓰고 버리는 게 아니라 전기만 충전해서 다시 쓸 수 있기 때문에) 친환경적이다. 재충전 전지의 종류와 용량은 다양하다. 재충전용 AA 또는 AAA 전지와 같은 일부 전지는 일회용 전지의 대체품으로 설계된 것으로, 별도의 충전기로 이것들을 옮겨 충전할 수 있다. 그 밖의 전지는 과제물에 내장되도록 설계되어 있으므로 전지를 분리하지 않은 채 과제물에 전원 어댑터를 연결하기만 하면 충전된다. 저렴하고 용량이 큰 경량 리튬폴리머(LiPo, 즉 리튬 중합체) 전지가 출현하면서 다양한 소비자용 가전제품의 공통적인 접근 방식이 되었다.

표 5-3은 일반적으로 사용되는 재충전식 전지 종류를 보여 준다.

표 5-3 재충전 전지

유형	사진	일반적인 용량	전압 특성	크기	일반적인 용도
니켈 수소 버튼 전지함		80mAh	2.4 또는 3.6V	소형	전지 백업
니켈 수소 AAA형 셀		750mAh	1.25V	저가	일회용 AAA형 셀 대체품
니켈 수소 AA형 셀		2000mAh	1.25V	저가	일회용 AA형 셀 대체품
니켈 수소 C형 셀		4000mAh	1.25V	고용량	일회용 C형 셀 대체품
소형 리튬폴리머 셀		50mAh	3.7V	저가, 무게와 크기에 비해 고용량	초소형 헬리콥터
LC18650 리튬폴리머 셀		2200mAh	3.7V	저가, 무게와 크기에 비해 고용량, AA보다 살짝 더 큼	고성능 손전등, 테슬라 로드스터(이게 맞다. 실제로 거의 6,800개를 사용한다.)
리튬폴리머 팩		900mAh	7.4V	저가, 무게와 크기에 비해 고용량	휴대전화, 아이팟, 기타
밀폐형 납산 전지		1200mAh	6/12V	쉽게 충전해 사용할 수 있음	침입자 경보, 소형 전기 자전거/휠체어

이 밖에도 다양한 전지가 있지만, 이것들이 가장 많이 사용되는 전지들이다. 각 전지 종류별로 충전과 관련된 자체 요구 사항이 있으며, 이후 단원에서 각각 살펴볼 것이다.

표 5-4는 니켈 수소, 리튬폴리머 및 납산 전지 기술의 특징을 요약한 것이다.

표 5-4 **서로 다른 전지 기술의 특성**

	니켈 수소	리튬폴리머	납산
mAh당 비용	중간	중간	낮음
mAh당 무게	중간	낮음	높음
자가 방전	높음(2~3개월 간은 평탄)	낮음(매월 6%)	낮음(매월 4%)
완충/방전 주기 처리	우수	우수	우수
얕은 방전/충전 처리	중간(정기적으로 완전 방전하면 전지 수명이 연장됨)	중간(세류 충전에 적합하지 않음)	우수

여러분의 과제물에 쓰이는 전지를 충전하려면 리튬폴리머 또는 밀폐형 납산 전지를 사용하는 것이 가장 좋다. 그러나 전지를 분리하거나 일회용 전지를 사용하는 옵션을 원한다면 AA형 전지함은 용량과 크기 사이에서 좋은 절충안이다.

초고출력 프로젝트의 경우, 납산전지는 아주 오래된 기술임에도 불구하고 운반할 일만 없다면 여전히 성능이 뛰어나다. 또한 충전하기 쉽고 화재나 폭발 가능성이 가장 적은 강력한 기술이다.

(일반적인) 전지 충전

어떤 원리는 충전하려는 전지의 종류와 관계 없이 적용된다. 특정 전지 종류에 관한 내용을 읽으려면 이번 단원을 먼저 읽어보라.

C

문자 C는 Ah 또는 mAh로 전지의 용량을 나타내는 데 사용된다. 따라서 사람들이 전지 충전에 관해 이야기할 때 그들은 종종 0.1C 또는 C/10로 충전한다는 식으로 말하고는 한다. 0.1C에서 전지를 충전한다는 말은 시간당 용량의 1/10로 충전한다는 의미이다. 예를 들어, 전지의 용량이 2000mAh인 경우, 0.1C로 충전하면 200mA의 정전류가 충전된다.

과충전

대부분의 전지는 과충전되면 잘 반응하지 않는다. 많은 충전 전류를 계속 공급하면 전지가 손상될 수 있다.

이러한 이유로 충전기를 종종 완속 충전(세류 충전이라고 함)하기 때문에 낮은 전류가 흐르므로 전지를 손상시키지 않는다. 이렇게 되면 분명히 충전이 느려진다. 또한 충전기는 타이머 또는 다른 회로를 사용해 전지가 가득찼을 때 이 상태를 감지하고 완충하는 것을 중단하거나 세류 충전으로 전환해 사용할 준비가 될 때까지 전지를 계속 충전한다.

몇 가지 종류의 전지, 특히 리튬폴리머 및 납산 종류의 경우, 일정 전압으로 전지를 충전하면 전지가 충전됨에 따라 충전 전압과 일치하는 전압이 상승하고 전류가 자연스럽게 흐른다.

많은 리튬폴리머 전지에는 자동으로 과충전을 방지하는 작은 내장 칩이 함께 제공된다. 항상 이러한 보호 기능이 있는 전지를 찾으라.

과방전

여러분은 충전식 전지가 까다롭다고 생각하기 시작했을 것이다. 그렇게 생각하는 게 맞다. 전지를 과방전(지나치게 전기를 내보냄)하고, 완전히 평평한 상태에서 전류가 흐르게 하면 대부분의 전지 종류에 똑같은 문제가 생긴다.

전지 수명

몇 년 이상 된 노트북을 지녀 본 사람이라면, 노트북을 전원에 연결한 상태에서만 쓰지 않았다면, 전지 용량이 점차적으로 줄어들다가 마침내 전지를 완전히 쓰지 못하게 된다는 점을 알 수 있을 것이다. 재충전식 전지(사용된 기술과 상관없이)는 교체하기 전까지 수백 번 정도(아마도 500번 정도) 다시 충전해 쓸 수 있다.

많은 가전제품 제조업체는 전지 수명이 소비자가 관심을 두는 기간보다 더 길다는 논리를 바탕으로 전지를 '사용자가 바꿔 낄 수 없는' 방식으로 장치에 내장한다.

니켈 수소 전지 충전

니켈 수소 전지를 충전하기 위해 전지를 떼어 내려는 경우, 이번 단원의 내용은 사실 별 게 없다. 전지를 꺼내 상용 니켈 수소(NiMH, 즉 니켈 금속 수소화물 또는 니켈 메탈 하이드레이트) 전지 충전기에 넣어 두면 완충될 때까지 충전되다가 완충되면 충전이 중단된다. 그런 다음, 다시 하던 일에 사용하면 그만이다.

반면, 전지를 원래 자리에 꽂은 상태 그대로 충전하려면 니켈 수소 전지를 가장 잘 충전하는 법을 알고 있어야 한다.

간단한 충전

니켈 수소 전지함을 충전하는 가장 쉬운 방법은 저항을 사용해 전류를 제한하면서 충전하는 것이다. 그림 5-2는 증기 배출기를 만들기 위해 1장에서 사용한 것과 같은 12V 직류 어댑터를 사용해 네 개의 니켈 수소 전지로 전지함을 충전하는 구성도를 보여 준다.

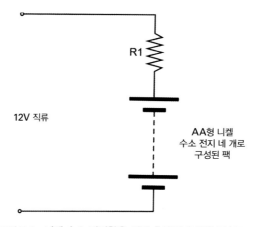

그림 5-2 **니켈 수소 전지함을 세류 충전하기 위한 구성도**

R1 값을 계산하려면 먼저 전지를 충전하려는 전류를 결정해야 한다. 일반적으로 니켈 수소 전지는 0.1C 미만으로 안전하게 무한정 충전될 수 있다. 우리가 가지고 있는 AA형 전지가 각각 2000mAh인 C를 보유하고 있다면, 최대 200mA에 이르기까지 충전할 수 있다. 안전을 위해 그리고 전지가 '전지를 백업하기' 과제를 수행하는 시간 내내 '세류' 충전(즉, 완속 충전)되도록 계획한다면, 나는 아마도 0.05C보다 더 낮은 전류, 간편한 표기법으로 나타낸다면 100mA에 해당하는 C/20로 충전할 것이다. 일반적으로 니켈 수소 전지의 충전 시간은 충전 전류의 약 3배이므로 100mA에서 전지는 3 × 2000mAh / 100mA = 60시간이 걸릴 것으로 예상된다.

R1을 계산하던 일을 다시 생각해 보자. 건전지가 방전될 때, 각 전압은 약 1.0V이므로 저항 양단에 걸리는 전압은 12V − 4V = 8V가 된다.

옴의 법칙을 사용하면 R = V / I = 8V / 0.1A = 80Ω이다.

보수적으로 100Ω이라는 편리한 저항값을 선택하자. 이것을 다시 입력하면 실제 전류는 다음과 같이 된다.

$$I = V / R = 8V / 100Ω = 80mA$$

전지가 완전히 충전되면 전압이 약 1.3V로 올라가 전류가 다음과 같이 줄어든다.

$$I = V / R = (12V - 1.3V \times 4) / 100Ω = 68mA$$

모든 게 맞아 들어가므로 우리의 100Ω짜리 저항기도 아주 쓸모가 있다. 이제 R1에 필요한 최대 전력 등급을 알아내면 된다.

$$P = I\ V = 0.08A \times 8 = 0.64W = 640mW$$

그러므로 아마도 우리는 1W 저항을 사용해야 할 것으로 보인다.

급속 충전

전지를 그 이상으로 빠르게 충전하려면 상업용 충전기를 사용하는 것이 가장 좋다. 이 충전기는 전지를 지켜보고 있다가 전지가 가득차면 자동으로 꺼지거나 충전을 줄인다.

밀폐된 납산 전지 충전

이 전지는 전지 유형 중 가장 투박하며, 니켈 수소 전지와 동일한 방식으로 쉽게 세류 충전을 할 수 있다.

가변 전원공급장치로 충전하기

그러나 납산 전지를 빨리 충전하고 싶다면, 고정된 전압으로 얼마간의 전류를 제한해(다시 말하지만, 저항기를 사용해) 충전하는 것이 가장 좋다. 방전된 12V 전지(이것을 반으로 나누면 6V 전지 한 개에 해당)의 경우에 전지가 약 14.4V가 될 때까지 전원공급장치가 소모할 수 있는 전류만큼 충전할 수 있다. 전지가 뜨거워지는 것을 방지하기 위해 세류 방식으로 천천히 충전하는 경우에만 이 전압에 도달한다.

전지를 처음 충전할 때 전류를 제한해야 하는 이유는 전지를 막 충전하기 시작했을 때 전지는 뜨거워지지 않았을지라도 전선이 뜨거워졌을 수도 있고, 전압을 공급하는 것이 무엇이든 일정량의 전류만을 공급할 수 있기 때문이다.

그림 5-3은 가변 전원공급장치를 보여 준다. 일단 전자공학으로 뛰어들었다면 구입해 뒤야 하는 시험 장비 중 하나이다. 과제를 진행하는 동안 이 장치를 전지 대신 사용할 수 있으며, 재충전식 전지를 거의 다 충전하는 데도 사용할 수 있다.

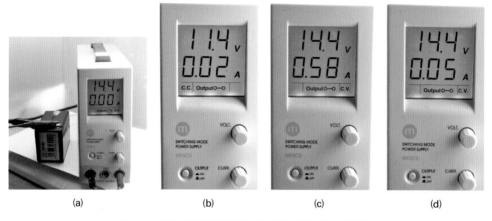

(a)　　　　　(b)　　　　　(c)　　　　　(d)

그림 5-3 **가변 전원공급장치를 사용해 납산 전지를 충전한다.**

가변 전원공급장치를 사용하면 출력 전압과 최대 전류를 설정할 수 있다. 따라서 전원공급장치는 전류 제한에 도달할 때까지 지정된 전압을 공급하고, 그 시점에서 전류가 설정 전류 이하로 떨어질 때까지는 전압이 떨어진다.

그림 5-3a는 14.4V로 설정된 전원공급장치를 보여 주며, 전원 접속도선을 12V 1.3Ah의 밀폐된 납산 전지에 연결했다. 우리는 전원공급장치의 전류 설정을 최소로 조정함으로써 몸에 강한 전기가 흐르는 바람에 놀라고 불쾌해 하는 일이 없도록 할 것이다. 전압은 즉시 11.4V로 떨어지므로(그림 5-3b), 우리는 최대 전류를 점진적으로 증가시킬 수 있다. 실제로 전류를 제한하지 않아도(전류 손잡이를 최대로 돌려도) 전류는 580mA까지만 증가하고, 전압은 14.4V로 증가한다(그림 5-3c). 약 두 시간이 지난 후에 해당 전류가 딱 200mA까지 떨어져 전지가 꽉 차 있음을 나타내었다. 마지막으로, 네 시간이 지나자 전류가 딱 50mA에 이르며 전지가 완전히 충전된다(그림 5-3d).

리튬폴리머 전지 충전

가변 전원공급장치를 사용하는 납산 전지에서 방금 사용했던 기술은 전압 및 전류를 적절하게 조정하기만 하면 리튬폴리머 전지에서도 제대로 작동한다.

리튬폴리머 셀의 경우, 전압을 4.2V로 설정해야 하며, 작은 셀의 경우 전류 제한(대개 0.5A)이 필요하지만 때때로 C까지의 전류가 무선 제어 운반체에 사용된다.

그러나 납산 및 니켈 수소 전지와 달리, 여러 셀을 직렬로 연결해 전체 전지를 하나의 전지로 충전할 수는 없다. 그 대신 별도로 충전하거나 각 셀의 전압을 개별적으로 모니터링하고 각 전원을 제어하는 '밸런스 충전기(balance charger)'를 사용해야 한다.

리튬폴리머를 충전하는 가장 안전하고 신뢰할 수 있는 방법은 그 용도에 맞게 나온 칩 중 하나를 사용하는 것이다. 이 칩은 싸지만 일반적으로 표면 실장 부품으로만 사용 가능하다. 그러나 MCP73831 IC를 사용하는 많은 기성품 모듈이 있다. 그림 5-4는 스파크펀(부록의 M16 참조)과 이베이에서 불과 몇 달러면 구입할 수 있는 것들 두 가지를 보여 준다.

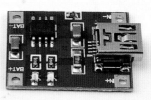

그림 5-4 **스파크펀에 나온 것과 일반 리튬폴리머 충전기**

이 두 가지 사용 방식은 같다. 이것들은 5V의 USB 입력에서 단일 리튬폴리머 셀(3.7V)을 충전할 것이다. 스파크펀 보드에는 PCB에 두 개의 다른 커넥터(전지가 연결된 커넥터와 전지에 대한 두 번째 커넥터) 공간이 있다. 전지를 사용하는 전자기기를 두 번째 소켓에 연결해야 한다. 소켓은 리튬폴리머 전지의 접속도선 끝에 종종 나타나는 JST 커넥터이거나 나사 단자일 수 있다. 스파크펀 모듈을 사용하면 연결 패드를 사용해 충전 전류를 선택할 수 있다.

오른쪽의 일반 모듈에는 500mA의 고정 충전 속도와 전지에 대한 단 한 쌍의 연결이 있다.

리튬폴리머를 세류 충전한다는 생각은 좋지 않다. 리튬폴리머를 최우선 전지 백업 솔루션으로 삼으려면 충전기에 부착된 상태로 두라.

휴대전화기 전지 해킹

많은 사람들에게는 서랍 속 어딘가에서 쓸모 없이 잠들어 있는(전화기를 서랍에 둔 이유가 다른 데 있는 게 아니라고 가정한다면 그렇다는 말이다) 휴대전화기가 있으며, 보통 이런 휴대전화기에서 떼어 내 쓸 수 있는 유용한 부품 중 하나는 전지이다. 전원공급장치는 사람들의 서랍에서 흔히 볼 수 있는 또 다른 유용한 부품이다.

그림 5-5a는 상당히 전형적인 구식 휴대폰 전지를 보여 준다. 전지는 3.7V(단일 셀)이며 1600mAh(꽤 양호)이다. 휴대전화기 전지는 일반적으로 양극과 음극에 대해 일반적으로 두 가지 이상의 연결 부분이 있다. 따라서 첫 번째로 해야 할 일은 전지의 접속부를 식별하는 것이다.

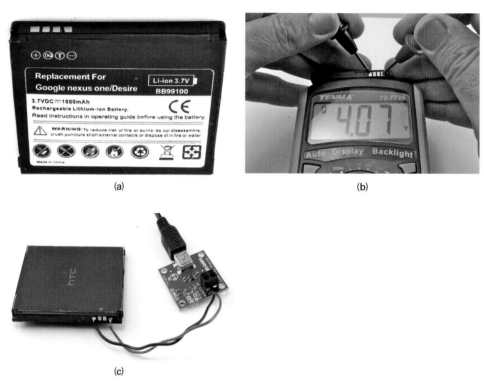

그림 5-5 **휴대전화기 전지 해킹**

셀의 양극과 음극을 확인하려면 멀티미터를 20V 직류 범위에 놓고 전지가 얼마나 잘 충전되었는지에 따라 계측기(멀티미터 또는 미터기)가 3.5V 이상을 읽을 때까지 각 쌍의 조합을 테스트하라(그림 5- 5b).

전지에는 접속도선을 납땜하기가 매우 쉬운 금도금 접점이 있는 경우가 많다. 접속도선이 연결되면 이전 단원에서 설명한 충전기를 사용할 수 있다. 그림 5-5c는 이러한 목적으로 사용되는 스파크펀 충전기 모듈을 보여 준다.

> **Caution** 리튬폴리머 전지를 사용할 때 전지를 너무 많이 방전하면(셀당 약 3V 미만) 영구히 손상될 수 있다. 대부분의 새로운 리튬폴리머 전지에는 과방전을 방지하기 위해 전지 패키지에 내장된 자동 차단 회로가 들어 있지만, 떼내어 쓰는 전지에는 해당하지 않을 수 있다.

전지 전압 제어

전지의 문제는 패키지에 1.5V, 3.7V 또는 9V라고 쓰여 있어도 방전 시 전압이 떨어지는 경우가 종종 있기 때문에 흔히 빠른 속도로 방전된다는 점이다.

예를 들어, 1.5V 알카라인 AA형 전지는 신제품이 약 1.5V이고, 부하 시 약 1.3V로 빠르게 떨어지지만, 약 1V까지 유용한 전력을 계속 제공한다. 즉, AA형 전지 네 개로 6V와 4V 사이의 전압을 낼 수 있다. 일회용이든 충전식이든 대부분의 전지 유형은 비슷한 전압 강하를 나타낸다.

이 점은 별로 중요하지 않고, 단지 전지가 전력을 받는 일이 중요하다. 전동기 또는 LED에 전원을 공급하는 경우, 전동기가 조금 더 천천히 움직이거나 전지가 방전됨에 따라 LED가 약간 어두워진다. 그러나 일부 IC의 전압 허용 오차는 매우 좁다. 최대 작동 전압 3.6V를 지정해 놓고도 실제로는 3.3V에서 작동하도록 설계된 IC가 있다. 마찬가지로 전압이 너무 낮아지면 장치가 작동을 멈춘다. 실제로 마이크로컨트롤러와 같은 많은 디지털 칩은 3.3V 또는 5V의 표준 전압에서 작동하도록 설계되어 있다.

일정한 전압을 유지하려면 전압 조정기라는 것을 사용해야 한다. 다행스럽게도 전압 조정기는 편리한 세 개 핀과 저렴한 칩으로 되어 있어 사용하기가 무척 쉽다. 실제로 패키지는 트랜지스터처럼 보인다. 패키지가 클수록 더 많은 전류를 제어할 수 있다.

그림 5-6은 7805라 불리는 가장 일반적인 전압 조정기를 사용하는 방법을 보여 준다.

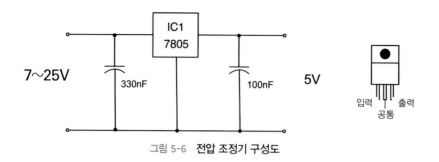

그림 5-6 **전압 조정기 구성도**

전압 조정기 IC와 두 개의 커패시터만 사용하면 7~25V 사이에서 변동하는 입력 전압을 일정한 5V로 조정할 수 있다. 커패시터들은 조정기 IC를 안정된 방식으로 동작시키는 전하 저장 공간을 거의 제공하지 않는다.

7805를 사용하는 다음 실험에서는 공급 전압이 안정적인 9V 전지이고, 출력의 부하가 단순한 저항이기 때문에 커패시터를 생략할 것이다(그림 5-7).

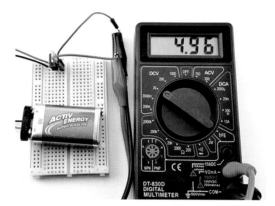

그림 5-7   **7805 실험**

커패시터는 부하가 변할 때(소비하는 전류의 양에 따라 변할 때) 훨씬 더 필요하며, 이는 대부분의 회로에 해당한다.

필요 물품

수량	이름	품목	부록 코드
1		무땜납 브레드보드	K1, T5
1	IC1	7805 전압 조정기	K1, S4
1		전지 클립	K1, H2
1		9V PP3 전지	

그림 5-8과 같이 브레드보드를 배선하라.

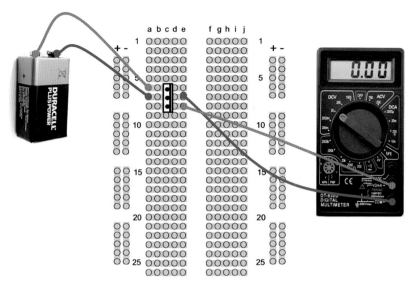

그림 5-8　7805 브레드보드 배치도

브레드보드

전지를 연결한 상태에서 멀티미터는 5V에 가까운 전압을 표시해야 한다. 5V는 매우 일반적인 전압이지만, 4장에서 논의한 LM317 전압 조정기와 같은, 대부분의 공통 전압을 위한 전압 조정기가 있어서 정전류를 제공함은 물론 전압 조정기로 구성될 수도 있다.

표 5-5에는 다양한 출력 전압과 다양한 전류 처리 기능을 제공하는 공통 전압 조정기가 나와 있다.

표 5-5　**전압 조정기**

출력 전압	100mA	1~2A
3.3V	78L33	LF33CV
5V	78L05	7805(부록 코드 S4) (7~25V in)
9V	78L09	7809
12V	78L12	7812

78 시리즈 IC와 같은 선형 전압 조정기는 수백 mA 수준인 저전력 회로에 이상적이다. 그러나 그보다 높은 경우에는 뜨거워지기 시작하므로 흡열부가 필요할 수 있다. 조정기 IC가 뜨거워지는 문제를 피하기 위해 그림 5-9와 같은 '스위칭' 레귤레이터(switching regulator, 개폐 조정기)

모듈을 사용하면 전혀 뜨거워지지 않고 1A 이상의 전류에서 전압을 조절할 수 있다.

그림 5-9   이베이에서 저렴하게 구입한 스위칭 레귤레이터

그림 5-9의 모듈에는 네 개의 단자 전압 입력(+, -)과 단자 전압 출력(+, -)이 있다. 입력 전압은 최대 37V일 수 있으며, 가변 저항기를 이리저리 만져 0V에서 입력 1.2V까지 출력 전압을 설정할 수 있다. 모듈은 최대 3A까지 공급할 수 있다.

전압 강화

입력 전압이 출력 전압보다 큰 경우에만 '전지 전압 제어' 단원의 전압 조정기 IC가 작동한다. 실제로 보통 2V 이상이어야 하지만, LDO(low drop out) 조정기라 불리는 좀 더 비싼 전압 조정기는 출력 전압보다 입력 전압이 약 0.5V 정도 더 커야 한다.

그러나 때로는 우리가 회로에 더 높은 전압(흔히 5V)을 요구할지라도, 3.7V의 단일 셀로 된 리튬폴리머 전지를 사용하는 게 훨씬 편리할 때가 있다(휴대전화기가 이것의 좋은 예이다).

이러한 상황에서는 부스트 컨버터(boost converter)라는 매우 유용한 회로를 사용할 수 있다. 이것들은 IC와 작은 인덕터(전선 코일)를 사용하며, 인덕터에 펄스를 인가해 더 높은 전압을 발생시킨다. 실제로는 더 복잡하지만, 여러분은 아이디어를 얻을 수 있을 것이다.

벅-부스트 컨버터(강압/승압 전환기)는 잘 알려진 온라인 쇼핑몰 등에 모듈로 이미 나와 있다. 3.7V에서 5~25V까지 조정 가능한 출력을 제공하는 1A 조절 모듈을 몇 천 원 정도로 구할 수 있다. 'Boost Step-Up 3.7V'로 검색해 보라. 주요 모듈 공급 업체는 또한 대략 5,000원 정도의 가격으로 이러한 보드를 제공한다.

스파크펀에서 리튬폴리머 전지 충전기와 벅-부스트 컨버터를 결합한 재미있는 모듈(부록의 M17 참조)을 판매하므로 외부 USB 5V 입력에서 리튬폴리머를 충전하고 3.7V 리튬폴리머 셀을 사용해 5V의 출력을 제공할 수 있다(그림 5-10).

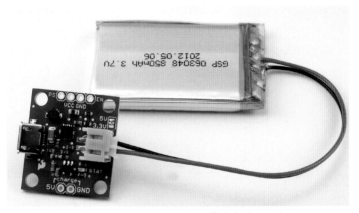

그림 5-10 **결합된 리튬폴리머 충전기 및 부스터**

이것을 사용하면 리튬폴리머 전지를 제자리에 두고 충전하면서 리튬폴리머를 사용하기가 그다지 어렵지 않다. 5V 마이크로컨트롤러 회로이든, 그 밖에 무엇을 사용하든 VCC 및 GND 접점에 연결하고, 전지를 소켓에 끼우고 장치를 충전하기 위해 USB 케이블을 연결하기만 하면 된다.

전지 지속 시간을 계산하는 방법

우리는 전지 용량, 즉 전지가 공급할 수 있는 mAh를 이미 수로 나타내 알아봤다. 그러나 과제에서 쓸 전지가 오래 지속될지를 결정할 때 고려해야 할 다른 요소들이 있다.

이게 사실 상식의 문제일 뿐이지만, 필요 물품에 대해 잘못된 가정을 하기 쉽다.

예를 들어, 나는 최근에 닭장에 쓸 자동문을 만들었다. 새벽에는 열리고 어두워지면 닫히게 한 문이다. 문에 전기 전동기를 사용하기로 했는데, 전기 전동기는 많은 전류를 사용하므로 어떤 종류의 전지를 사용할지 결정해야 했다. 처음에는 큰 D형 셀이나 납산 전지를 사용하려고 했다. 그렇지만 계산해 보니, 이게 꼭 필요하지는 않아 보였다.

전동기는 작동할 때마다 1A를 사용하기는 해도, 하루에 두 번씩 매회 약 3초 동안만 작동한다. 나는 늘 1mA를 사용해 제어 회로를 측정했다. 그러므로 하루에 얼마나 많은 mAh의 제어 회로와 전동기가 작동하는지를 확인한 후, 다양한 종류의 전지가 며칠 동안 지속되는지를 알아보자.

전동기부터 시작하자.

$$1A \times 3초 \times 2 = 6A초 = 6 / 3600Ah = 0.0016Ah = 1.6mAh / 일$$

반면, 내가 생각한 컨트롤러는 과제물 중에 저전력 부분이었고, 다음과 같은 소비량을 보일 것이다.

$$1mA \times 24시간 = 24mAh / 일$$

이는 컨트롤러가 먹고 싶어 하는 주스(컨트롤러에 필요한 전류)의 10분의 1도 안 되기 때문에 전동기가 소비하는 전력을 거의 무시할 수 있음을 의미한다. 총 소요량이 하루에 25mAh라고 가정해 보자.

AA형 전지의 용량이 일반적으로 3000mAh이므로 AA형 전지로 과제물을 구동하면 하루에 3000mAh / 25mAh = 120일 지속될 것으로 예상된다.

따라서 우리는 더 이상 고민하지 않아도 된다. AA로 충분하다. 결국에 나는 이 과제물에는 태양광 발전을 사용했는데, 5장의 뒷부분에 있는 '태양광 전지 사용' 단원에서 다시 살펴보자.

전지 백업

전지를 교체하기는 번거롭고 비용이 많이 들기 때문에 마트에서 구입한 전원공급장치로 전력을 공급하는 편이 더 저렴하고 편리하다. 그러나 이 장치에는 자체적으로 단점이 있는데, 이는 다음과 같다.

- 장치가 전선에 연결되어 있어야 한다.
- 가정용 전기가 고장 나면 장치가 작동을 멈춘다.

가정용 전기로 작동되는 장치의 자동 백업 전지를 준비하면 두 가지 장점 모두를 얻을 수 있다. 따라서 전지와 전원공급장치를 모두 사용할 수 있게 되지만, 전지는 전원공급장치를 사용할 수 없는 경우에만 사용된다.

다이오드

우리는 전지와 전원공급장치의 전압을 둘 다 사용할 수 있을 때 서로 충돌하는 상황을 바라지 않는다. 예를 들어, 전원공급장치의 전압이 전지보다 높으면 전원공급장치가 전지들을 충전하게 될 것이다. 그러나 전류를 제한하지 않으면 전지가 충전식일지라도 재앙이 될 수 있다.

그림 5-11은 이를 위한 기본 구성도를 보여 준다. 전원공급장치의 전압이 항상 전지보다 높아야 하므로 우리의 경우에는 전원공급장치의 전압이 12V이고, 전지의 전압은 9V이다. 구성도에서는 또한 백업 전지가 전구를 구동하는 데 사용되고 있다고 가정한다.

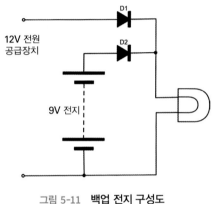

그림 5-11 **백업 전지 구성도**

다이오드는 한 방향으로만 열리는 밸브와 같은 역할을 한다. 밸브는 전류가 화살표 방향으로만 흐르게 한다. 그래서 여기에 전력을 공급할 수 있는 세 가지 가능한 경우를 살펴본다. 다음은 간단한 전원공급장치이다. 전지들만 있는 게 아니라 전지와 전원공급장치가 함께 있다 (그림 5-12).

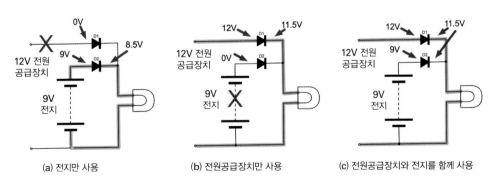

(a) 전지만 사용   (b) 전원공급장치만 사용   (c) 전원공급장치와 전지를 함께 사용

그림 5-12 **전지 백업용 다이오드**

전지만 쓰는 경우

전지의 전압이 0보다 큰 경우(전원공급장치가 꽂혀 있지 않은 경우) 그림 5-12a와 같은 상황이 발생한다. 전지의 9V는 D2의 양극에 있고, D2의 음극은 전구의 부하에 의해 접지 쪽으로 당겨진다. 그러면 D2에 순방향 바이어스가 발생하고, 전구를 통해 전류가 흐르게 된다. 순방향으로 바이어스된 다이오드는 그 사이에 거의 일정한 0.5V 전압을 가질 것이므로 다이오드 이후의 전압은 8.5V라고 말할 수 있다.

반면, D1은 양극(0V)보다 음극(다이오드를 나타내는 기호의 오른쪽)에서 더 높은 전압(8.5V)을 가지므로 D1에는 전류가 흐르지 않는다.

전원공급장치만 쓰는 경우

전원공급장치가 연결된 경우(그림 5-12b), 다이오드의 역할이 바뀌고 전류가 D1을 통해 전구로 흐른다.

전원공급장치와 전지 모두 쓰는 경우

그림 5-12c는 전원공급장치와 전지가 모두 연결된 상황을 보여 준다. 전원공급장치의 12V는 D2의 음극이 11.5V에 있음을 보장한다. D2의 음극이 전지로부터 나온 9V에 있기 때문에 다이오드는 역바이어스 상태를 유지할 것이고, 전류는 이를 통해 흐르지 않을 것이다.

세류 충전

우리에게는 이미 전지와 전원공급장치가 있으므로 전지를 충전하는 데 필요한 대부분의 재료가 있다. 예를 들어, 전지 소켓에 AA형 충전식 전지를 여섯 개 사용하고, C / 20 (C = 2000mAh라고 가정) 또는 전원공급장치에서 100mA로 충전할 수 있다.

그렇게 하면 전지가 항상 충전되고 전원이 꺼질 때마다 빛을 제공한다. 그림 5-13은 이에 대한 구성도를 보여 준다.

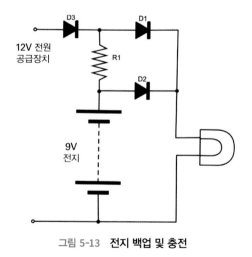

그림 5-13 **전지 백업 및 충전**

여러분은 여분의 다이오드 D3을 기대하지 않았을 수 있다. 이것은 전원공급장치가 어떻게 설계되어 있는지 정확히 알지 못하기 때문에 전지가 꺼진 상태에서 전지가 (R1을 거쳐) 출력에 연결된 경우 어떤 일이 벌어질지 알 수 없다. 전지가 방전되거나 전원공급장치가 손상될 수 있다. 다이오드 D3은 전류를 보호하기 때문에 전류가 다시 흐를 수 없다.

우리는 R1을 통해 100mA의 충전 전류를 흐르게 하고 싶다. 그리고 전원공급장치와 전지가 모두 연결되어 있으면 R1의 전압은 12V - 0.5V - 9V, 즉 2.5V가 된다. 따라서 옴의 법칙을 사용하면 저항값은 다음과 같아야 한다.

$$R = V / I = 2.5 / 0.1A = 25\Omega$$

가장 가까운 표준값은 아마도 27Ω일 것이다.

$$소요 \; 전력: P = V^2 / R = 2.52 / 27 = 0.23W$$

이것은 표준 $\frac{1}{2}$ 와트 저항기 또는 $\frac{1}{4}$ 와트 저항기가 좋음을 의미한다.

태양광 전지 사용

태양광 전지는 완벽한 전력 공급원처럼 보인다. 태양광 전지는 빛을 전기로 바꾸므로 이론적으로 전지를 교체하거나 벽면 콘센트에 다시 연결할 필요가 없다.

그러나 언제나 그렇듯이 현실은 그리 간단하지 않다. 태양광 전지는 크지 않으면 전기를 생산할 수 없으므로 저전력 장치를 사용하는 과제물이나 가정용 전기를 사용하지 않는 야외 과제물 제작에 가장 적합하다.

여러분이 남쪽으로 향한 창문에 놓지 않고 실내에 태양광을 설치하는 과제를 해 보자고 해도 나는 그렇게 할 생각이 없다. 태양광 전지에 직사광선이 닿아야 하는 건 아니지만, 유용한 전기 분량을 생산하려면 하늘이 잘 보여야 한다.

내가 개발한 두 가지 태양광 과제물은 태양광 라디오(태양광 전지판이 라디오 크기만큼 컸지만, 짐작하듯이 그것조차도 창가에 둬야 했다)와 태양광으로 움직이는 닭장문이었다. 햇볕이 잘 비치는 곳에 살 만큼 운이 좋다면, 태양력을 훨씬 수월하게 이용할 수 있다. 그림 5-14는 일반적인 태양광 전지판을 보여 준다. 이것은 보안등을 설치할 때 떼내 둔 것이다. 전지판의 크기는 약 6 × 4 제곱인치로, 태양쪽으로 기울어질 수 있는 회전축이 있다. 이 전지판을 닭장문에 사용했던 것이다.

그림 5-14 **태양광 전지판**

태양광 전지판을 사용해 전력을 공급하는 과제에서는 거의 항상 충전식 전지를 사용한다. 그래서 전지판이 전지를 충전하고 과제물은 전지에서 전력을 끌어온다. 소형 태양광 전지는 일반적으로 약 0.5V밖에 생산하지 않기 때문에 일반적으로 전지를 충전할 수 있을 정도로 전압을 높이기 위해 여러 셀을 결합해 판을 구성한다.

일반적으로 태양광 전지판에서 볼 수 있는 전압은 태양광 전지 패널이 충전할 수 있는 전지의 전압을 나타낸다. 따라서 6V 또는 12V짜리 태양광 전지판을 찾는 것이 일반적이다. 햇빛이 강한 곳에서 전압을 측정하면 12V 패널의 경우 판독값이 훨씬 높아져 20V에 이를 수 있다. 그러나 충전 중인 전지 충전의 부하로 인해 급격히 떨어진다.

태양광 전지판 시험

태양광 전지판에는 특정 수의 와트와 이 와트를 위해 지정된 공칭 전압이 있다. 이러한 것들은 이상적인 조건이 되는 경향이 있으므로 과제에서 사용할 태양광 전지판을 입수할 때는 실제로 시험해 볼 수 있는 것을 찾으라. 설치되어 있는 실제 상황에서 얼마나 많은 전력을 공급할 수 있는지 알지 못하면서 전지 용량과 현재 소비량을 얼마나 낮게 유지해야 하는지를 안전하게 가정하기는 어렵다.

태양광 전지판을 시험할 때는 저항을 '모조 부하(dummy load)'로 사용하고, 다양한 위치와 밝기 수준에서 태양광 전지판을 시험해 보고 저항기의 전압을 측정해야 한다. 이것으로 판이 제공하는 현재 값을 계산할 수 있다.

그림 5-15는 내 '닭장용' 태양광 전지판을 보여 준다. 계측기는 내가 이 사진을 촬영할 때 사용한 조명 상자 안에서 100Ω짜리 부하 저항기를 쓸 때 0.18V를 나타낸다. 이는 딱 1.8mA에 해당한다.

그림 5-15 **태양광 전지판 시험**

스프레드시트는 태양광 전지판의 성능을 기록하는 유용한 방법이다. 그림 5-16은 그래프로 보충한 스프레드시트를 따 온 것이다. 다음 과제 중에 태양광 전지판을 사용하고자 할 때까지 이 파일을 저장할 수 있다.

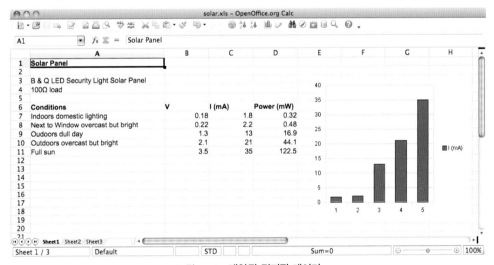

그림 5-16 **태양광 전지판 데이터**

스프레드시트는 www.hackingelectronics.com에서 내려받을 수 있지만, 복잡한 수식을 전혀 사용하지 않는다.[15]

---

15 [옮긴이] 지은이의 홈페이지 주소가 http://simonmonk.org로 변경되었다. 그리고 이 스프레드시트는 게시되어 있지 않다. 하지만 특별한 수식이 필요한 게 아니므로 누구나 쉽게 화면과 같이 본 따서 스프레드시트를 만들 수 있을 것이다. 궁금한 점이 있다면 출판사에 연락하거나, 출판사를 통해서 옮긴이에게 연락해 주기 바란다.

보다시피, 태양광 전지판은 밝은 인공 조명 아래에서도 실내라면 1~2mA만 생산한다. 야외에서 맑은 하늘을 볼 수 있으면 더 좋은 결과가 나오지만, 실제로는 직사광선에서만 아주 높은 전력을 생산한다.

태양광 전지판으로 세류 충전하기

태양광 전지판은 비교적 낮은 조명 조건에서도 적당한 전압을 생성하므로 전지를 세류 충전하는 데 쉽게 사용할 수 있다. 그러나 전지가 패널보다 높은 전압(말하자면 밤인 경우)에서는 태양광 전지판을 보호하기 위해 항상 다이오드를 사용해야 한다. 역전류가 태양광 전지판을 손상시킬 수 있기 때문이다.

그림 5-17은 일반적인 간단한 세류 충전 구성도를 보여 준다.

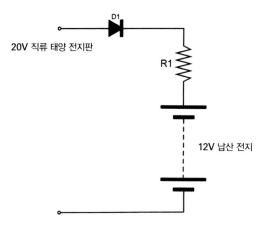

그림 5-17　**태양광 세류 충전을 위한 구성도**

납산 전지는 여전히 태양광 전지를 세류 충전하는 데 널리 사용된다. 이는 주로 납산 전지가 과충전을 크게 용인하면서 자체 방전율이 낮기 때문이다(예를 들면, NiMH보다).

전력 소비 극소화

소규모 야외용 과제물을 위해 태양광 발전을 계획할 때는 전지를 충전하는 태양광 전지판이 수요를 따라갈 수 있어야 한다.

미국 캘리포니아 주 남부에 거주하는 경우, 태양광 전지판을 사용 가능하게 설계하기가 매우 쉽다. 일년 내내 꽤 많은 태양빛을 기대할 수 있다. 그러나 적도에서 멀리 떨어진 곳에 산다면, 하루 종일 꽤 침침할 것이고, 겨울에는 낮의 길이도 짧을 것이다. 낮이 짧고 침침하기까지 한 날씨가 여러 주간에 걸쳐 이어질 수 있다. 여러분의 시스템이 일년 내내 일하기를 원한다면, 여러분은 기상이 좋지 않은 몇 주 동안에도 지속적으로 전기를 공급할 대형 전지를 갖춰 두거나 그렇게 할 수 없다면 더 큰 태양광 전지판을 사용해야 한다.

이렇게 합치기는 아주 쉽다. 태양광 전지판에서 전지로 들어가는 mAh가 있으며, 전력을 공급하는 장치에서도 mAh가 나온다. 장치가 항상 작동 중일 수 있지만, 태양광 전지판은 시간 중 절반만(낮에 해가 비추는 동안에만) 활성 상태에 놓인다. 따라서 태양광 전지가 최악 상태에 놓이는 경우가 1~2주간이라는 점을 고려해 적절하게 설계해야 한다.

태양광 전지판과 전지의 크기를 늘리는 것이 아니라 시스템이 소비하는 전류를 최소화하는 것이 더 쉽고, 비용이 덜 드는 방식일 것이다.

요약

5장에서는 과제물에 전력을 공급하는 방법을 배웠다. 6장에서는 매우 인기 있는 아두이노 마이크로컨트롤러 보드를 사용하는 방법을 배운다.

아두이노로 해킹하기

마이크로컨트롤러는 본질적으로 저전력 컴퓨터이다. 마이크로컨트롤러에는 전자기기를 연결할 수 있는 입출력 핀이 있어서 전자기기를 제어할 수 있다. 마이크로컨트롤러를 사용하는 과정이 꽤 복잡한 편이었는데, 그 이유는 주로 마이크로컨트롤러 프로그램을 짜야 했기 때문이다. 주로 어셈블리어 또는 복잡한 C 언어로 프로그램을 짰다. 그래서 무언가 유용한 일을 해보려면 많이 배워야 했다. 이런 이유로 단지 함께 뭔가를 해킹해 보려고 할 뿐인 간단한 과제에 사용하는 용도로는 권장되지 않았다.

아두이노에 입문해 보자(그림 6-1). 아두이노와 같이 저렴하고 사용하기 쉬운 기성품 보드를 사용하면 야단법석을 떠는 일을 최소한으로 줄이면서도 마이크로컨트롤러를 우리 과제에 사용할 수 있다.

그림 6-1   **아두이노 우노 R3 보드**

아두이노 판매량이 무척 커서 마이크로컨트롤러가 필요한 제조업체 및 해커도 선택할 수 있는 플랫폼이 되었다.

아두이노의 인기 요인은 다음 이외에도 많다.

- 저렴함
- 오픈소스 하드웨어 설계
- 사용하기 쉬운 통합 개발 환경(IDE)에서 프로그램을 짤 수 있음
- 아두이노의 상단에 화면 표시기나 전동기 구동자와 같은 기능을 담당하는 플러그인 실드를 꽂아 쓸 수 있음

6장 및 이후 장에서 사용되는 아두이노의 모든 프로그램을 이 책과 함께 제공된 깃허브(GitHub) 저장소(https://github.com/simonmonk/hacking2)에서 내려받을 수 있다.

이 책의 예제는 아두이노 우노 R3에 맞게 작성해 시험해 보았다. 그러나 6장의 '자동으로 비밀번호 입력하기' 및 10장의 'USB 뮤직 컨트롤러 만들기' 단원에 나오는 두 과제물은 아두이노 레오나르도에서만 작동한다.

LED 깜박이게 하기

아두이노를 프로그래밍하려면 먼저 컴퓨터에 아두이노 IDE(Integrated Development Environment, 통합 개발 환경)를 설치해야 한다. 아두이노는 윈도우 및 맥, 리눅스에서 사용할 수 있다.

필요 물품

수량	품목	부록 코드
1	아두이노 우노 R3	M2
1	B형 USB 접속도선	

아두이노 설정하기

첫 번째 단계는 공식 아두이노 웹 사이트에서 컴퓨터 유형에 맞는 소프트웨어를 내려받는 것이다.

http://arduino.cc/en/Main/Software

내려받기가 끝나면 각 플랫폼에 맞게 설치하는 데 필요한 자세한 지침을 찾을 수 있다.

http://arduino.cc/en/Guide/HomePage

아두이노의 장점 중 하나는 입문할 때 아두이노와 컴퓨터 그리고 이 두 가지를 연결하는 USB 케이블만 필요하다는 점이다. 아두이노를 컴퓨터에 USB로 연결해 전원을 공급받을 수도 있다.

그림 6-2는 아두이노 IDE를 실행하는 노트북에 연결된 아두이노 우노(가장 일반적인 유형의 아두이노)를 보여 준다.

그림 6-2 **아두이노, 노트북 그리고 닭**

'arduino' 디렉터리 안에 아두이노 프로그램(또는 아두이노 세계에서 '스케치'라고 부르는 것)을 담은 디렉터리 한 개가 들어 있다. 특정 과제 디렉터리인 경우에는 그 안에 디렉터리와 이름은 같지만, 확장자가 .ino인 파일이 하나만 있다. 아두이노 IDE를 제대로 설치했다면, 이 .ino 파일 중 하나를 클릭하면 아두이노 IDE에서 스케치가 열려 코드를 보고 편집할 수 있다.

우리는 아두이노가 작동 중임을 증명하기 위해 아두이노를 프로그래밍해 아두이노 보드에 'L'이라고 표시된 LED(그래서 엘이디라고 부름)를 깜박이게 할 것이다.

컴퓨터에서 아두이노 IDE를 시작하라. 그런 다음, File 메뉴(그림 6-3)에서 Examples | 01.Basics | Blink를 선택한다.

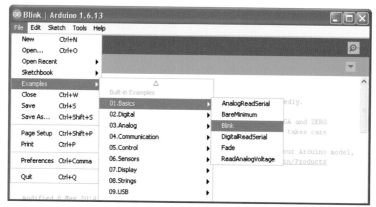

그림 6-3 'Blink(깜박이)' 스케치 로드

프로그래머가 아닌 사람들이 아두이노 프로그램을 작성하는 일에 겁먹는 일이 없게 하려고 아두이노용 프로그램을 '스케치'라고 부른다. 우리가 아두이노로 Blink 스케치를 전송하기 전에 아두이노 IDE에 우리가 사용하는 아두이노의 종류를 알려 줘야 한다. 가장 흔히 사용하는 종류는 아두이노 우노(Arduino Uno)이며, 6장에서는 여러분이 이것을 지니고 있다고 가정한다. 그래서 Tools | Board 메뉴에서 'Arduino/Genuino Uno'를 선택하라(그림 6-4).

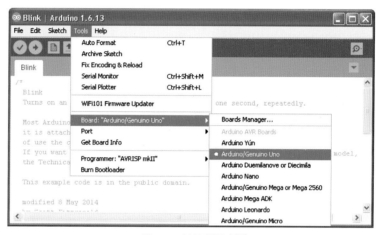

그림 6-4 **보드 종류 선택**

보드 종류를 선택해야 할 뿐만 아니라 연결된 포트도 선택해야 한다. 윈도우에서는 COM 뒤에 숫자가 표시되고 보드가 연결되어 있으면 보드 유형(이 경우 Arduino/Genuino Uno)이 포트 이름 다음에 나오는 괄호 안에 표시된다(그림 6-5). 그러나 맥 또는 리눅스에서는 일반적으로 직렬 장치가 더 많다. 그러나 아두이노 IDE는 연결된 모든 보드 종류를 표시해 주므로 올바른 포트를 쉽게 식별할 수 있다.

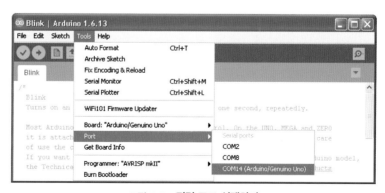

그림 6-5 **직렬 포트 선택하기**

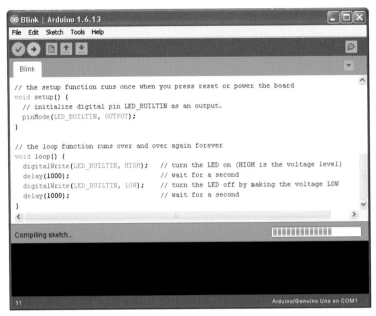

그림 6-6 Blink 스케치 업로드

스케치를 아두이노 보드에 실제로 업로드하려면 툴바에서 업로드 버튼을 클릭하라. 이것은 그림 6-6에 강조 표시된 툴바의 두 번째 버튼이다.

업로드 버튼을 누르면 몇 가지 일이 발생한다. 먼저, 아두이노 IDE가 스케치를 컴파일(업로드 하기에 적합한 형식으로 변환)하면서 진행 막대가 나타난다. 그런 다음, 아두이노상에 Rx 및 Tx 라고 표시된 LED가 잠시 동안 깜박인다.

마지막으로 L로 표시된 LED가 깜박이기 시작해야 한다. 아두이노 IDE는 또한 'Binary sketch size: 1,084bytes(of a 32,256 byte maximum).'와 같은 꼴로 된 문구를 보여 줄 것이다. 이 것은 스케치가 아두이노의 프로그램에 사용할 수 있는 32k 플래시 메모리 중 약 1kB를 사용 했다는 것을 의미한다.

레오나르도를 사용하는 경우 아두이노 소프트웨어에서 'Uploading ...' 문구가 나타날 때까지 Reset(재설정) 버튼을 계속 눌러야 할 수도 있다.

Blink 스케치 수정하기

처음 아두이노를 연결했을 때 아두이노가 이미 깜박거리고 있을 수 있다. 아두이노는 종종 Blink 스케치가 설치된 상태로 배송되기 때문이다.

이 경우, 깜박이는 속도를 변경해서라도 여러분이 실제로 뭔가를 했다는 점을 스스로 증명할 수 있다. 이제 Blink 스케치를 살펴보고 더 빨리 깜박이도록 변경할 수 있는 방법을 살펴보자.

스케치의 첫 번째 부분은 누군가가 스케치를 보고 자신이 무엇을 해야 하는지를 알려 주는 주석이다. 이것은 실제 프로그램 코드가 아니다.

```
/*
  Blink
  Turns on an LED on for one second, then off for one second, repeatedly.

  ....
*/
```

스케치의 다음 부분은 'setup(설정)' 함수이다. 모든 아두이노 스케치에는 'setup' 함수가 있어야 하며, 이 함수는 아두이노가 재설정될 때마다 실행되는데(주석에 표시된 대로), 재설정 버튼을 누르거나 아두이노에 전원이 들어오면 이 함수가 실행된다.

```
// the setup function runs once when you press reset
// or power the board
void setup() {
  // initialize digital pin LED_BUILTIN as an output.
  pinMode(LED_BUILTIN, OUTPUT);
}
```

이 텍스트의 구조는 프로그래밍에 익숙하지 않은 경우 조금 혼란스럽다. 함수란 이름이 부여된 코드 단편이다(여기서는 함수 이름이 'setup'이다). 지금은 템플릿으로 인용된 텍스트를 사용해 첫 번째 줄이 'void setup() {'으로 시작해야 함을 이해하라. 그런 다음, 각 명령을 ';'로 끝나는 행에 놓은 후 함수의 끝을 '}' 기호로 표시하라.

이 경우, 아두이노가 수행할 수 있는 유일한 명령은 놀랍지 않게 내장 LED(아두이노 우노에서 13개)가 출력되게 연결된 아두이노 핀을 다음과 같이 설정하는 'pinMode(LED_BUILTIN, OUTPUT)' 명령을 실행하는 것이다.

다음은 스케치의 맛있는 부분인 'loop' 함수이다.

'setup' 함수와 마찬가지로 모든 아두이노 스케치에는 'loop' 함수가 있어야 한다. 재설정한 후 한 번만 실행되는 'setup'과 달리 'loop' 함수는 계속 실행된다. 즉, 모든 지시 사항이 완료되자

마자 다시 loop 함수가 시작된다.

'loop' 함수에서, 우리는 먼저 'digitalWrite(LED_BUILTIN, HIGH)' 명령을 내려 LED를 켠다. 그런 다음, 'delay(1000)' 명령을 사용해 잠시 가만히 있게 한다. 값은 1,000밀리초, 즉 1초이다. 그런 다음, LED를 다시 끄고 전체 과정이 다시 시작되기 전에 다시 1초 동안 그대로 있게 한다.

```
// the loop routine runs over and over again forever:
void loop() {
  digitalWrite(LED_BUILTIN, HIGH); // turn the LED on (HIGH is the voltage level)
  delay(1000);                     // wait for a second
  digitalWrite(LED_BUILTIN, LOW);  // turn the LED off by making the voltage LOW
  delay(1000);                     // wait for a second
}
```

이 스케치를 수정해 LED가 더 빠르게 깜박이도록 하려면 두 값을 모두 1,000에서 200으로 변경하라. 이러한 두 가지 값을 변경하는 일이 모두 'loop' 함수에서 이뤄지면 함수는 다음과 같이 보이게 될 것이다.

```
void loop() {
  digitalWrite(LED_BUILTIN, HIGH); // turn the LED on (HIGH is the voltage level)
  delay(200);                      // wait for a second
  digitalWrite(LED_BUILTIN, LOW);  // turn the LED off by making the voltage LOW
  delay(200);                      // wait for a second
}
```

스케치를 업로드하기 전에 저장부터 하려고 하면, 아두이노 IDE는 해당 스케치가 'read-only(읽기 전용)' 예제 스케치임을 알려 주겠지만, 복사본으로 저장하는 방법도 알려 줄 것이므로 그것을 사용해 핵심 내용을 수정할 수 있다.

물론 여러분은 이렇게까지 할 필요는 없다. 여러분은 저장되지 않은 스케치를 업로드할 수는 있지만 여러분이 이 스케치 또는 다른 스케치를 저장하기로 결정하면, 아두이노 IDE의 File | Sketchbook에 그게 나타난 것을 볼 수 있다.

따라서 어느 경우에서든 Upload(업로드) 버튼을 다시 클릭하라. 업로드가 완료되면 아두이노가 자동으로 재설정되며 LED가 훨씬 빨리 깜박이기 시작한다.

아두이노를 사용한 계전기 제어

아두이노를 USB로 연결해 프로그래밍만 할 수 있는 게 아니다. 아두이노와 컴퓨터 간에 데이터를 전송할 때도 사용할 수 있다. 아두이노에 계전기(즉, 릴레이)를 연결하면, 컴퓨터에서 계전기를 켜고 끌 수 있는 명령을 보낼 수 있다.

자신의 계전기 모듈을 납땜하는 방법을 배우는 것으로 시작하겠지만, 원한다면 기성품으로 된 계전기 모듈을 사용하는 방법도 배울 수 있다.

계전기

계전기(그림 6-7)는 전기-기계식 스위치이다. 매우 오래된 기술이지만, 계전기는 저렴하고 사용하기가 쉽다.

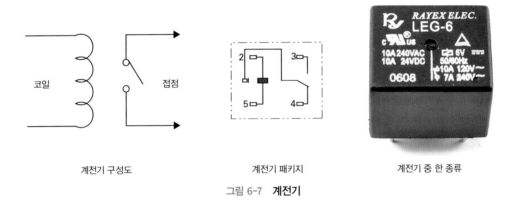

계전기 구성도   계전기 패키지   계전기 중 한 종류

그림 6-7 **계전기**

계전기는 기본적으로 스위치 접점에 가까운 전자석이다. 코일과 접점이 서로 전기적으로 절연되어 있어서 아두이노와 같은 것으로 가정용 기기를 켜고 끄는 일과 같은 일을 계전기가 담당할 수 있다.

계전기의 코일은 종종 5V와 12V 사이의 전압을 공급받는 반면, 스위치 접점은 고출력, 고전압 부하를 제어할 수 있다. 예를 들어, 그림 6-7에 나오는 계전기 사진에는 120V 교류(가정용전력)에서 10A의 최대 전류와 24V 직류에서 10A의 전류를 요구한다.

아두이노 출력

아두이노 출력 부분 및 해당 입력 부분을 '핀(pin)'이라고도 부르기는 해도, 아두이노의 측면을 따라 나와 있는 커넥터를 살펴보면 핀이라기보다는 소켓임이 확실하다. 이 '핀'이라는 이름은 소켓에 연결된, 아두이노의 중심부에 있는 마이크로컨트롤러 IC의 핀을 반영한 것이다.

각 '핀'을 입력 또는 출력으로 작동하도록 구성할 수 있다. 핀들이 출력으로 동작할 때, 각 핀은 최대 40mA를 제공할 수 있다. 이것으로 LED를 점등시키기에 충분하지만, 계전기 코일에 전력을 공급하기에는 충분하지 않다. 일반적으로 100mA 정도의 전류가 필요하다.

이 문제를 우리는 이미 논의했다. 큰 전류를 작은 전류를 사용해 제어해야 하므로 트랜지스터를 사용하는 것이 좋다.

그림 6-8은 우리가 만들 과제물의 구성도를 보여 준다.

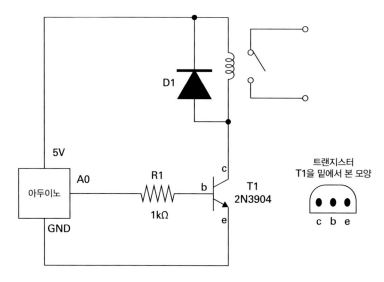

그림 6-8   **아두이노로 제어하는 계전기의 구성도**

우리는 LED를 제어할 때와 마찬가지로 트랜지스터를 사용하고 있다. 구성도에서 볼 수 있는 한 가지 차이점은 계전기 코일 양단에 다이오드가 걸려 있다는 것이다. 이것은 계전기를 끔으로 인해 코일의 자기장이 붕괴할 때 전압 상승을 초래하기 때문에 필요하다. 이 다이오드는 이런 일로 인한 손상을 방지한다.

계전기에 부품을 땜질한 후, 필요한 접속도선을 아두이노에 꽂을 헤더 띠에 부착한다(그림 6-9). 헤더 띠판은 15핀으로 구성되어 있으며, 아두이노 측면의 커넥터 소켓과 마이크로컨트롤러 칩에 가깝다. 두 개의 커넥터 띠판 사이에 간격이 있으므로 헤더 핀 중 하나가 실제로 소켓에 끼워지지 않는다.

그림 6-9 **아두이노 계전기 인터페이스**

필요 물품

수량	이름	품목	부록 코드
1		아두이노 우노 R3	M2
1		트랜지스터 2N3904	K1, S1
1	R1	1kΩ 저항기	K1
1	D1	1N4001 다이오드	K1, S5
1	계전기	5V 계전기	K1, H16
1		* 15 방향(15-way) 핀 헤더	K1, H4
1		양방향 나사 단자	K1

* 핀 헤더는 대개 필요한 길이의 접속부에 맞도록 길게 설계되어 제공된다.

제작하기

그림 6-10은 부품의 연결 방법을 보여 준다. 먼저 계전기 코일 접점에 다이오드를 납땜하라. 이것들은 계전기의 먼 쪽 끝에 있는 두 개의 핀으로 한 줄에 세 개의 핀이 있다. 다이오드의 줄무늬는 그림 6-10과 같이 오른쪽에 있어야 한다.

그림 6-10 **계전기 인터페이스 배선**

계전기 코일을 가로질러 다이오드를 납땜한 후, 트랜지스터의 접속도선을 구부려 그림 6-10과 같이 평평한 면을 계전기에 대고 배치하라. 트랜지스터의 베이스(가운데) 접속도선을 짧게 하고, 저항기의 접속도선을 짧게 해서 베이스 접속도선에 연결하라.

마지막으로 세 개의 접속도선을 커넥터 띠판에 납땜한다. 저항선은 왼쪽에서 여섯 번째 접속도선, 트랜지스터의 이미터는 왼쪽에서 아홉 번째 접속도선, 다이오드 접속도선은 왼쪽에서 열한 번째 접속도선으로 가야 한다.

접속도선을 계전기 접점에 연결하기 전에 연속성 모드에서 멀티미터를 사용해 이 작업을 시험해 볼 수 있으므로 그림 6-9에서와 같이 헤더 핀을 아두이노에 연결하고 멀티미터의 한 접속도선(연속성 모드에서)을 계전기 중간 접점(다이오드 접속도선 사이)에 물려 두라. 계전기의 연결되지 않은 두 접점에 멀티미터의 다른 접속도선을 연결하라. 하나는 신호음을 내고 다른 하나는 그러지 않을 것이다. 멀티미터에서 신호음이 울리지 않게 하는 것에 접속도선에 연결하라. 이것이 n.o(평상시 열림 접점)이다.

스케치 'ch06_relay_test'(126페이지의 '부록 소프트웨어 설치' 부분 참조)를 아두이노 IDE에 로드하고 아두이노 보드에 업로드하라. 아두이노가 다시 시작되면 2초마다 계전기가 열림 상태에서 닫힘 상태로 바뀐다.

소프트웨어

이것에 대한 스케치는 Blink 스케치와 거의 같다.

```
const int relayPin = A0;

void setup()
{
  pinMode(relayPin, OUTPUT);
}

void loop()
{
  digitalWrite(relayPin, HIGH);
  delay(2000);
  digitalWrite(relayPin, LOW);
  delay(2000);
}
```

유일한 차이점은 LED_BUILTIN(13번 핀)보다는 A0 핀을 사용하고 있다는 것이다. 아두이노에는 아날로그 입력 핀 A0~A5를 사용할 수 있는 기능이 있다 이 핀들을 디지털 입력 또는 출력뿐만 아니라 아날로그 입력으로 사용할 수 있지만, 디지털 핀으로 사용할 때는 문자 앞에 A 문자를 사용해야 한다. A0 핀의 이름은 relayPin이다.

모든 게 잘 진행되면 계전기 접점에 물건을 부착하는 것을 더 쉽게 하기 위해 몇 개의 전선을 납땜하고 양방향(2-way) 나사 단자 블록(그림 6-11)을 사용할 수 있다.

계전기 모듈로 여러 종류를 제어할 수 있다.

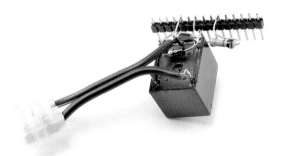

그림 6-11 **계전기 접점에 접속도선을 연결**

다음 단원에서는 전기 장난감을 해킹해 방금 만든 아두이노 및 계전기 모듈 또는 기성품 계전기 모듈을 사용해 켜고 끄게 될 것이다.

그림 6-12는 몇 달러에 구입한 기성 계전기 모듈을 아두이노에 연결하는 방법을 보여 준다. 모듈의 VCC 연결은 아두이노의 5V, 모듈의 GND 연결은 GND, 계전기 모듈의 IN1은 아두이노의 A0에 연결된다.

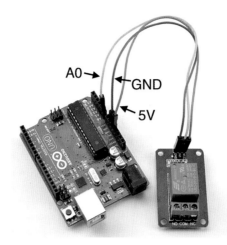

그림 6-12 **기성품 계전기 모듈을 아두이노에 연결하기**

일부 계전기 모듈(그림 6-12에 표시된 모듈 포함)은 입력에 대해 논리를 반전시킨다. 계전기를 연결하고 ch6_relay_test를 실행하면 스케치가 실행되자마자 계전기가 찰칵 소리를 내게 되고, 그리고 나서 꺼지지 않기 때문에 이런 종류의 계전기 모듈이 있는지를 확인할 수 있다. 이 계전기 모듈은 pnp 트랜지스터를 사용해 계전기 코일을 개폐하는데, 이 트랜지스터는 입력을 0V로 설정해 계전기를 켜고 제어 핀을 실제로 입력으로 설정해 계전기를 끈다. 계전기가 있는 경우, ch6_relay_test 대신 ch6_relay_test_inverted 스케치를 실행하라.

아두이노 제어를 위한 장난감 해킹

계전기의 가장 큰 장점은 마치 스위치처럼 작동한다는 것이다. 즉, 아두이노에서 켜고 끄고 싶은 항목이 있고, 항목에 스위치가 있으면 스위치에 일부 전선을 납땜해 계전기에 연결해야 한다. 이렇게 하면 계전기와 스위치를 사용해 장치를 켜고 끌 수 있다. 그러나 원래 스위치를 유지하고 싶지 않다면 이 스위치를 제거할 수 있다.

그림 6-13 **해부를 기다리는 불운한 전기 벌레**

저자가 해킹하기로 한 장난감은 조그만 전기 벌레이다(그림 6-13).

필요 물품

'아두이노를 사용해 계전기 제어하기' 단원에
준비된 계전기 모듈 또는 기성품 계전기 모듈
뿐만 아니라 다음 항목도 필요하다.

수량	품목	부록 코드
1	아두이노 우노 R3	M2
1	켜고 끄는 스위치가 있는 전기 장난감(전지로 전력을 공급)	
1	한 쌍으로 된 여러 가닥의 전선	

제작하기

장난감을 분해하면 스위치에 대한 연결을 볼
수 있다(그림 6-14a). 스위치에서 납땜을 제거하고 스위치로 가는 데 사용된 접속도선에 전선
을 연결한다(그림 6-14b). 우발적인 단락을 방지하기 위해 항상 노출된 전선을 절연 테이프로
둘러싸야 한다(그림 6-14c).

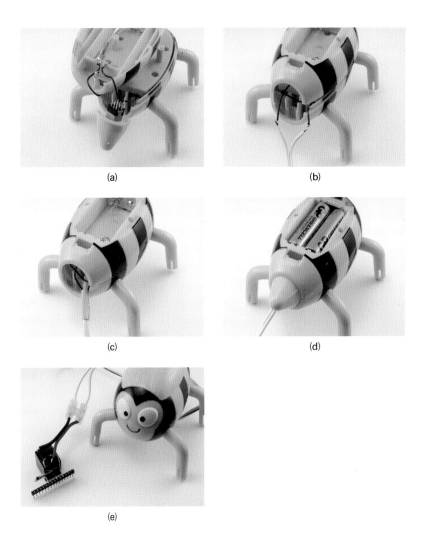

(a)

(b)

(c)

(d)

(e)

그림 6-14 **장난감 해킹**

그런 다음, 껍질 틈을 통해 전선으로 조립할 수 있다(그림 6-14d). 틈이 적당히 크지 않다면 아마도 구멍까지 뚫어야 할 것이다.

마지막으로 장난감을 사용할 준비가 되었으므로 계전기 인터페이스를 아두이노에 꽂고 전선을 나사 단자에 연결하라(그림 6-14e). 테스트 스케치가 아직 설치되어 있으면 장난감이 몇 초 동안 반복해 켜지고 꺼지는 것을 발견해야 한다.

그럭저럭 괜찮기는 해도 아주 유용하지는 않는다. 우리는 컴퓨터에서 아두이노에 명령을 보낼 수 있는 또 다른 스케치를 사용한다. 스케치 이름이 'ch_06_relay_remote'이지만, 반전 입력이 있는 기성품 계전기 모듈을 사용하는 경우라면 대신에 'ch06_relay_remote_inverted'를 실행하라.

이 스케치를 아두이노에 업로드하라. 그런 다음, 아두이노 IDE의 오른쪽에 있는 버튼을 클릭해 직렬 모니터를 연다(그림 6-15에서 동그라미로 표시).

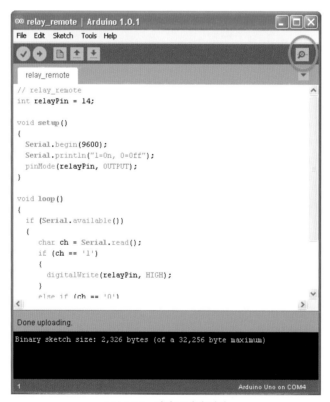

그림 6-15 **직렬 모니터 열기**

직렬 모니터

직렬 모니터는 컴퓨터와 아두이노 보드 간에 데이터를 보내고 받을 수 있는 아두이노 IDE의
일부이다(그림 6-16).

그림 6-16 **직렬 모니터**

직렬 모니터의 맨 위에는 명령을 입력할 수 있는 영역이 있다. Send(보내기) 버튼을 클릭하면
아두이노로 전송된다. 우리는 아두이노가 보낸 메시지를 이 영역의 아래쪽 부분에서 볼 수
있다.

숫자 1을 입력하고 보내기를 클릭해 이 작업을 시도해 보라. 이렇게 했을 때 장난감이 작동하
기 시작해야 한다. '0'을 입력하면 장난감이 다시 꺼져야 한다.

소프트웨어

이제 스케치를 살펴보자.

```
const int relayPin = A0;

void setup() {
  Serial.begin(9600);
  Serial.println("1=On, 0=Off");
  pinMode(relayPin, OUTPUT);
}

void loop() {
  if (Serial.available()) {
    char ch = Serial.read();
    if (ch == '1') {
      digitalWrite(relayPin, HIGH);
    }
    else if (ch == '0') {
      digitalWrite(relayPin, LOW);
    }
  }
}
```

지금 'setup' 함수에 두 개의 새로운 명령이 있다는 점에 주목하라.

```
Serial.begin(9600);
Serial.println('1=On, 0=Off');
```

이 중 첫 번째는 9600보우에서 직렬 포트를 통한 직렬 통신을 시작한다. 두 번째는 프롬프트 메시지를 전송하므로 직렬 모니터가 열릴 때 수행할 작업을 알 수 있다. 'loop' 함수는 먼저 'Serial.available()' 함수를 사용해 처리 대기 중인 컴퓨터와의 통신이 있는지 확인한다. 통신 이 있다면, 통신 내용은 문자 변수로 읽혀진다.

그런 다음, 두 개의 if문을 사용한다. 첫 번째 문자가 '1'인지 확인하고, 문자가 '1'이면 장난감 을 켠다. 반면, 읽은 문자가 '0'이면 꺼진다.

우리는 처음으로 작성한 깜박이 스케치에서 조금은 도약했다. 스케치가 어떻게 작동하는 지 이해하는 데 도움이 필요하면 저자가 저술한 ≪Programming Arduino: Getting Started with Sketches≫(한국어판: ≪스케치로 시작하는 아두이노 프로그래밍≫, 제이펍)를 참조하라.

아두이노로 전압 측정

아두이노에 A0~A5로 표시된 핀은 아날로그 입력으로 사용할 수 있다. 즉, 전압 측정에 사 용할 수 있다. 이를 증명하기 위해 가변 저항기(트림팟)를 A3에 연결된 전압 분할기로 사용한 다(그림 6-17).

그림 6-17 **가변 저항기와 아두이노**

3장의 '전압 분할기' 단원을 제대로 이해하지 않고 넘겼다면, 이 책을 읽어 가던 중에 '저항을 사용해 전압을 분할하라'와 같은 문장을 만나게 되었을 때는 해당 단원으로 다시 돌아가 대충이라도 살펴봐야 할 것이다.

필요 물품

이 예를 따라 하려면, 다음과 같은 물품이 필요하다.

수량	이름	품목	부록 코드
1		아두이노 우노 R3	M2
1		무땜납 브레드보드	T5, K1
3		수-수 점퍼선 또는 단선	T6
1	R1	10kΩ 트림팟 가변 저항기	K1, R1

제작하기

이 과제물을 제작하기는 무척 쉽다. 실제적인 납땜은 하지 않는다. 가변 저항기의 세 핀을 브레드보드에 밀어 넣고 그림 6-17과 같이 팟의 '상단'을 5V, 하단을 GND, 슬라이더를 A3에 연결한다. 그림 6-18은 이에 대한 구성도를 보여 준다.

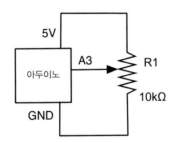

그림 6-18 **아두이노를 사용한 구성도 측정 전압**

팟의 손잡이를 GND(0V) 끝에서 5V 끝으로 돌리면 슬라이더의 전압은 0V와 5V 사이에서 변화한다. 이어지는 아두이노 스케치의 직렬 모니터에 표시된 A3에서 전압 판독값을 볼 수 있다.

소프트웨어

'ch6_voltmeter' 스케치를 아두이노 IDE에 로드한 후, 아두이노 보드를 프로그래밍하라. 직렬 모니터를 열면 그림 6-19와 같은 화면이 나타난다.

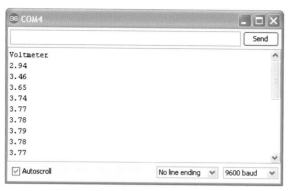

그림 6-19   **A3의 전압을 보여 주는 직렬 모니터**

범위의 한쪽 끝에서 다른 끝까지 손잡이를 이리저리 돌려 보라. 전압을 0~5V 사이의 어떤 값으로든 설정할 수 있을 것이다.

```
const int voltsInPin = A3;
void setup() {
  Serial.begin(9600);
  Serial.println("Voltmeter");
}
void loop() {
  int rawReading = analogRead(voltsInPin);
  float volts = rawReading / 204.6;
  Serial.println(volts);
  delay(200);
}
```

이 스케치는 A3을 voltsInPin으로 정의한다. 'voltsInPin'과 같이 아날로그 입력들에 사용할 아날로그 입력 핀들을 참조할 때는 핀 번호만 사용할 수 있다는 점에 유념하라. 따라서 A3의 경우 3을 사용할 수 있다. 그러나 'A' 핀과 다른 디지털 핀을 구별하기 위해 문자 A를 앞에 추가하는 것이 좋다.

'setup' 함수는 직렬 통신을 시작하고 환영 메시지를 보낸다.

루프 내에서 'analogRead'를 사용해 0과 1,023 사이의 원시값을 제공한다. 0은 0V, 1,023은 5V를 의미한다. 이를 실제 전압으로 변환하려면 204.6(1023/5)으로 나누어야 한다. 204.6이라는 십진수로 정수(범자연수, 즉 음이 아닌 정수 또는 0과 양의 정수)인 원 판독값을 나눌 때 결과는 부동소수점(아두이노에서는 floats라고 함) 수가 될 것이므로 'volts' 변수의 유형을 'float'으로 지정한다.

마지막으로, 전압을 출력하고 다음 판독을 하기 전에 200밀리초를 기다린다. 우리는 다음 판독을 하기 전까지 기다릴 필요가 없는데, 그 이유는 판독값이 너무 빨리 화면에서 사라지지 않게 하는 정도에 불과하기 때문이다.

다음 단원에서는 동일한 하드웨어에 외장 LED를 추가하고, 약간 다른 스케치를 사용해 외장 LED가 깜박이는 속도를 변경한다.

아두이노로 LED 제어하기

여기에서 배워야 할 세 가지 유용한 방법들이 있다. 첫 번째는 아두이노를 LED 구동자로 만드는 방법이고, 두 번째는 가변 저항에서 읽은 값을 사용해 깜박임 속도를 제어하는 방법이다. 마지막으로 아두이노를 사용해 LED로 가는 전력을 제어함으로써 LED의 밝기를 결정하는 방법을 보여 준다(그림 6-20).

그림 6-20　**아두이노, 가변 저항기 및 LED**

필요 물품

이 예를 따라 하려면, 다음과 같은 물품이 필요하다.

수량	이름	품목	부록 코드
1		아두이노 우노 R3	M2
1		무땜납 브레드보드	T5, K1
3		수-수 점퍼선 또는 단선	T6
1	R1	10kΩ 트림팟 가변 저항기	K1, R1
1	R2	270Ω 저항기	K1
1	D1	LED	K1

제작하기

4장에서 논의했듯이, LED가 너무 많은 전류를 소모하지 않도록 하려면 저항기가 필요하다.

즉, 우리가 LED를 아두이노의 출력 핀에 직접 연결할 수는 없다는 말이다. 더 짧은 음극 접속도선을 팟에 연결한 행(row)과 같은 행에 밀어 넣어야 한다는 점을 기억하면서 LED 접속도선들을 브레드보드에 밀어 넣어라. 저항기의 한쪽 끝은 LED의 다른 양극 접속도선에 연결해야 하고, 다른 쪽 끝은 점퍼선으로 아두이노의 9번 핀에 연결해야 한다. 팟에 연결한 부분들은 변하지 않은 채 그대로 남는다. 그림 6-20과 같이 연결해야 하는 것이 서로 같은 행에 있는 한, 브레드보드의 동일한 열(column)을 함께 사용할 필요는 없다.

배열에 대한 구성도가 그림 6-21에 나와 있다.

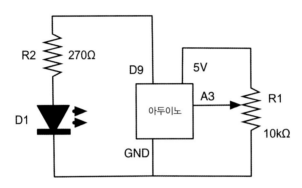

그림 6-21　LED, 아두이노 및 가변 저항기 구성도

소프트웨어(깜박임)

이 하드웨어 배열에서는 두 개의 다른 스케치를 사용한다. 첫 번째는 가변 저항기를 사용해 깜박임 속도를 제어하고, 두 번째는 LED의 밝기를 제어한다.

아두이노 보드에 'ch06_variable_led_flash' 스케치를 올려놓아라(load). 꼭지를 돌리면 LED가 깜박이는 속도가 제어된다.

```
const int voltsInPin = A3;
const int ledPin = 9;

void setup() {
  pinMode(ledPin, OUTPUT);
}

void loop() {
  int rawReading = analogRead(voltsInPin);
  int period = map(rawReading, 0, 1023, 100, 500);
  digitalWrite(ledPin, HIGH);
```

```
    delay(period);
    digitalWrite(ledPin, LOW);
    delay(period);
}
```

이 스케치는 이전 단원의 스케치와 매우 비슷하다. 그러나 우리는 더 이상 직렬 모니터를 사용하지 않으므로 모든 코드가 사라진다. 우리는 LED에 사용할 새로운 핀 'ledPin'을 정의해야 한다.

'loop' 함수는 여전히 아날로그 핀 A3에서 원시값을 읽지만, 'map' 함수를 사용해 0에서 1023 사이의 'rawReading' 값을 100에서 500 범위로 변환한다.

'map' 함수는 첫 번째 매개변수로 전달된 값의 범위를 조정하는 표준 아두이노 명령이다. 두 번째와 세 번째 매개변수는 원시값의 범위이며, 네 번째와 다섯 번째는 값을 압축하거나 확장하기를 원하는 범위이다.

그런 다음, LED를 켜고 끄는 간격을 지연시켜 이 숫자(100에서 500까지)를 사용해 LED를 깜박이게 한다. 이것의 최종 결과로, A3가 0V에 가까울수록 LED가 더 빠르게 깜박인다.

소프트웨어(밝기)

똑같은 하드웨어를 사용하면서도 소프트웨어만 달리 하면, 깜박이는 속도를 제어하는 대신 LED의 밝기를 제어할 수 있다. 이렇게 하려면 아두이노 'analogWrite' 함수를 사용해 핀으로 가는 전력을 바꿔야 한다. 이 기능은 아두이노 보드의 '~' 표시가 있는 핀에서만 사용할 수 있다. 다행스럽게도 우리는 미리 생각해 LED를 연결하는 핀을 선택했다.

이 핀에서 펄스 폭 변조(PWM)라는 기술을 사용해 출력으로 가는 전력량을 제어할 수 있다. 이 작업은 초당 약 500회 펄스를 전송해 작동한다. 이러한 펄스는 단시간 동안 높을 수 있으며, 이 경우 거의 전력이 전달되지 않거나 다음 펄스가 거의 다가올 때까지 높다. 이 경우에는 많은 전력이 전달된다.

LED의 경우, 이는 매주기마다 LED가 꺼져 있거나, 일정 시간 동안 켜져 있거나, 항상 켜져 있음을 의미한다. 그렇게 빠르게 변화하는 사건을 우리 눈이 미처 따라가지 못하기 때문에 LED의 밝기가 다양하게 보인다.

스케치 'ch06_led_brightness'를 아두이노에 탑재하라. 이제는 가변 저항기의 깜빡이는 속도가 아닌 LED의 밝기를 제어한다는 것을 알 수 있다.

스케치 중 대부분은 이전 스케치와 같다. 차이점은 'loop' 함수에 있다.

```
void loop()
{
  int rawReading = analogRead(voltsInPin);
  int brightness = rawReading / 4;
  analogWrite(ledPin, brightness);
}
```

함수 'analogWrite'는 0에서 255 사이의 값을 예상하므로 0에서 1023 사이의 원시 아날로그 판독값을 취한 후, 이를 4로 나눠 대략적인 범위로 지정할 수 있다.

아두이노로 소리 재생하기

6장의 처음에 우리가 시도한 첫 번째 아두이노 스케치로는 LED를 켜고 껐다. 디지털 출력 핀을 이보다 훨씬 빠르게 켜고 끄면 음향기(sounder)를 구동해 소리를 생성할 수 있다. 그림 6-22는 버튼을 누를 때 두 개의 음표 중 하나를 재생하는 간단한 소리 발생기(sound generator)를 보여준다.

그림 6-22 간단한 아두이노 음 발생기(tone generator)

필요 물품

아두이노에서 소리를 내려면 다음과 같은 물품이 필요하다.

수량	이름	품목	부록 코드
1		아두이노 우노 R3	M2
2	S1, S2	소형 누름 스위치	K1
1	음향기	소형 피에조 음향기	M3
1		무땜납 브레드보드	K1, T5
7		수-수 점퍼선 또는 단선	K1, T6

제작하기

그림 6-23은 음 발생기의 구성도를 보여 주며, 그림 6-24는 브레드보드 배치도를 보여 준다.

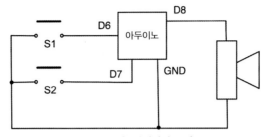

그림 6-23 **음 발생기의 구성도**

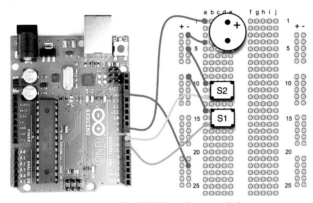

그림 6-24 **음 발생기의 브레드보드 배치도**

누름 스위치가 바른 방향인지 확인하라. 스위치에 네 개의 핀이 있는 경우, 핀이 상단과 하단
이 아닌 측면 밖으로 뻗어 나와야 한다. 피에조 음향기는 핀 사이에 두 개에서 네 개의 구멍
이 있을 수 있으므로 버저 핀이 삽입되는 행과 점퍼선이 일직선이 되도록 하라.

보기와 같이 부품을 연결하고 점퍼 접속도선을 아두이노에 연결하라.

소프트웨어

'ch06_sounds' 스케치는 매우 직관적이며, 이제는 익숙해졌어야 할 패턴을 따르고 있다.

```
const int sw1pin = 6;
const int sw2pin = 7;
const int soundPin = 8;
```

```
void setup() {
  pinMode(sw1pin, INPUT_PULLUP);
  pinMode(sw2pin, INPUT_PULLUP);
  pinMode(soundPin, OUTPUT);
}

void loop() {
  if (! digitalRead(sw1pin)) {
    tone(soundPin, 220);
  }
  else if (! digitalRead(sw2pin)) {
    tone(soundPin, 300);
  }
  else {
    noTone(soundPin);
  }
}
```

먼저 핀의 변수를 정의한다. 스위치는 'sw1pin' 및 'sw2pin'에 연결된다. 이것들은 디지털 입력이 될 것이고, 'soundPin'은 디지털 출력이 될 것이다.

스위치 핀의 설정 기능에서 'pinMode' 명령을 INPUT_PULLUP 매개변수와 함께 사용한다. 이것은 핀을 입력으로 설정하지만, 아두이노에 내장된 '풀업(pull-up)' 저항기를 가용하게 한다. 이 핀은 버튼을 눌러 LOW(즉, 저준위)로 당기지 않으면 입력 핀을 HIGH(즉, 고준위)로 유지한다.

입력 핀이 정상적으로 높기 때문에 'loop' 함수에서 버튼을 눌렀는지 확인하려면 '!'(논리 부정) 기호를 사용해야 한다. 즉, 디지털 입력 핀 'sw1pin'이 LOW일 경우 다음의 경우에만 톤이 출력된다.

```
if(! digitalRead(sw1pin))
{
  tone(soundPin, 220);
}
```

'tone' 함수는 특정 핀에서 음색을 재생하는 유용한 내장형 아두이노 함수이다. 두 번째 매개변수는 헤르츠 단위의 음색 주파수이다(초당 사이클 수).

아무 키도 누르지 않으면 'noTone' 함수가 호출되어 재생 중인 모든 음을 멈춘다.

아두이노 실드 사용

기본적인 아두이노 보드에 유용한 기능을 추가하는 다양한 플러그인 실드 덕분에 아두이노가 예상을 뛰어넘어 성공했다. 실드는 메인 아두이노 보드의 헤더 소켓에 맞도록 설계되었다. 대부분의 실드는 헤더 소켓의 또 다른 행에서 이러한 연결을 통과해 바닥에 아두이노가 있는 실드 더미를 구성할 수 있다. 예를 들어, 디스플레이가 있는 실드는 일반적으로 이런 방식으로 통과하지 못한다. 이런 식으로 실드를 쌓을 때 같은 핀을 사용하는 두 실드가 서로 호환되지 않는지 여부를 잘 확인해야 한다. 어떤 실드는 점퍼를 사용해 핀을 유연하게 할당할 수 있게 해 이 문제를 해결한다.

아두이노가 할 수 있는 거의 모든 일을 실드로도 할 수 있다. 계전기 제어에서 LED 화면 표시 및 오디오 파일의 재생에 이르기까지 다양하다.

이 중 대부분은 아두이노 우노에 맞게 설계되어 있지만, 더 큰 아두이노 메가 및 최신 아두이노 레오나르도와도 호환된다.

이러한 실드의 핀 사용법에 대한 유용한 기술 정보가 포함된 백과사전식 목록을 http://shieldlist.org/에서 찾을 수 있다.

저자가 선호하는 실드 중 일부는 표 6-1에 나와 있다.[16]

표 6-1 **일반적으로 사용되는 실드**

실드	설명	URL
전동기	아두모토(Adumoto) 실드. 채널당 2A까지 이르는 2중 H 브리지 양방향 전동기 제어기이다.	www.sparkfun.com/products/9815
이더넷	이더넷 및 SD 카드 실드이다.	http://arduino.cc/en/Main/ArduinoEthernetShield
계전기	계전기 네 개를 제어한다. 계전기 접속부용 단자를 조인다.	www.robotshop.com/seeedstudio-arduino-relay-shield.html
LCD	16×2 조이스틱이 포함된 영문자 LCD 실드이다.	www.freetronics.com/products/lcd-keypad-shield

---

16 저자가 선호하는 물품들이 해당 사이트의 제품 목록에 나와 있지 않다. 그러므로 각 사이트에 들어가서 1. 이더넷 실드라면 'Arduino Ethernet Shield'로 검색하고, 2. 계전기는 'seeedstudio arduino relay shield'로 검색하고, 3. LCD라면 'lcd keypad shield'로 검색하면 대체 물품을 얼마든지 찾을 수 있다. 게다가 JK 전자를 통해서도 대체 키트를 구입할 수 있다.

웹 페이지에서 계전기 제어하기

아두이노 우노에는 와이파이 인터페이스가 없고, 아두이노용 와이파이 실드가 있는 것은 물론 와이파이가 되는 아두이노 버전도 있지만, 매우 비싸고 쓸 만한 소프트웨어는 결코 간단하지 않다.

다행스럽게도 저렴한 비용으로 사용하기 쉬운 솔루션이 그림 6-25에 표시된 NodeMCU 보드 형태로 제공되며, 이 모듈은 기성품인 계전기 모듈에 연결된다. 또한 NodeMCU 보드가 5V 백업 전지에 연결된 USB 케이블로 전원이 공급되는 것을 볼 수 있다.

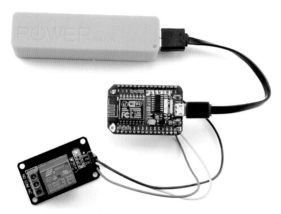

그림 6-25   계전기 모듈에 연결된 NodeMCU 보드

그림 6-26에서는 1차로 데스크톱 컴퓨터(a)에서 계전기를 제어하는 데 사용되는 브라우저 창, 그 다음으로는 스마트 폰(b)에서 계전기를 제어하는 데 사용되는 브라우저 창을 보여 준다.

(a)   (b)

그림 6-26   계전기를 제어하는 웹 인터페이스(a) 컴퓨터 브라우저 및 (b) 스마트폰 브라우저

NodeMCU 보드의 중앙에 있는 ESP8266은 칩상에 구현된 와이파이 시스템이다. 이 시스템은 와이파이 실드를 갖춘 아두이노 우노가 하는 일을 모두 할 수 있는 단일 칩이다. 약간의

GPIO 핀과 아날로그 입력을 포함하고 있고, 공식 아두이노 보드인 것처럼 아두이노 IDE에서 프로그래밍할 수 있다.

NodeMCU 보드에서는 실제로 아두이노 C가 아닌 루아(Lua)라는 프로그래밍 언어를 사용하는 자체 펌웨어를 제공하지만, ESP8266 커뮤니티의 노력 덕분에 이 펌웨어를 대체할 수 있어서 이 보드를 다른 아두이노 보드와 거의 비슷하게 프로그래밍할 수 있다. 이 보드를 웹 서버로 작동하도록 프로그래밍하고, NodeMCU의 GPIO 핀 중 하나에 계전기 모듈을 연결할 수 있다.

NodeMCU를 사용하는 첫 번째 단계는 이 새로운 유형의 보드를 인식하도록 아두이노 IDE를 업데이트하는 것이다. 다음 지시 사항을 적용하려면 아두이노 1.6 이상을 사용해야 한다.

먼저 File 메뉴에서 아두이노 IDE의 Preferences(환경 설정) 창을 열고, 주소 http://arduino.esp8266.com/stable/package_esp8266com_index.json을 추가 보드 관리자의 URL 필드(그림 6-27)에 추가하라.

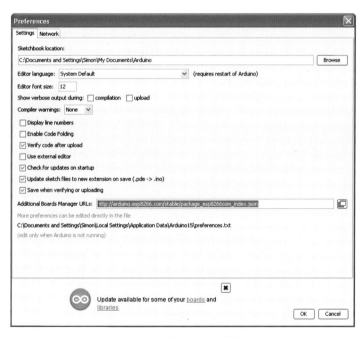

그림 6-27 **ESP8266 보드용 보드 관리자 URL 추가**

Tools | Boards(도구 | 보드) 메뉴 옵션 아래에 있는 아두이노 IDE의 Boards Manager(보드 관리자) 창을 연다. 목록의 맨 아래로 스크롤해 'esp8266 by ESP8266 Community' 항목 옆에 있는 Install(설치) 버튼을 클릭하라.

보드 관리자를 닫으면 사용 가능한 보드 목록을 볼 때 ESP8266 관련 보드에 대한 새로운 보드 옵션, 특히 'NodeMCU 0.9' 및 'NodeMCU 1.0'을 찾을 수 있다. ESP8266 보드를 구입할 때 이 두 가지 유형 중 어느 것이 적합한지 점검해야 한다.

NodeMCU 보드 프로그래밍을 시작하기 전에 USB와 직렬 칩을 이어주는 드라이버를 설치해야 한다. 이것은 아두이노 우노의 USB 직렬 인터페이스에 사용되는 칩과 같지 않으므로 https://github.com/nodemcu/nodemcu-devkit/tree/master/에서 해당 플랫폼용 드라이버를 내려받아 설치해야 한다. 드라이버를 선택하고 설치 프로그램을 실행하라.

보드가 USB 케이블로 컴퓨터에 연결되어 있으면, 이제 아두이노 IDE의 Ports 메뉴 옵션에서 새 포트를 볼 수 있다.

다른 아두이노처럼 보드 유형(NodeMCU 0.9 또는 NodeMCU 1.0)과 포트를 선택하면 이제 ESP8266을 프로그래밍할 수 있다. 그러나 표준 아두이노 C와는 몇 가지 차이점이 있음을 알고 있어야 한다.

- 때때로 보드를 프로그래밍할 때(항상 그런 것은 아님) 전원을 켜기 전에 보드의 플래시 버튼을 누른 채로 보드를 켠 후 몇 초만에 버튼을 놓아야 한다. 스케치를 업로드하지 못한 경우, 이 작업을 수행하라.
- NodeMCU 보드에 대한 모든 디지털 입출력은 5V가 아닌 3.3V이다. NodeMCU 핀에 5V를 연결하면 손상될 수 있다.
- 스케치에서 핀 D0~D8을 참조할 때 이 핀은 항상 앞에 있는 D와 함께 사용해야 한다(예: pinMode(D0, OUTPUT)). 이 'D'는 공식 아두이노 보드에서 선택 사항이다.
- NodeMCU에는 아두이노 우노의 L LED와 같은 LED가 내장되어 있지만, 핀 D13보다는 핀 D0에 있으므로 핀 D0을 사용하려면 깜박임 스케치를 수정해야 한다.

필요 물품

이 과제물을 만들려면 다음과 같은 물품이 필요하다.

수량	품목	부록 코드
1	NodeMCU 보드	M4
1	계전기 모듈	M6
3	암-암 점퍼선	K1, T14

다음과 같이 암-암 점퍼선을 사용해 NodeMCU 보드에 계전기 모듈을 연결하라.

- GND/GND
- NodeMCU 보드에서 계전기 모듈의 VCC를 5V로 설정
- 계전기 모듈의 IN1을 ModeMCU 보드의 D0에 연결

아두이노 IDE에서 스케치 'ch06_web_relay'를 연다. 반전 입력이 있는 계전기 모듈을 사용하는 경우 'ch06_web_relay_inverting'을 사용하라. ssid(네트워크 이름) 및 비밀번호값을 와이파이 라우터의 로그인 자격 증명과 일치하도록 수정하라. NodeMCU 보드에 맞는 보드 유형과 포트가 있는지 확인하고 스케치를 업로드하라. 이 작업은 아두이노 우노보다 오래 걸리고 업로드하는 과정에서 IDE 콘솔에 점들의 행이 표시되어 업로드 진행률을 확인할 수 있다(그림 6-28).

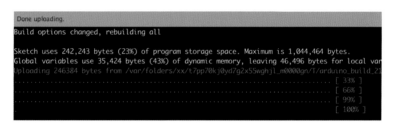

그림 6-28 **NodeMCU에 스케치 업로드하기**

스케치가 실행되면 네트워크가 NodeMCU에 할당한 내부 IP 주소를 찾을 수 있어야 한다. 이렇게 하려면 직렬 모니터를 열어야 한다. NodeMCU에 할당된 IP 주소를 찾을 수 있을 뿐만 아니라 NodeMCU가 네트워크에 올바르게 연결되어 있는지 확인할 수 있다. 직렬 모니터의 출력은 다음과 같다.

```
Connecting to My Network
......
WiFi connected
IP address: 192.168.1.28
HTTP server started
```

이제 라우터에서 할당한 NodeMCU의 IP 주소가 192.168.1.28이라는 것을 알 수 있다. 따라서 내 네트워크의 컴퓨터, 스마트폰 또는 태블릿에 있는 브라우저의 주소 입력란에 주소를 입력하면 NodeMCU가 그림 6-26과 같이 계전기를 켜고 끌 수 있는 웹 페이지를 제공한다.

'ch06_web_relay' 코드는 다음과 같다.

```
# include <ESP8266WiFi.h>
# include <WiFiClient.h>
# include <ESP8266WebServer.h>
# include <ESP8266mDNS.h>

const char* ssid = "Linda-and-Simon";
const char* password = "EP8KQG9D";
const int relayPin = D0;

ESP8266WebServer server(80);

void setup() {
  pinMode(relayPin, OUTPUT);
  Serial.begin(9600);
  connectToWiFi();
  server.on("/", handleRoot);
  server.begin();
  Serial.println("HTTP server started");
}

void loop() {
  server.handleClient();
}

void connectToWiFi() {
  Serial.print("\n\nConnecting to ");
  Serial.println(ssid);
  WiFi.begin(ssid, password);
  while (WiFi.status() != WL_CONNECTED) {
    delay(500);
    Serial.print(".");
  }
  Serial.println("\nWiFi connected");
  Serial.print("IP address: ");
  Serial.println(WiFi.localIP());
}

void handleRoot() {
  Serial.println("Got a Request");
  if (server.arg(0)[0] == '1') {
    digitalWrite(relayPin, HIGH);
  }
  else {
    digitalWrite(relayPin, LOW);
  }
  String msg = "";
  msg += "<html><body>\n";
  msg += "<h1>Relay Remote</h1>";
```

```
    msg += "<h2><a href='?a=1'/>On</a></h2>";
    msg += "<h2><a href='?a=0'/>Off</a></h2>";
    msg += "</body></html>";

    server.send(200, "text/html", msg);
}
```

setup 함수는 계전기 핀을 출력으로 설정하고 직렬 통신을 시작한 후, connectToWiFi 함수를 호출한다. 또한 누군가가 서버에 웹 요청을 할 때마다 핸들러 함수 handleRoot가 호출되도록 지정한다.

loop 함수는 서버에서 handleClient를 호출하는데, 들어오는 요청을 기다린 후 서비스를 처리한다.

직렬 포트에 서버의 IP 주소를 표시하는 코드와 함께 와이파이 연결을 만드는 프로세스는 모두 connectToWiFi 함수에 들어 있다. 이렇게 하면 와이파이 연결 진행 상태가 보고되며, 이렇게 하는 데는 몇 초가 걸린다.

handleRoot 함수는 ESP8266 와이파이 라이브러리의 멋진 기능을 보여 준다. 즉, 서버가 제공하는 다른 페이지에 대한 핸들러를 정의하는 함수이다. setup 함수에는 server.on('/', handleRoot) 명령이 있다. 루트 페이지(/)에 대한 요청이 있을 때마다 handleRoot 함수를 호출해 해당 페이지에 필요한 HTML을 생성하고, 이를 브라우저로 다시 보내야 한다는 것을 서버에 알려 준다. handleRoot 함수는 첫 번째 요청 매개변수(server.arg(0) [0])의 첫 글자를 읽고, '1'이면 계전기를 켜고 그렇지 않으면 끈다.

이 함수는 아두이노의 String 클래스를 사용해 한 번에 한 줄씩 HTML을 구성한다. 생성하는 HTML에는 같은 페이지로 돌아가는 웹 요청이 포함되지만 '1' 또는 '0'의 값을 가지는 추가 요청 매개변수를 사용해 계전기를 각기 켜거나 끈다.

아두이노 및 트랜지스터를 사용한 개폐

6장에서 우리는 사물들을 켜고 끄는 것에 관련해 계전기를 사용해왔다. 전기-기계식 계전기는 매우 구식인 부품이며, 사용하기 쉽고 제어 대상의 관점에서 볼 때 간단한 스위치처럼 작동한다. 계전기를 사용하는 유일한 단점은 움직이는 부분이 있기 때문에 언젠가는 끊어질 것이라는 점이다. 이로 인해 빠른 켬/끔 전환에 적합하지 않다.

3장에서는 MOSFET 트랜지스터로 트랜지스터의 게이트 전압을 제어해 전동기를 켜고 끄는 방법을 살펴보았다. MOSFET의 게이트를 아두이노 디지털 출력에 연결하면 아두이노를 사용해 MOSFET을 켜고 끌 수 있다.

필요 물품

아두이노가 있는 MOSFET을 사용해 실험하려면 다음 부품이 필요하다.

수량	품목	부록 코드
1	무땜납 브레드보드	K1, T5
2	수-수 점퍼선 또는 단선	K1, T6
1	4×AA 전지 소켓	K1, H1
1	4×AA 전지	
1	전지 클립	K1, H2
1	FQP30N06L MOSFET	K1, S6
1	6V 직류 전동기	K1, H6

제작하기

그림 6-29의 브레드보드 배치도를 사용해 모든 것을 연결하라. 그림 6-30은 전체 과제를 보여 준다.

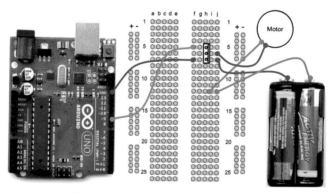

그림 6-29 **아두이노로 전동기를 제어하기 위한 브레드보드 배치도**

그림 6-30 **전동기 한 개를 아두이노로 제어**

소프트웨어

이 실험에 대한 테스트 스케치인 'ch06_'은 아두이노 IDE의 직렬 모니터를 사용해 아두이노에 명령을 보내 전동기 속도를 제어한다. 그림 6-31은 직렬 모니터를 보여 준다. 0에서 255 사이의 값을 설정하면 전동기가 다른 속도로 설정된다.

그림 6-31 **아두이노 직렬 모니터를 사용해 전동기 속도 제어하기**

이 스케치를 올바르게 작동시키려면 직렬 모니터의 'Line ending(선 끝)'이라는 드롭다운 목록을 'No Line Ending(선 끝 없음)'으로 설정해야 한다.

스케치는 다음과 같다.

```
const int motorPin = 9;

void setup() {
```

```
    pinMode(motorPin, OUTPUT);
    Serial.begin(9600);
    Serial.println("Set speed 0..255");
}

void loop() {
  if (Serial.available()) {
    int speed = Serial.parseInt();
    analogWrite(motorPin, speed);
  }
}
```

setup 함수는 전동기 핀(핀 9)을 출력으로 설정한 후, 속도(0~255)를 제어하는 유효한 숫자 범위를 알려 주는 환영 메시지와 함께 직렬 모니터와의 직렬 통신을 시작한다.

Serial.available에서 true로 표시된 메시지가 직렬 모니터에서 전송된 경우, 속도가 판독되고 전동기 핀을 Serial.parseInt(숫자를 int로 변환)를 사용해 직렬 모니터에서 읽은 속도로 설정한다. 이 배열에서 MOSFET을 사용해 전동기가 아닌 모든 종류의 장치를 제어할 수 있다. 그러나 플러스 전압 또는 접지로 개폐할 수 있는 계전기와 달리 MOSFET의 'source' 핀(그림 6-29의 하단 핀)은 접지에 연결되어야 하므로 개폐 동작은 접지되어야 한다.

그림 6-29의 배열은 라즈베리파이와 동일하게 잘 작동한다.

아두이노에서 영숫자 LCD 실드 사용하기

일반적으로 사용되는 아두이노 실드의 또 다른 보기로는 LCD 실드가 있다(그림 6-32).

그림 6-32 **LCD 실드**

LCD 실드는 다양하지만 대부분 HD44780 LCD 구동자 칩을 기반으로 한 LCD 모듈을 사용한다. 여기에 사용된 모델은 'DFRobot LCD Shield'이다. 이베이에서 쉽게 구할 수 있다. 대부분의 다른 LCD 보드는 이 예제 코드로 작동하지만, 핀 할당을 변경해야 할 수도 있다(나중에 설명한다).

이번 과제에서는 직렬 모니터(그림 6-33)를 사용해 여러분이 단문 메시지(16문자 두 줄로 표시)를 보낼 수 있게 한다.

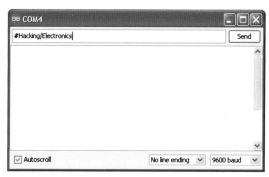

그림 6-33   **직렬 모니터로 메시지 보내기**

필요 물품

LCD 디스플레이를 실험하려면 다음과 같은 물품이 필요하다.

수량	품목	부록 코드
1	아두이노 우노 R3	M2
1	A형 USB에서 B형 USB로 전환하는 케이블(흔히 USB 프린터에 사용됨)	
1	DFRobot LCD 실드	M18

제작하기

여기서는 구축할 게 별로 없다. LCD 실드를 아두이노에 꽂고 아두이노를 USB 포트를 통해 컴퓨터에 연결하기만 하면 된다.

소프트웨어

이 소프트웨어는 매우 간단하다. 다시 말하지만, 대부분의 작업은 라이브러리에서 수행된다.

```
# include <LiquidCrystal.h>

// LiquidCrystal display with:
// rs on pin 8
// rw on pin 11
// enable on pin 9
// d4-7 on pins 4-7
LiquidCrystal lcd(8, 11, 9, 4, 5, 6, 7);


void setup() {
  Serial.begin(9600);
  lcd.begin(2, 16);
  lcd.clear();
  lcd.setCursor(0,0);
  lcd.print("Hacking");
  lcd.setCursor(0,1);
  lcd.print("Electronics");
}


void loop() {
  if (Serial.available()) {
    char ch = Serial.read();
    if (ch == '#') {
      lcd.clear();
    }
    else if (ch == '/') {
      lcd.setCursor(0,1);
    }
    else {
      lcd.write(ch);
    }
  }
}
```

그 밖의 LCD 실드를 사용하는 경우에는 사양을 확인해 어떤 핀이 어떤 용도로 사용되는지를 확인하라. 다음 줄을 수정해야 할 수도 있다.

```
LiquidCrystal lcd(8, 11, 9, 4, 5, 6, 7);
```

여기에 나온 매개변수는 실드가 사용하는 핀들(rs, rw, e, d4, d5, d6, d7)에 해당하는 값이다. 모든 실드가 rw 핀을 사용하는 것은 아니다. 이 경우, 다른 용도로 사용되지 않는 핀 번호를 선택하라.

루프는 모든 입력을 읽고 # 문자인 경우, 디스플레이를 지운다. '/' 문자인 경우, 두 번째 행으로 이동한다. 그렇지 않으면 전송된 문자만 표시된다.

예를 들어, 그림 6-32에 표시된 텍스트를 보내려면 직렬 모니터에 다음을 입력하라.

```
# Hacking/Electronics
```

LCD 라이브러리는 'lcd.setCursor' 함수를 제공해 다음에 쓸 텍스트의 위치를 설정한다. 그런 다음, 텍스트는 'lcd.write' 함수를 사용해 작성된다.

아두이노로 서보 모터 제어하기

서보 모터는 조종 장치 또는 원격 조종 비행기 및 헬리콥터의 표면 각도를 제어하기 위해 원격 제어 차량에서 흔히 볼 수 있는 전동기(모터 부분)와 기어함 및 센서를 조합해 둔 장치이다.

특수 목적용 서보 모터가 아니면 서보 모터가 계속 회전하지는 않는다. 서보 모터는 대개 180°까지만 회전하지만, 펄스를 보내 정확하게 어떤 위치로도 돌 수 있게 설정할 수 있다.

그림 6-34는 서보 모터를 표시하고 펄스의 길이가 서보의 위치를 결정하는 방법을 보여 준다.

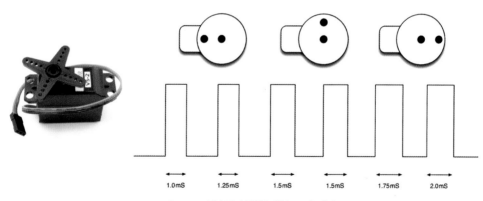

1.0mS   1.25mS   1.5mS   1.5mS   1.75mS   2.0mS

그림 6-34 **펄스를 사용한 서보 모터 제어**

서보에는 세 가지 접속부(connections, 즉 이음 부분 또는 연결 부분)가 있다. GND 접속부, 양극 전력 공급(5~6V) 접속부, 제어 접속부가 이에 해당한다. GND 접속부는 일반적으로 갈색 또는 흑색 접속도선에 해당하고, 적색 접속도선에 대해서는 양극 접속부, 주황색 또는 황색 접속도선에 대해서는 제어 접속부가 대응한다.

제어 접속부는 전류를 거의 소비하지 않는다. 서버는 매 20ms마다 펄스를 수신할 것으로 예상한다. 펄스의 지속 시간이 1.5ms이면 서보가 중간 위치에 놓인다. 펄스가 짧으면 한쪽 위치에 고정되고, 펄스가 길면 중앙 위치의 다른 쪽 위치로 이동한다. 제어 접속부는 전류를 거의 소비하지 않는다. 서버는 매 20ms마다 펄스를 수신할 것으로 예상한다. 펄스의 지속 시간이 1.5ms이면 서보가 중간 위치에 놓인다. 펄스가 짧으면 한쪽 위치에 고정되고, 펄스가 길면 중앙 위치의 다른 쪽 위치로 이동한다.

필요 물품

서보와 아두이노를 실험하려면 다음과 같은 물품이 필요하다.

수량	품목	부록 코드
1	아두이노 우노 R3	M2
1	9g 서보 모터	K1, H10
3	수-수 점퍼선 또는 단선	K1, T6

제작하기

그림 6-35는 서보 모터의 커넥터에 수-수 점퍼선을 사용해 아두이노에 연결된 서보 모터를 보여 준다.

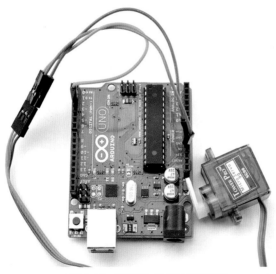

그림 6-35 **아두이노에 서보 연결하기**

아두이노의 5V 공급 장치에서 서보 모터로 전력을 공급하기 전에 먼저 아두이노가 전류 수요를 감당할 수 있는지 확인하라. 대부분의 소형 서보는 그림 6-35와 같은 작은 9g 서보와 같이 잘 작동한다.

그림 6-35에서는 서보의 위치를 설정하는 데 사용되는 작은 청색 트림팟을 볼 수 있다. 이 것은 A1에 연결되지만, A0과 A2를 사용해 가변 저항기의 트랙 끝단에 GND와 +5V를 제공한다.

소프트웨어

아두이노에는 서보에 필요한 펄스를 생성하기 위해 특별히 고안된 라이브러리가 있다. 다음 예제 스케치('ch06_servo')는 이 라이브러리를 사용해 서보 암의 위치를 0∼180° 사이의 각도로 설정해 직렬 모니터를 통해 아두이노로 전송한다.

'ch06_servo' 코드는 다음과 같다.

```
# include <Servo.h>

const int servoControlPin = 2;

Servo servo;

void setup() {
  servo.attach(servoControlPin);
  Serial.begin(9600);
  Serial.println("Angle in degrees (0 to 180)");
}

void loop() {
  if (Serial.available()) {
    int angle = Serial.parseInt();
    servo.write(angle);
  }
}
```

'setup' 함수는 서보 모터와 함께 사용할 핀을 설정한 후, 서보 모터의 위치를 설정하기 위해 0 도에서 180도 사이의 각도를 전송해야 한다는 메시지를 직렬 모니터에 쓴다.

'loop' 함수는 6장 앞부분의 전동기 제어 스케치와 매우 유사하게 작동한다. 직렬 모니터에서 오는 메시지를 확인한 후, 수신된 값을 사용해 서보 각도를 설정한다.

자동으로 비밀번호 입력하기

아두이노 레오나르도는 USB 키보드를 흉내 내는 데 사용할 수 있다. 불행하게도, 아두이노 우노로는 이렇게 할 수 없으므로 이번 단원에서는 아두이노 레오나르도가 필요하다.

그림 6-36은 우리가 구성하려고 하는 장치를 보여 준다.

그림 6-36 **아두이노 레오나르도를 사용해 자동으로 비밀번호 입력하기**

버튼을 누를 때 일어나는 모든 일은 아두이노 레오나르도가 키보드인 것처럼 가장하며, 커서가 있는 곳마다 스케치에 설정된 비밀번호를 입력하는 것이다.

필요 물품

이것을 구축하려면 다음과 같은 물품이 필요하다.

수량	품목	부록 코드
1	아두이노 레오나르도	M21
1	레오나르도용 마이크로 USB 접속도선	
1	인상적인 스위치	H15
	결속선(점퍼선)	K1, T7

제작하기

접속도선에서 스위치로 이어진 부분을 납땜하고, 아두이노의 소켓에 직접 밀어 넣을 수 있도록 끝부분을 도금한다. 스위치에서 나온 하나의 접속도선은 디지털 핀 2, 다른 하나는 GND로 가야 한다.

'password' 스케치로 아두이노 레오나르도를 프로그래밍하라. 레오나르도를 프로그래밍할 때 'upl' 메시지가 나타날 때까지 재설정 버튼을 누르고 있어야 할 수도 있다.

소프트웨어

과제물을 사용하려면 마우스를 비밀번호 필드 위에 놓고 버튼을 누른다. 이 과제물은 아두이노 레오나르도로 할 수 있는 일을 설명하기 위한 것이다. 비밀번호를 찾으려면 워드프로세서에서 버튼을 누르기만 하면 된다. 따라서 보안 측면에서 비밀번호는 스티커 메모에 쓰고 컴퓨터 모니터에 연결하는 것이 안전하다.

'ch06_password' 스케치는 매우 간단하다. 첫 번째 단계는 비밀번호를 포함하도록 변수를 정의하는 것이다. 이것을 여러분의 비밀번호로 변경해야 한다. 그런 다음, 스위치에 사용할 핀을 정의한다.

```
// 아두이노 레오나르도에서만 사용할 문장
char* password = 'mysecretpassword';
const int buttonPin = 2;
```

레오나르도는 다른 유형의 아두이노에서는 사용할 수 없는 특수 키보드 및 마우스 기능을 제공한다. 따라서 'setup' 함수에서 키보드 기능은 'Keyboard.begin()' 행으로 시작된다.

```
void setup() {
  pinMode(buttonPin, INPUT_PULLUP);
  Keyboard.begin();
}
```

메인 루프에서 버튼을 디지털 읽기로 확인한다. 버튼을 누르면 레오나르도는 'Keyboard.print'를 사용해 비밀번호를 보낸다. 그런 다음, 비밀번호가 여러 번 전송되지 않도록 2초 동안 대기한다.

```
void loop() {
```

```
    if (! digitalRead(buttonPin)) {
      Keyboard.print(password);
      delay(2000);
    }
}
```

요약

6장은 아두이노를 사용하는 일로 시작해 여러분이 아두이노를 똑똑하게 생각해 사용하는 데 필요한 얼마간의 음식(지식)을 제공했다. 그럼에도 불구하고 이 다목적 보드로 할 수 있는 일 중에 겉만 핥은 셈이 되고 말았다.

아두이노 프로그래밍에 대한 자세한 내용은 이 주제를 다룬, 저자의 다른 책을 참고하라. ≪Programming Arduino: Getting Started with Sketches≫(한국어판: ≪스케치로 시작하는 아두이노 프로그래밍≫, 제이펍)는 사전 프로그래밍 경험이 없다고 가정하고, 최우선 원리를 바탕으로 아두이노를 프로그래밍하는 방법을 보여 준다. ≪30 Arduino Projects for the Evil Genius≫(한국어판: ≪33가지 아이디어로 배우는 아두이노≫, 한빛미디어)는 아두이노의 하드웨어 및 프로그래밍 측면을 모두 설명하고, 거의 모든 것이 브레드보드에 구축된 예제 프로젝트로 설명된 프로젝트 기반의 책이다.

공식 아두이노 웹 사이트인 www.arduino.cc에는 아두이노 사용에 대한 풍부한 정보와 아두이노 명령 및 라이브러리에 대한 공식 설명서가 있다.

## CHAPTER 7

라즈베리파이로 해킹하기

아두이노 우노는 현재, 플래시 메모리에 업로드된 프로그램을 실행하는, 16MHz 8비트 마이크로컨트롤러를 기반으로 삼고 있는 반면, 라즈베리파이 3(그림 7-1)은 리눅스를 자체 운영 체제로 삼아 실행하는 900MHz 싱글 보드 컴퓨터(기판 한 개로 된 컴퓨터 또는 단일 기판 컴퓨터)이다.

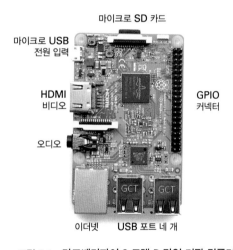

마이크로 SD 카드

마이크로 USB
전원 입력

HDMI
비디오

GPIO
커넥터

오디오

이더넷   USB 포트 네 개

그림 7-1 **라즈베리파이 3 모델 B 단일 기판 컴퓨터**

아두이노를 사용하려면 아두이노를 프로그래밍할 두 번째 컴퓨터가 있어야 한다. 반면, 라즈베리파이일 경우, 필요할 때 키보드, 마우스 및 모니터를 연결하기만 하면 라즈베리파이 자체를 일반 컴퓨터로도 사용할 수 있다. PC와 별개로 라즈베리파이를 설치하는 이유는 다음과 같다.

- 작다.
- 40달러 정도로 싸다.
- 사용 전력이 약 2W 정도로 적다.

아두이노의 핀과 같은 GPIO(범용 입출력 핀)가 있어 외부 전자기기를 연결하는 데 사용된다.

과제의 기반으로 라즈베리파이를 사용할지, 아두이노를 사용할지를 결정하기 어려울 수 있다. 아두이노는 부팅 시간이 필요 없을 만큼 간단한 장치이므로 다음과 같은 라즈베리파이의 일부 기능이 필요하지 않는 한 대부분의 간단한 제어 응용 프로그램용으로는 아두이노를 사용하는 것이 가장 좋다.

- 인터넷 연결
- 영상 출력
- 고성능 처리(이미지 처리와 같은 것)
- 바코드 스캐너, 프린터 등과 같은 USB 주변 기기와 인터페이스를 해야 할 때

라즈베리파이 설정

키보드, 마우스 및 모니터 없이 라즈베리파이를 사용할 수 있지만, 와이파이를 통해 두 번째 컴퓨터에서 액세스할 수 있도록 먼저 라즈베리파이를 설정해야 할 수도 있다.

HDMI를 사용하면 라즈베리파이에 모든 TV를 연결할 수 있으므로 컴퓨터 모니터를 사용하지 않아도 된다.

준비

따라서 먼저 라즈베리파이뿐만 아니라 다음 물품도 갖추고 있는지 확인하라.

- USB 키보드와 마우스
- HDMI 소켓 및 HDMI 케이블이 있는 모니터 또는 TV
- 최소 8GB의 마이크로 SD 카드(이상적으로는 고속을 내는 클래스 10)
- 와이파이 기능이 장착된 라즈베리파이 3이 없는 경우라면 USB 와이파이 어댑터
- 윈도우, 맥 또는 리눅스가 설치된 두 번째 컴퓨터

라즈베리파이를 부팅하기 전에 SD 메모리 카드 포매터(https://www.sdcard.org/downloads/formatter_4)를 이용해 FAT 형식으로 포맷한 후, NOOBS(New Out Of Box Software) 폴더 안의 파일 전체를 복사해 마이크로 SD 카드를 준비해야 한다. 자세한 내용은 https://www.

raspberrypi.org/downloads/noobs/에서 확인하라. 그런 다음, Micro SD 카드를 라즈베리파이의 슬롯에 넣고 HDMI 모니터 등 모든 주변 장치를 연결한 후, 부팅한다.

처음으로 부팅할 때 NOOBS로 부팅되어 라즈비안(Raspbian) 운영 체제(라즈베리파이 전용 리눅스 계열 운영 체제)를 설치하는 과정을 안내한다. 이 작업이 완료되면 라즈베리파이가 재부팅되며, 라즈베리파이 데스크톱이 표시된다(그림 7-2).

그림 7-2 **라즈베리파이 데스크톱**

화면 상단의 와이파이 아이콘(그림 7-3)을 클릭한 후, 목록에서 무선 네트워크를 선택하고 비밀번호를 입력해 와이파이 네트워크에 연결하라.

그림 7-3 **와이파이에 연결하기**

와이파이에 연결된 후에 두 번째 컴퓨터에서 원격으로 라즈베리파이에 연결하려는 경우, 라즈베리파이의 내부 IP 주소를 찾아야 한다. 이렇게 하려면 화면 상단의 흑색 터미널 아이콘을 클릭해 터미널 세션을 시작한 후, hostname -I 명령을 입력하라(그림 7-4). 이 책에 쓰인 라즈베리파이의 경우에는 로컬 IP 주소가 192.168.1.15였다. 그러므로 여러분이 지닌 라즈베리파이의 로컬 IP 주소를 적어 두라.

그림 7-4 라즈베리파이의 IP 주소 찾기

예제 코드 가져오기

명령행(command line)을 사용하는 동안 책에서 사용한 예제 코드를 라즈베리파이로 가져올 수도 있다. 이렇게 하는 가장 쉬운 방법은 실제로 명령을 실행해 책의 모든 내려받은 파일을 가져오는 것이다.

```
git clone https://github.com/simonmonk/hacking2.git
```

그림 7-5에서 이 명령을 실행한 결과를 볼 수 있다.

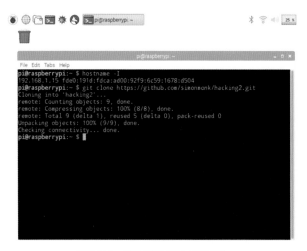

그림 7-5 책의 예제 코드 설치하기

두 번째 컴퓨터에서 라즈베리파이에 연결하기

위에 설명된 라즈베리파이(줄여서 '파이'라고도 부름) 설치 시 필요했던 물품만으로 충분할 수도 있고, 파이에 연결된 전자기기로 실험하고 키보드, 마우스 및 모니터를 연결하면 문제가 되지 않을 수도 있지만, 모바일(아마도 로봇) 또는 파이에 쉽게 도달할 수 없는 위치에 있는 경우, 다른 컴퓨터에서 원격으로 라즈베리파이에 연결할 수 있으면 좋다.

이렇게 하려면 먼저 이 방법으로 액세스할 수 있게 라즈비안을 구성해야 한다. 따라서 라즈베리파이의 바탕 화면에서 Raspberry 메뉴(딸기 모양 아이콘)를 클릭하고 Preferences(환경 설정) 메뉴에서 Raspberry Pi Configuration(라즈베리파이 구성)을 선택하라.

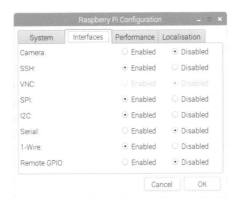

그림 7-6 **SSH로 전환하기**

이제 인터페이스 탭을 클릭한 후, 그림 7-6과 같이 SSH 옆의 상자를 선택하라. 현재 이 책의 뒷부분에서 필요한 다른 인터페이스를 켜 두는 것도 좋을 것이다. SPI, I2C 및 1-Wire에 대한 상자도 확인하라.

다른 컴퓨터가 맥 또는 리눅스 컴퓨터인 경우, 라즈베리파이에 원격으로 연결해야 하는 소프트웨어가 이미 있다. 윈도우 사용자인 경우, http://www.putty.org/에서 PuTTY 소프트웨어를 내려받아야 한다.

윈도우 컴퓨터를 사용하는 경우, PuTTY 프로그램을 실행하고 그림 7-7에서 192.168.1.15 대신 라즈베리파이의 IP 주소를 입력하라. 그런 다음, 열기를 클릭하라. 처음 이 작업을 수행할 때 수락해야 하는 인증서에 대한 보안 메시지를 받게 된다.

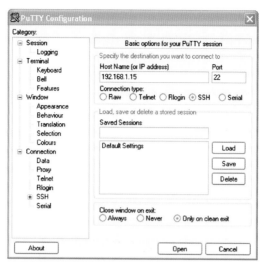

그림 7-7　**PuTTY로 라즈베리파이에 연결하기**

여기서는 SSH(Secure Socket Shell)를 사용해 연결하고 있는데, 이렇게 하면 원격으로 라즈베리파이에서 명령을 실행할 수 있고, 이는 라즈베리파이에서 직접 터미널 세션을 사용하는 것과 같다.

맥 또는 리눅스 컴퓨터를 사용하는 경우, 터미널 세션을 시작하고 192.168.1.15를 이전에 적어 둔, 여러분이 지닌 라즈베리파이의 IP로 바꾸고 다음 명령을 입력하라.

```
$ ssh pi@192.168.1.15
```

Putty를 사용하든, 맥이나 리눅스 터미널을 사용하든 로그인해야 한다. 사용자 이름은 'pi'이고, 비밀번호는 'raspberry'이다.

축하한다. 홈 네트워크의 다른 컴퓨터에서 라즈베리파이에 연결할 수 있게 되었으므로 이제 라즈베리파이에서 키보드 마우스와 모니터를 분리해도 된다.

LED 깜박이게 하기

라즈베리파이에서 프로그램을 실행하는 방법을 배우려면 아두이노에서 LED를 깜박이는 것과 같은 방법으로 시작할 수 있다.

라즈베리파이의 일반 GPIO(범용 입출력) 핀 중 하나로 제어할 수 있는 내장 LED 가 없으므로 그림 7-8에서와 같이 브레드보드를 사용해 외부 LED와 저항기를 연결해야 한다.

LED는 GPIO 18번 핀에 의해 제어될 것이다.

그림 7-8   **라즈베리파이에 LED와 저항 부착하기**

파이썬

아두이노에서는 C 언어를 사용해 프로그램을 작성하는 반면, 라즈베리파이에서는 일반적으로 파이썬을 사용해 프로그램을 작성한다.

파이썬의 많은 기능은 C와 비슷하지만, C와는 달리 들여 쓰기로 코드 블록을 구분한다. 아두이노의 C 언어에서는 다음과 같이 {와 }로 코드 블록을 표현한다.

```
if(x > 10) {
    x = 0;
}
```

파이썬에서는 다음과 같이 들여 쓰기로만 코드 블록을 표현한다.

```
if x > 10 :
    x = 0
```

그 밖에 파이썬의 서식이 다른 점은 다음과 같다.

- 조건 'x > 10' 주위에 괄호가 필요하지 않다.
- 코드 블록의 시작을 '{' 대신 ':'로 표시한다.
- 블록 내의 모든 코드 행은 동일한 깊이로 들여 써야 한다. 아두이노 C에서는 이 일을 관례에 따라서 각자 알아서 하면 되지만, 파이썬에서는 필수이다.

파이썬과 아두이노 C 간에는 그 밖에도 많은 차이점이 있다. 파이썬을 더 자세히 배우고 싶다면 TAB DIY에서 펴낸 나의 책 ≪Programming the Raspberry Pi: Getting Started with Python≫을 참조하라.

필요 물품

LED를 연결하려면 다음 품목이 필요하다.

수량	품목	부록 코드
1	라즈베리파이 모델 B(Pi 2 이상 선호)	M11
1	무땜납 브레드보드	K1, T5
1	270Ω/470Ω 저항기	K1
1	적색 LED	K1
2	수-암 점퍼선	K1, T12

라즈베리파이 GPIO 연결

그림 7-9는 라즈베리파이 3의 GPIO 핀을 보여 준다.

라즈베리파이 모델 B의 버전 1에는 최신 모델에 붙어 있는 40개 핀과 달리, 상위 26개 핀만 있기 때문에 점선으로 커넥터의 상단 26개 핀을 나머지와 구분해 두었다.

커넥터의 일부 핀은 커넥터에 연결된 다른 장치에 전원을 공급하는 역할을 한다. 여기에는 5V, 3.3V 및 GND 접속부가 포함된다. 나머지 핀 대부분은 디지털 입력, 디지털 출력 또는 아날로그 출력(PWM)으로 사용할 수 있지만, 아두이노와 달리 라즈베리파이에는 아날로그 입력이 없다. GPIO 핀 중 일부는 직렬 인터페이스와 관련된 두 번째 기능을 가지고 있다.

I2C 인터페이스가 활성화되어 I2C 디스플레이 및 센서가 라즈베리파이에 연결될 수 있도록 허용되면, GPIO 2 및 3이 SDA 및 SCL로 사용된다.

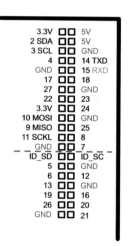

그림 7-9   라즈베리파이 GPIO 커넥터

GPIO 9, 10 및 11은 SPI(직렬 프로그래밍 인터페이스)에 사용된다.

GPIO 14 및 15는 TTL 직렬 인터페이스가 사용하는 경우, 이를 사용한다.

기본적으로 라즈비안을 설치할 때 이러한 여분의 인터페이스를 사용할 수 없으므로 그림 7-6과 같이 인터페이스(I2C, SPI 또는 직렬)를 활성화하지 않으면 모든 GPIO 핀을 입력 또는 출력으로 사용할 수 있다. 일반적으로 디지털 출력이 필요한 경우라면, 이런 식으로 특수 목적용으로 핀들을 사용하는 일을 피하라. 라즈베리파이의 디지털 출력은 아두이노와 달리 40mA를 제공할 수 없다. 한 핀에 사용해야 하는 최댓값은 16mA이다. 라즈베리파이의 입출력은 5V가 아닌 3.3V에서 작동한다. 아두이노 우노 5V를 라즈베리파이의 GPIO에 연결하면 라즈베리파이가 손상될 수 있다. 항상 라즈베리파이에서는 3.3V 로직을 사용해야 한다.

270Ω 저항을 사용하면 LED가 밝아지지만, 470Ω 저항도 정상적으로 작동한다. 이러한 물품 (라즈베리파이는 제외)은 모두 몬메익스(MonkMakes, http://monkmakes.com/rpi_esk) 및 'Hacking Electronics Mega Kit(http://monkmakes.com/hacking2)'의 전자공학 입문용 키트에 들어 있다.

소프트웨어

LED가 연결된 상태에서 다음 명령을 실행해 'ch07_blink.py'라는 파이썬 예제 프로그램을 실행하라.

```
$ cd /home/pi/hacking2/pi
$ python ch07_blink.py
```

첫 번째 행은 프로그램을 실행할 수 있는 디렉터리에 현재 위치해 있는지를 확인하는 것이므로 프로그램을 처음 실행하려고 할 때만 입력하면 된다. 두 번째 행으로는 파이썬 프로그램을 실행한다. 이전 버전의 라즈비안을 사용하고 있다면 다음과 같이 'sudo'와 함께 명령을 실행해야 할 수도 있다.

```
$ sudo python ch07_blink.py
```

모두 정상이면 LED가 천천히 깜박이기 시작한다. 충분히 깜박이게 해 보았으면 Ctrl을 누른 상태에서 c를 입력해 프로그램을 종료하라.

ch07_blink.py 코드는 다음과 같다.

```
import RPi.GPIO as GPIO

import time

# Configure the Pi to use the BCM (Broadcom) pin names
GPIO.setmode(GPIO.BCM)

led_pin = 18
GPIO.setup(led_pin, GPIO.OUT)

try:
    while True:
        GPIO.output(led_pin, True)   # LED on
        time.sleep(0.5)              # delay 0.5 seconds
        GPIO.output(led_pin, False)  # LED off
        time.sleep(0.5)              # delay 0.5 seconds
```

```
finally:
    print("Cleaning up")
    GPIO.cleanup()
```

이 코드에는 아두이노와 비슷한 점이 몇 가지 있다. 파이썬은 # 기호를 사용해 코드의 일부가 아닌 주석을 나타낸다.

먼저 RPi.GPIO 파이썬 라이브러리를 가져온다. 이것은 파이썬 프로그램이 GPIO 핀을 제어할 수 있게 해 주는 라이브러리이다. 두 번째로는 LED 켜기와 끄기 사이에 지연을 생성하는 데 사용되는 시간 모듈용 라이브러리를 가져온다.

GPIO.setmode(GPIO.BCM) 코드는 모든 파이썬 프로그램에 필요하며, 핀 위치에 의존하는 다른 번호 매기기 시스템 대신 GPIO 핀의 표준 번호 매기기 시스템을 사용해야 한다고 지정한다.

변수 led_pin은 LED에 연결될 핀으로 지정되며, 이 경우에는 핀 18이다. 그 이후의 행은 led_pin을 출력으로 설정한다.

try와 finally 명령은 Ctrl + C 를 눌러 프로그램을 종료할 때 모든 GPIO 핀을 다시 안전 상태로 설정하는 코드를 실행한 후 실행되도록 한다.

try 블록에서 들여 쓰기를 한 코드는 먼저 LED에 연결된 GPIO 핀을 HIGH(즉, 고준위)로 설정하고, 0.5초 동안 지연시키고, LOW(즉, 저준위)로 설정하고, 또 다른 0.5초 동안 지연시키는 등의 while 루프가 있기 때문에 무한정 반복된다.

라즈베리파이로 계전기 제어하기

이제는 GPIO 핀을 켜고 끌 수 있으므로 LED와 저항을 계전기 모듈로 대체해 6장의 '아두이노 제어를 위한 장난감 해킹' 단원에서 설명한 대로 장난감을 켜고 끄는 등 다양한 가능성을 열 수 있다.

그림 7-10은 암-암 점퍼선을 사용해 라즈베리파이에 연결한 계전기 모듈을 보여 준다.

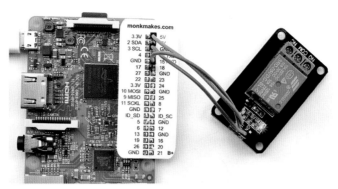

그림 7-10　라즈베리파이로 계전기 모듈을 제어

접속부들은 다음과 같다.

- 계전기 모듈의 GND를 라즈베리파이의 GND에 연결

- 계전기 모듈의 VCC를 라즈베리파이의 5V에 연결

- 계전기 모듈의 IN을 라즈베리파이의 GPIO 18에 연결

6장의 아두이노를 사용한 계전기 모듈 실험과 마찬가지로, 계전기 모듈이 '반전' 입력되었는지 여부에 따라 약간 다른 프로그램을 실행해야 한다. 따라서 'ch7_relay_click.py' 또는 'ch7_relay_click_inverted.py'를 실행하라. 잘못된 프로그램을 실행해도 그냥 작동하지 않을 뿐이다. 아무것도 고장 나지 않는다.

모든 게 정상이면 계전기 모듈이 딸깍거리며 켜고 끄는 소리를 듣게 된다.

웹 페이지에서 계전기 제어하기

라즈베리파이 3에는 내장된 와이파이 하드웨어가 있어 6장의 NodeMCU '아두이노' 보드로 만든 웹 제어 계전기와 같은 네트워크 프로젝트에 이상적이다. 라즈베리파이에서 실행되는 Bottle이라는 웹 프레임워크를 사용해 이를 복제할 수 있다.

이렇게 하려면, 우선 다음 명령을 사용해 Bottle 웹 프레임워크를 설치해야 한다.

```
$ sudo apt-get update
$ sudo apt-get install python-bottle
```

계전기 모듈이 이전 단원에서와 같이 계속 연결된 상태에서 먼저 다음을 사용해 디렉터리를 변경하고 웹 계전기를 테스트할 수 있다.

```
$ cd /home/pi/hacking2/ch07_web_relay
```

계전기 모듈에 따라 web_relay.py 또는 web_relay_inverted.py를 실행하라. 이 경우 라즈베리파이가 웹 서버로 작동하려면 슈퍼 유저 권한이 필요하므로 프로그램을 실행하기 위한 명령 앞에는 'sudo'라는 접두사가 있어야 한다. 따라서 정상(비반전 입력) 계전기를 실행하는 경우에는 다음과 같이 입력해야 한다.

```
$ sudo python web_relay.py
```

웹 서버가 시작되어 실행 중인 경우에는 다음과 같은 메시지가 표시된다.

```
$ sudo python web_relay.py
Bottle v0.12.7 server starting up
(using WSGIRefServer())...
Listening on http://0.0.0.0:80/
Hit Ctrl-C to quit.
```

'두 번째 컴퓨터에서 파이에 연결' 단원에서 라즈베리파이의 IP 주소를 찾은 방법을 기억하는가? IP 주소를 다시 찾지 않으면 네트워크의 두 번째 컴퓨터에서 실행 중인 브라우저의 주소 표시 줄에 IP 주소를 입력해야 한다(그림 7-11).

그림 7-11   라즈베리파이의 계전기를 제어하는 웹 인터페이스

소프트웨어

Bottle 웹 프레임워크가 웹 인터페이스를 제공하기 위해 사용하는 코드는 두 개의 파일을 사용한다. 첫 번째 파일(home.tpl)에는 HTML 템플릿이 있다. 이것은 브라우저에 표시될 때 'Web Ralay(즉, 웹 중계)'라는 제목과 그림 7-11과 같은 두 개의 하이퍼 링크를 제공하는 HTML이다.

```
<html>
<body>

<h1>Web Relay</h1>
<a href='/on'>ON</a>
<a href='/off'>OFF</a>

</body>
</html>
```

더 흥미로운 것들은 Bottle(web_relay.py 또는 web_relay_inverted.py)을 사용해 웹 서버를 실행하는 파이썬 프로그램에 있다. web_relay.py의 코드는 다음과 같다.

```
from bottle import route, run, template, request
import RPi.GPIO as GPIO

GPIO.setmode(GPIO.BCM)
CONTROL_PIN = 18
GPIO.setup(CONTROL_PIN, GPIO.OUT)

@route('/')
def index():
    return template('home.tpl')

@route('/on')
def index():
    GPIO.output(CONTROL_PIN, True)
    return template('home.tpl')

@route('/off')
def index():
    GPIO.output(CONTROL_PIN, False)
    return template('home.tpl')


try:
    run(host='0.0.0.0', port=80)
finally:
    print('Cleaning up GPIO')
    GPIO.cleanup()
```

Bottle 및 RPi.GPIO 라이브러리들을 초기에 가져온(imports) 후, 계전기용 제어 핀이 정의되고 출력으로 설정된다.

그런 다음, 세 가지 함수를 수행하는데, 각 함수 앞에는 @route로 시작하는 줄이 표시된다. 웹 서버가 특정 리소스에 대한 요청을 받으면 이러한 각 함수가 호출된다. 따라서 '/', 즉 루트 페이지는 'home.tpl' 템플릿의 내용을 반환한다.

요청이 '/on' 또는 '/off'에 대한 것이면 템플릿은 계속 리턴되지만, 먼저 계전기가 적절하게 켜지거나 꺼진다.

코드의 마지막 부분은 웹 서버를 시작하고 Ctrl + C 를 눌렀을 때 GPIO 핀을 지우는 try/finally 블록이다.

요약

라즈베리파이는 전자제품을 연결해 쓰거나 미디어 센터 또는 복고풍 게임 콘솔을 만들 수도 있는 작고 재미난 컴퓨터이다.

## CHAPTER 8

모듈을 이용한 해킹

과제물을 이용해 해킹할 때 좋은 지름길을 제공하는 모듈들을 다양하게 사용할 수 있다. 이 모듈들은 보통 작은 PCB에 부품 몇 개와 편리한 접속부가 장착되어 있는 꼴로 구성된다. 이 런 모듈들에서는 대체로 접속부를 납땜질하기가 매우 어려울 수 있는 표면 실장 IC를 사용하는 편이다. 이 모듈 중 상당수는 아두이노나 라즈베리파이와 함께 사용하도록 설계되었으며, 이베이에서 아주 싸게 구입할 수 있다.

8장에서는 스파크펀 및 에이다프루트와 같은 공급 업체가 제공하는 더 재미있고 유용한 모듈을 탐구할 텐데, 이것들 중 일부는 오픈소스 하드웨어이기도 하다. 그러므로 여러분은 오픈소스 하드웨어용 구성도를 보게 될 것이고, 게다가 원한다면 해당 설계를 사용해 자신만의 모듈을 만들 수도 있다.

모듈을 사용할 때는 구성도 및 데이터시트가 있으면 무척 유용하다. 모듈을 사용하기 전에 알아 둬야 할 몇 가지 중요한 사항이 있다.

- 공급 전압의 범위는 얼마인가?
- 얼마나 많은 전류를 소비하는가?
- 얼마나 많은 전류가 어떤 출력을 공급할 수 있는가?

움직임 감지하기

PIR 모션 센서(즉, PIR 움직임 감지기)들은 침입자 경보 및 자동 보안 경보에 사용된다. 그것들은 적외선을 사용해 움직임을 감지한다. 또한 저렴하고 사용하기 쉽다.

이번 예제에서는 먼저 PIR 모듈 한 개를 사용해 LED를 켜고, 아두이노에 연결해 직렬 콘솔에 경고 메시지를 보낸다.

필요 물품(PIR과 LED)

수량	이름	품목	부록 코드
1		PIR 모듈	M5
1	D1	LED	K1
1	R1	470Ω 저항기	K1
1		무땜납 브레드보드	K1, T5
		수-암 점퍼선	K1, T12
1		4×AA 전지 소켓	K1, H1
1		4×AA 전지	
1		전지 클립	K1, H2

브레드보드

그림 8-1은 이 실험의 구성도를 보여 준다.

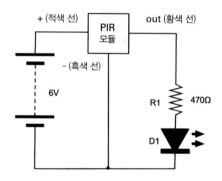

그림 8-1 **구성도: LED가 있는 PIR 모듈 사용**

이 특정 모듈의 데이터시트를 살펴보면, 공급 전압 범위는 5~7V이므로 AA 전지 네 개로 정상 작동한다. 이 모듈은 사용하기가 매우 쉽다. 전력을 공급하기만 하면 움직임이 감지될 때 (전압을 공급하기 위해) 출력이 높아졌다가 1~2초 후에 다시 낮아진다.

또한 데이터시트에 따르면 출력을 최대 10mA까지 공급할 수 있다. 그다지 큰 문제는 아니지만, LED를 켜기에 충분하다. 470Ω 저항을 선택하면 전류가 다음으로 제한된다.

$$I = V / R = (6V - 2V) / 470Ω = 4 / 470 = 8.5mA$$

그림 8-2는 브레드보드 배치도를 나타내고, 그림 8-3은 실제 브레드보드의 사진을 보여 준다.

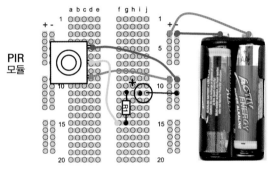

그림 8-2 **브레드보드 배치도: LED가 있는 PIR 모듈 사용**

그림 8-3 **LED가 있는 PIR 모듈 사용**

PIR 모듈에는 +5V, GND 및 OUT으로 표시된 세 개의 핀이 있다. 제공된 커넥터 접속도선에는 적색, 흑색 및 황색 접속도선이 있다. 적색 접속도선이 +5V라고 표시된 접속부에 연결되게 하라.

전원이 켜지면 움직임이 감지될 때마다 LED가 켜진다.

우리가 이미 PIR 센서를 논의하면서 PIR 센서에 무엇을 기대할 수 있는지를 알게 되었으므로 이제는 아두이노와 인터페이스를 할 때이다.

필요 물품(PIR과 아두이노)

PIR 센서와 아두이노를 연결하려면 PIR 센서와 아두이노만 있으면 된다. 그러나 PIR 모듈에 접속도선이 제공되지 않은 경우, 수-암 점퍼선(부록의 K1, T12 코드 참조)이 필요하다.

수량	품목	부록 코드
1	PIR 모듈	M5
1	아두이노 우노 R3	M2
3	수-암 점퍼선	

제작하기

그림 8-4는 이에 대한 구성도를 보여 주며, 그림 8-5는 PIR 모듈이 모듈에 어떻게 연결되어 있는지 보여 준다.

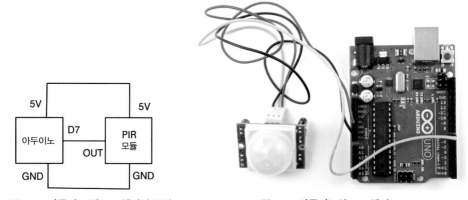

그림 8-4 **아두이노 및 PIR 센서의 구성도**　　　그림 8-5　**아두이노와 PIR 센서**

다음 아두이노 프로그래밍 단계로 이동하기 전에 아두이노 소켓에서 PIR 모듈의 OUT을 일시적으로 제거하라. 그 이유는 아두이노에서 마지막 스케치가 무엇인지 알지 못하기 때문이다. 7번 핀이 출력이었을 수도 있는데, 그렇다면 PIR 센서의 출력용 전자기기가 쉽게 손상될 수 있다.

지금까지 대부분의 아두이노의 핀을 디지털 출력으로 사용했다. 이 과제에서는 핀이 디지털 입력으로 작동한다. 핀의 전압이 0V와 약 2.5V 사이에 있으면 아두이노는 입력을 LOW(거짓)로 읽는다. 핀의 전압이 2.5V 이상이면 HIGH(참)로 계산된다. 이를 통해 스위치와 디지털 출력이 있는 PIR 모듈과 같은 다른 장치를 아두이노에 연결할 수 있다.

소프트웨어

'ch08_pir_warning' 스케치를 아두이노 IDE와 아두이노 보드에 로드한 후, 황색 'OUT' 접속 도선을 아두이노의 7번 핀에 다시 연결하라.

직렬 모니터(그림 8-6)를 실행하면 움직임이 감지될 때마다 이벤트가 나타난다. 침입 기회를 엿보는 것들을 탐지하기 위해 여러분이 컴퓨터에서 멀리 떨어져 있는 동안에도 이게 수행되도록 한다고 상상해 보라.

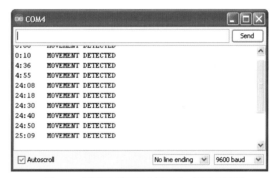

그림 8-6 **침입자 경고를 보여 주는 직렬 모니터**

스케치는 매우 간단하다.

```
const int pirPin = 7;

void setup() {
  pinMode(pirPin, INPUT);
  Serial.begin(9600);
}
void loop() {
  if (digitalRead(pirPin)) {
    int totalSeconds = millis() / 1000;
    int seconds = totalSeconds % 60;
    int mins = totalSeconds / 60;
    Serial.print(mins);
    Serial.print(":");
```

```
        if (seconds < 10) Serial.print("0");
        Serial.print(seconds);
        Serial.println("\tMOVEMENT DETECTED");
        delay(10000);
    }
}
```

우리가 보았던 다른 스케치와 유일하게 조금 다른 코드 부분이라면 각 이벤트 옆에 몇 분 단위 또는 몇 초 단위로 경과 시간을 표시하는 것을 다루는 부분이 있다.

이 코드는 아두이노가 마지막으로 재설정된 후 흐른 시간을 밀리초 수로 반환하는 아두이노 'millis' 함수를 사용한다. 그런 다음, 분과 초라는 단위로 분리해 여러 부분을 메시지로 표시한다. 마지막으로 표시할 부분은 'println' 명령을 사용해 줄 바꿈을 텍스트 끝에 추가해 다음 줄이 새 줄에서 시작되도록 한다. 이 'println'의 특수 문자 '\t'는 출력을 깔끔하게 정렬하는 탭 문자이다.

PIR과 라즈베리파이

먼저 멀티미터로 확인해야 하지만 이와 같은 대부분의 저가형 PIR 센서는 3.3V 출력을 가지므로 그림 8-7과 같이 라즈베리파이의 디지털 입력에 직접 연결할 수 있다.

그림 8-7 라즈베리파이에 연결된 PIR 센서

라즈베리파이와 함께 사용하려면, 다음과 같이 연결된 암-암 점퍼선이 필요하다.

- PIR 모듈의 GND를 라즈베리파이의 GND에 연결

- PIR 모듈의 VCC를 라즈베리파이의 5V에 연결

- PIR 센서의 OUT을 라즈베리파이의 GPIO18에 연결

'ch08_pir_warning.py'라는 파이썬 프로그램은 아두이노와 비슷한 방식으로, 움직임이 감지될 때마다 메시지를 표시한다.

```python
import RPi.GPIO as GPIO
import datetime, time

# Configure the Pi to use the BCM (Broadcom)
# pin names, rather than the pin positions
GPIO.setmode(GPIO.BCM)
pir_pin = 18
GPIO.setup(pir_pin, GPIO.IN)

try:
    while True:
        if GPIO.input(pir_pin):
            print("Movement Detected " + str(datetime.datetime.now()))
            time.sleep(1)

finally:
    print("Cleaning up")
    GPIO.cleanup()
```

18번 핀은 입력(GPIO.IN)으로 설정되고, GPIO.input 함수는 움직임이 발생했을 때를 감지하는 데 사용된다.

초음파 거리계 모듈 사용하기

초음파 거리계(즉, 거리 측정기 또는 거리 측정 장치)는 초음파(사람의 귀로 들을 수 있는 것보다 높은 주파수)를 사용해 소리를 반사하는 물체까지의 거리를 측정한다. 초음파 거리계는 소리 파동이 물체로 되돌아오는 데 걸리는 시간을 측정한다. 그림 8-8은 파동(즉, 펄스)을 전송하고 반향(즉, 에코)을 수신하기 위한 별도의 초음파 변환기가 있는 저비용 수중 음파 탐지(즉, 소나) 모듈(미화 5달러 미만)을 보여 준다.

그림 8-8 **초음파 거리계**

아두이노 및 라즈베리파이에서 이 거리계를 사용할 수 있다. 초음파 거리계는 선박과 잠수함이 사용하는 수중 음파 탐지기와 동일하게 작동한다. 음파가 발신자에게서 전송되어 물체에 부딪힌 다음에 반송된다.

우리가 소리의 속도를 알고 있으므로 소리가 수신기로 되돌아오는 데 걸리는 시간을 바탕으로 소리를 반사하는 물체까지의 거리를 계산할 수 있다(그림 8-9).

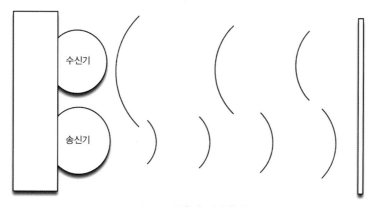

수신기

송신기

그림 8-9 **초음파 거리 측정**

사용된 소리의 주파수가 높기 때문에 초음파라고 한다. 대부분의 장치는 약 40kHz 주파수에서 작동한다. 사람들은 보통 주파수가 20kHz 이상인 소리를 들을 수 없다.

필요 물품

아두이노를 사용해 거리계를 시험해 보려면, 다음과 같은 물품이 필요하다.

수량	품목	부록 코드
1	아두이노 우노 R3	M2
1	HC-SR04 거리계	M7

HC-SR04 거리계

이 모듈들은 두 개의 출력 핀(그림 8-10)을 사용해 아두이노의 측면 커넥터에 전류를 공급할 핀들을 남겨둘 수 있다면, 아두이노의 측면 커넥터에 맞아 들어갈 수 있다.

그림 8-10 아두이노에 얹은 HC-SR04 거리계

'range_finder_budget' 스케치를 아두이노로 올린(load) 후, Rangefinder 모듈을 아두이노에 연결하라(그림 8-10). 네 개의 HC-SR04 핀은 아두이노 우노의 D8～D11에 맞다.

직렬 모니터를 열면 인치 단위의 거리가 나타난다(그림 8-11). 거리계를 다른 방향(예: 몇 피트 떨어진 벽)으로 향하게 하고, 테이프 측정으로 판독값이 합리적으로 정확한지 확인하라.

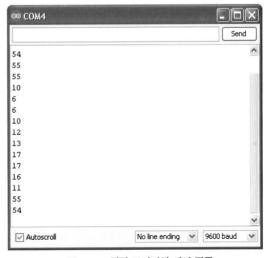

그림 8-11 직렬 모니터의 거리 판독

거리를 측정하기 위한 아두이노 코드는 모두 'takeSounding_cm' 함수 내에 들어 있다. 이것은 초음파 모듈의 'trigger' 핀에 단일 10마이크로초 파동을 보내고, 내장된 아두이노 'pulseIn' 함수를 사용해 반향 핀이 HIGH가 되기 전의 시간을 측정한다.

```
const int trigPin = 9;
const int echoPin = 10;
const int gndPin = 11;
const int plusPin = 8;

int lastDistance = 0;

void setup() {
  Serial.begin(9600);
  pinMode(trigPin, OUTPUT);
  pinMode(echoPin, INPUT);
  pinMode(gndPin, OUTPUT);
  digitalWrite(gndPin, LOW);
  pinMode(plusPin, OUTPUT);
  digitalWrite(plusPin, HIGH);
}

void loop() {
  Serial.println(takeSounding_in());
  delay(500);
}

int takeSounding_cm() {
  digitalWrite(trigPin, LOW);
  delayMicroseconds(2);
  digitalWrite(trigPin, HIGH);
  delayMicroseconds(10);
  digitalWrite(trigPin, LOW);
  delayMicroseconds(2);
  int duration = pulseIn(echoPin, HIGH);
  int distance = duration / 29 / 2;
  if (distance > 500) {
    return lastDistance;
  }
  else {
    lastDistance = distance;
    return distance;
  }
}

int takeSounding_in() {
  return takeSounding_cm() * 2 / 5;
}
```

그런 다음, 밀리초 단위 시간을 센티미터 단위로 변환해야 한다. 충분히 가까이 있는 물체가 없어 반사되지 않거나 물체가 수신기로 되돌아오지 않게 음파를 반사하는 경우, 펄스의 시간이 매우 길어 거리가 매우 큰 것처럼 기록되어야 한다.

이 긴 판독값을 걸러 내려면 5m보다 큰 측정값을 무시하고 마지막으로 판독할 수 있는 판독값을 반환하라.

소리의 속도는 20℃ 정도의 건조한 공기에서 대략 343m/s, 즉 34,300cm/s이다. 또는 다른 방식으로 표현하면, 34,300/1,000,000cm/마이크로초, 즉 0.0343cm/마이크로초이다.

다른 방식으로 표현하면 1/0.0343마이크로초/cm, 즉 29.15마이크로초/cm이다. 따라서 291.5 마이크로초 시간은 10cm의 거리를 나타낸다.

'takeSounding_cm' 함수는 대략 29.15~29에 근사하게 되며, 답을 2로 나누기도 한다. 전체 왕복 거리가 아니라 피사체까지의 거리가 필요하기 때문에 이렇게 나누는 것이다.

사실, 많은 요인이 소리의 속도에 영향을 미치므로 이 접근법으로는 단지 대략적인 답을 낼 수 있을 뿐이다. 공기의 온도와 습도가 모두 측정에 영향을 미친다.

'라즈베리파이와 함께 탐사선 로봇 만들기' 단원에서 라즈베리파이와 함께 거리계를 사용하는 방법을 알 수 있다.

무선 원격 모듈 사용

일반적으로 그림 8-12와 같은 매우 유용한 무선 주파수(radio frequency, RF) 회로 모듈을 몇 달러만 있으면 쉽게 사용할 수 있다.

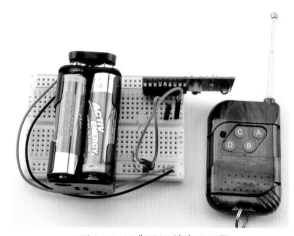

그림 8-12 브레드보드상의 RF 모듈

책에 나온 모듈을 이베이에서 쉽게 찾을 수 있으며 버튼이 네 개 있는, 편리하고 작은 열쇠 장신구 크기의 리모컨도 있다. 이 버튼으로 해당 수신기 모듈에 있는 네 개의 디지털 핀을 켜고 끌 수 있다.

이와 같은 모듈은 디지털 출력 대신 계전기를 사용할 수 있으므로 원격 제어 과제를 쉽게 해킹할 수 있다.

브레드보드에 있는 모듈을 먼저 시험해 본 후 LED를 켜고 다음 단원에서 아두이노에 연결해 보라.

필요 물품

브레드보드에 무선 리모컨을 시험 사용하려면 다음과 같은 물품이 필요하다.

수량	이름	품목	부록 코드
1		무땜납 브레드보드	K1, T5
2		수-수 점퍼선 또는 단선	K1, T6
1		무선 원격 키트	M8
1	D1	LED	K1
1	R1	470Ω 저항기	K1
1		4 ×AA 전지 소켓	K1, H1
1		전지 클립	K1, H2
4		AA 전지	

브레드보드

그림 8-13은 리모컨을 시험하는 데 사용되는 브레드보드 배치도를 보여 준다. 원하는 경우, LED를 세 개 추가해 채널당 LED를 하나씩 둘 수 있다.

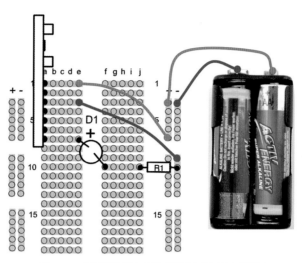

그림 8-13   **RF 모듈 테스트를 위한 브레드보드 배치도**

이 모듈의 데이터시트는 핀이 표 8-1과 같음을 보여 준다.

모듈을 브레드보드의 맨 위 1번 핀에 맞춰 브레드보드에 놓고 그림 8-13과 같이 전선으로 연결한다.

표 8-1   **RF 수신기 핀아웃**

핀 번호	핀 이름	목적
1	Vcc	양극 공급 4.5~7V
2	VT	스위치 전압: 연결 필요 없음
3	GND	접지
4	D3	디지털 출력 3
5	D2	디지털 출력 2
6	D1	디지털 출력 1
7	D0	디지털 출력 0

그게 전부이다. 버튼 A를 누르면 LED가 켜졌다가 꺼져야 한다. 원하는 경우 LED를 추가해 각 채널에 하나씩 LED를 추가하거나 LED를 다른 출력으로 이동해 모든 LED가 작동하는지 확인할 수 있다.

아두이노상의 무선 원격 모듈 사용하기

이전 단원에서는 우리가 리모컨의 네 개 채널 중 하나를 잃을 준비가 되면 수신기를 아두이노 소켓 A0에서 A5에 곧바로 연결할 수 있다고 했다(그림 8-14).

그림 8-14　**아두이노와 함께 RF 리모컨 사용하기**

필요 물품

아두이노로 무선 리모컨을 시험해 보려면 다음 품목이 필요하다.

수량	품목	부록 코드
1	아두이노 우노	M2
1	무선 원격 키트	M8

원격 수신기를 아두이노에 연결하기 전에 'ch08_rf_remote' 스케치를 업로드하라.

소프트웨어

업로드된 소프트웨어와 RF 수신기가 연결된 상태에서 직렬 모니터를 열면, 그림 8-15와 같은 화면이 나타난다.

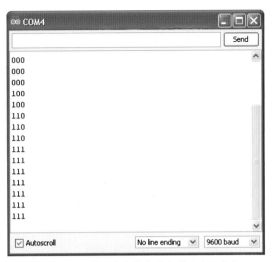

그림 8-15 **컴퓨터에 원격 제어 메시지 보내기**

스케치는 원격 제어 채널의 현재 상태를 1 또는 0으로 표시한다. 그래서 버튼 A는 아무것도 하지 않을 것이다(우리가 희생한 버튼이다). 다른 버튼을 누르면 0과 1 사이의 적절한 열을 토글 해야 한다.

```
const int gndPin = A3;
const int plusPin = A5;
const int bPin = A2;
const int cPin = A1;
const int dPin = A0;

void setup() {
  pinMode(gndPin, OUTPUT);
  digitalWrite(gndPin, LOW);
  pinMode(plusPin, OUTPUT);
  digitalWrite(plusPin, HIGH);
  pinMode(bPin, INPUT);
  pinMode(cPin, INPUT);
  pinMode(dPin, INPUT);
  Serial.begin(9600);
}

void loop() {
  Serial.print(digitalRead(bPin));
  Serial.print(digitalRead(cPin));
  Serial.println(digitalRead(dPin));
  delay(500);
}
```

RF 수신기는 전류를 거의 사용하지 않으므로 디지털 출력에서 전원을 공급할 때 문제가 없다. 실제로 'plusPin'을 낮게 설정해 전원을 절약하기 위해 실제로 끌 수 있는 추가 이점이 있다.

전동기 제어 모듈 사용하기

MOSFET을 사용해 전동기의 속도를 제어할 수 있다. 항상 전동기가 같은 방향으로 회전하기를 원하는 한 이런 방식도 괜찮다. 전동기의 방향을 반대로 하려면 H 브리지(H-Bridge)라는 것을 사용해야 한다.

전동기가 회전하는 방향을 변경하려면 전류가 반대 방향으로 흐르게 해야 한다. 이를 위해서는 네 개의 스위치 또는 트랜지스터가 필요하다. 그림 8-16은 이 스위치의 작동 방식을 보여준다. 이 모양을 보면 이제 H 브리지(즉, H자 모양 다리)라고 불리는 이유를 알 수 있을 것이다.

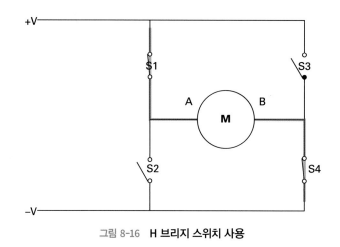

그림 8-16 **H 브리지 스위치 사용**

그림 8-16에서는 S1과 S4가 닫히고 S2와 S3은 열린다. 이를 통해 전류는 단자 'A'가 양극이고, 단자 'B'가 음극인 전동기를 통해 흐른다. S2와 S3이 닫히고 S1과 S4가 열리도록 스위치를 뒤집으면 'B'가 양극이 되고 'A'가 음극이 되어 전동기가 반대 방향으로 회전한다.

그러나 여러분은 이 회로에서 위험한 부분을 발견했을 수 있다. 즉, S1과 S2가 모두 닫히면 양극 공급 장치가 음극 공급 장치에 직접 연결되어 단락될 수 있다. S3과 S4가 동시에 닫히는 경우에도 마찬가지이다.

트랜지스터를 사용해 직접 H 브리지를 구축할 수 있으며, 그림 8-17은 일반적인 H 브리지 구성도를 보여 준다.

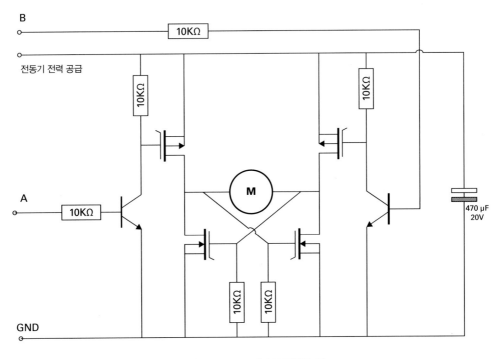

그림 8-17 **H 브리지의 구성도 예**

이 구성도에는 여섯 개의 트랜지스터와 다른 몇 가지 좋은 부품이 필요하다. 두 개의 전동기를 제어하려면 트랜지스터 12개가 필요하며, 모든 것이 복잡해진다.

다행스럽게도, 일반적으로 단일 칩에 H 브리지 두 개가 있어 제어 전동기를 매우 쉽게 만들 수 있게 하는 H 브리지 IC가 여러 종류 있으므로 도움을 받을 수 있다. 이러한 칩 중 하나를 스파크펀이 모듈로 공급한다(그림 8-18). 비슷한 모듈을 다른 모듈 공급 업체에서도 공급한다.

그림 8-18 **스파크펀 H 브리지 모듈**

그림 8-18에는 모듈의 양면을 볼 수 있게 모듈 두 개가 나와 있다. 모듈은 커넥터 없이 공급되며 왼쪽 모듈에는 핀 헤더가 납땜되어 있다. 그러므로 브레드보드와 함께 사용하기가 매우 쉽다.

표 8-2는 이 모듈의 핀과 각 모듈의 목적을 설명한다. 이 모듈에는 A 및 B라는 두 개의 전동기 채널이 있으며, 파고 전류(즉, 봉우리 전류)가 두 배를 초과하는 채널당 전류 1.2A로 전동기를 구동할 수 있다.

표 8-2 **스파크펀 TB6612FNG 브레이크 아웃 보드 핀 출력**

핀 이름	목적	핀 이름	목적
PWMA	채널 A의 PWM 입력	VM	전동기 공급 전압(VCC~15V)
AIN2	A에 대한 제어 입력 2: 반시계 방향으로 높음	VCC	로직 전원(2.7~5.5V): 2mA만 필요함
AIN1	A에 대한 제어 입력 1: 시계 방향으로 HIGH임	GND	
STBY	GND에 연결해 장치를 '대기' 상태로 만듦	A01	전동기 A 접속부 1
BIN1	B에 대한 제어 입력 1: 시계 방향으로 HIGH임	A02	전동기 A 접속부 2
BIN2	B에 대한 제어 입력 2: 반 시계 방향으로 HIGH임	B02	전동기 B 접속부 2
PWMB	채널 B의 PWM 입력	B01	전동기 B 접속부 1
GND		GND	

이 모듈은 두 개의 H 브리지 채널 중 하나만 사용해 실험할 것이다(그림 8-19).

그림 8-19 **스파크펀 TB6612FNG 브레이크 아웃 보드로 실험하기**

필요 물품

이것을 구축하려면 다음과 같은 물품이 필요하다.

수량	품목	부록 코드
1	무땜납 브레드보드	K1, T5
7	수-수 점퍼선 또는 단선	K1, T6
1	4×AA 전지 소켓	K1, H1
1	4×AA 전지	
1	전지 클립	K1, H2
1	LED	K1
1	스파크펀 TB6612FNG 브레이크아웃 보드	M9
1	6V 직류 전동기 또는 기어 모터	K1, H6
1	헤더 핀	K1, H4

직류 전동기는 약 6V짜리 소형 전동기일 수 있다.

브레드보드

모듈을 브레드보드에 고정하기 전에 그림 8-18과 같이 헤더 핀을 제자리에 납땜해야 한다. 하단에 있는 두 개의 GND 접속부를 사용하지 않으므로 각면의 상단에 있는 7개의 핀을 납땜할 수 있다.

그림 8-20은 실험용 구성도를 보여 주며, 그림 8-21은 브레드보드 배치도를 보여 준다.

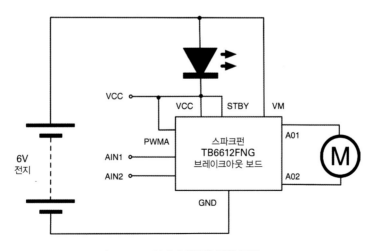

그림 8-20 **H 브리지 실험을 위한 구성도**

6V 전지함은 실제로는 모듈의 VCC에 허용되는 것보다 (엄격히 말하면) 약간 높은 전압이다. 아마도 5.5V의 공칭 최대 전압을 초과해 여분의 0.5V를 없애 버릴 수 있지만, 안전을 위해 LED로 2V를 떨어뜨릴 수 있다. 따라서 VCC는 4V 정도가 될 것이고, 이는 범위 내에 있다.

이는 유용한 요령이지만, 전류가 LED의 최대 순방향 전류 미만일 때만 사용하라. 실제로 이 실험에서 VCC에 필요한 전류는 LED 발광을 만드는 데 충분하지 않다.

PWMA 핀은 항상 PWM 제어 신호를 시뮬레이트하는 VCC에 연결된다. 다시 말하면, 전동기에 최대 전력이 공급된다.

다음으로 그림 8-21과 같이 브레드보드에 모든 것을 놓는다.

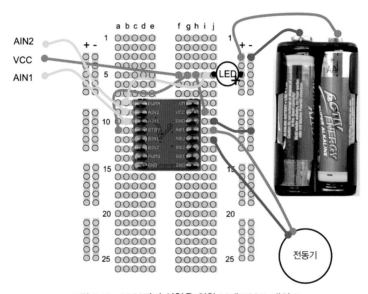

그림 8-21 H 브리지 실험을 위한 브레드보드 배치도

제어 핀 사용

브레드보드의 접속도선 중 세 개는 사실 아무 역할도 하지 않는다. 전동기를 제어하고 VCC에서 AIN1로 이어지는 적색 접속도선을 터치한 후, AIN2에서 차례로 터치한다. 전동기가 어떻게 한쪽 방향으로 회전하고 다른 쪽 방향으로 회전하는지 주의하라.

왜 각 전동기 채널에 PWM 핀뿐만 아니라 두 개의 제어 핀이 있는지 궁금할 것이다. 이론상으로는 하나의 방향 핀과 하나의 PWM 핀을 가질 수 있으며, PWM 전력이 0이면 전동기가 전혀 돌아가지 않는다.

각 전동기(PWM, IN1 및 IN2)를 제어하는 핀이 두 개가 아니라 세 개인 이유는 IN1 및 IN2가 모두 높으면(VCC에 연결된 경우) H 브리지가 '제동' 모드에서 작동하기 때문으로 그렇게 되면 전동기에 전기 제동을 제공해 속도를 늦추게 된다. 이 기능은 자주 사용되지 않지만 전동기를 빨리 멈추고자 할 때 유용할 수 있다.

라즈베리파이로 탐사 로봇 만들기

이전 단원에서 설명한 것과 동일한 TB6612FNG 전동기 컨트롤러 IC는 라즈베리파이의 애드온 보드로도 제공된다. 이것을 라즈베리파이의 GPIO 커넥터에 물리면 두 전동기의 속도와 방향을 제어할 수 있다. 이것을 차대(즉, 섀시) 및 전동기 키트와 함께 사용해 그림 8-22와 같은 탐사 로봇을 만들 수 있다.

그림 8-22   **라즈베리파이 로봇**

필요 물품

이 과제물을 만들려면 다음과 같은 물품이 필요하다.

수량	품목	부록 코드
1	라즈베리파이 1, 2 또는 3	M11
1	로봇 차대 키트	H7
1	몬메익스 라즈파이로봇 V3 전동기 컨트롤러	M13
1	6×AA 전지 소켓	H8
1	HC-SR04 초음파 거리계	M7

몬메익스에서는 라즈베리파이 자체를 제외하면, 이 모든 부품을 제공하는 부품 키트를 제공한다(부록 참조).

탐사 로봇이 어떤 전선에도 묶이지 않고 동작해야 하므로 7장에서 설명한 대로 탐사 로봇이 와이파이 및 SSH를 사용하도록 라즈베리파이를 설정해야 한다. 따라서 라즈베리파이 3보다 오래된 라즈베리파이가 있다면, 별도의 USB 와이파이 모듈이 필요하다.

제작하기

이 탐사선 로봇을 만드는 첫 번째 단계는 플라스틱 차대와 기어 모터를 만드는 것이다. 이 차대에는 일반적으로 설명서가 따라온다. 일부는 단층이며 그림 8-23에 표시된 매지션(Magician) 차대와 같은 것은 2층 구조로 되어 있어서 라즈베리파이 아래에 전지를 넣을 수 있다.

그림 8-23 **매지션 차대**

차대를 조립했으면 전지 소켓과 라즈베리파이를 끼울 수 있는 곳을 찾아야 한다. 라즈파이로봇 보드 V3(RasPiRobot Board V3, 그림 8-24)를 라즈베리파이 GPIO 커넥터에 연결해 전동기 및 전지 소켓의 접속도선이 라즈파이로봇 보드 V3에 도달할 수 있는지 확인하라. 라즈파이로봇 보드 V3는 라즈베리파이 2와 3의 상위 26개 접속부에 딱 맞게 되어 있으며, 라즈베리파이 1이라면 전체 커넥터를 덮는다.

그림 8-24 **라즈파이로봇 보드 V3를 라즈베리파이 3에 장착**

라즈파이로봇 보드 V3의 나사 고정 단자에 연결해야 하는 접속부는 그림 8-25와 같다.

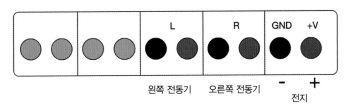

그림 8-25 **라즈파이로봇 보드 V3에 연결할 접속부들**

라즈파이로봇 보드 V3은 또한 전동기를 제어할 수 있을 뿐만 아니라 전지함에서 라즈베리파이로 전력을 공급하는 전압 조정기를 제공하므로 전지로 전력을 공급할 때 별도의 USB 전원 접속도선이 필요하지 않다. 그러나 전지 수명을 늘리려면 소프트웨어를 설치하고 모든 준비를 하는 동안 USB를 통해 라즈베리파이에 계속 전력을 공급해야 한다. HC-SR04 초음파 거리계를 'Sonar'라고 표시된 라즈파이로봇 보드 V3의 소켓에 연결할 수 있다(그림 8-26).

그림 8-26 **라즈파이로봇 보드 V3에 부착된 초음파 거리계**

소프트웨어

라즈파이로봇 보드 V3에는 다음 명령을 실행해 설치해야 하는 부속 라이브러리가 있다.

```
$ cd /home/pi
$ git clone https://github.com/simonmonk/raspirobotboard3.git
$ cd raspirobotboard3/python
$ sudo python setup.py install
```

이 라이브러리에는 'raspirobotboard3' 디렉터리의 'examples' 디렉터리에 있는 예제 파일이 들어 있다. 다음 명령을 사용해 예제 프로그램을 나열할 수 있다.

```
$ cd /home/pi/python/examples
$ ls
```

설치가 완료되면 라즈파이로봇 보드 V3에 포함된 예제 프로그램 중 하나를 사용해 전동기 및 전지가 정상적으로 작동하는지 확인할 수 있다. 예기치 않게 작동되어 'test_motors.py'라는 시험 프로그램이 실행되는 일이 없도록 탐사선 로봇을 뒤쪽으로 돌린다. 두 전동기는 각기 한 번에 몇 초 동안 서로 다른 임의의 속도와 방향으로 회전한다는 점을 알 수 있을 것이다. 전동기는 전지 전력으로만 작동하므로 USB 접속도선을 통해 라즈베리파이에 전력을 공급하는 경우에는 이제 전지를 전지 소켓에 넣어야 한다.

'examples' 디렉터리에는 실행해 보고 싶은 프로그램이 많지만, 좋은 출발점은 rover_avoiding.py이다. 이 프로그램은 거리계가 장애물을 감지할 때까지 앞으로 나아가게 탐사선 로봇을 설정한다. 이때 장애물을 조금 뒤집은 후 다시 시작하기 전에 무작위로 돌린다.

와이파이를 SSH로 연결해 아래 명령으로 프로그램을 실행하라.

```
$ python rover_avoiding.py
```

탐사선 로봇은 금속제 스크류드라이버(금속제 십자 드라이버나 일자 드라이버)를 사용해 라즈파이로봇 보드 V3의 SW2로 표시된 두 개의 접점을 임시로 연결하기 전까지는 움직이지 않는다(그림 8-27). 드라이버를 핀에 찔러 넣기보다 스위치를 접점에 연결하는 편이 깔끔하다.

그림 8-27 **라즈파이로봇 보드 V3의 SW2 접점**

탐사선 로봇을 멈출 준비가 되었다면, 전동기를 멈추기 위해 로봇을 집어 든 후에 SW2 접점을 다시 단락시켜라. 전지가 여전히 라즈베리파이에 전원을 공급하므로 라즈베리파이의 전원을 끄고 다음 명령을 실행한 후, 전지 중 하나를 전지 소켓에서 꺼낸다.

```
$ sudo halt
```

rover_avoiding.py의 코드는 다음과 같다.

```python
from rrb3 import *
import time, random

BATTERY_VOLTS = 9
MOTOR_VOLTS = 6

rr = RRB3(BATTERY_VOLTS, MOTOR_VOLTS)

# if you don't have a switch, change the value
# below to True
running = False

def turn_randomly():
    turn_time = random.randint(1, 3)
    if random.randint(1, 2) == 1:
        rr.left(turn_time, 0.5) # turn at half speed
    else:
        rr.right(turn_time, 0.5)
    rr.stop()

try:
    while True:
        distance = rr.get_distance()
        print(distance)
        if distance < 50 and running:
            turn_randomly()
        if running:
            rr.forward(0)
        if rr.sw2_closed():
            running = not running
        if not running:
            rr.stop()
        time.sleep(0.2)
finally:
    print("Exiting")
    rr.cleanup()
```

rrb3, time 및 임의의 라이브러리를 가져온(import) 후 코드는 두 개의 변수 BATTERY_VOLTS 및 MOTOR_VOLTS를 정의한다. 이 경우, 우리는 6V 전동기가 있는 9V 전지를 사용하고 있으므로 이 두 값을 rrb3 라이브러리가 PWM을 사용해 전동기로 가는 전원을 조정해 손상시키지 않도록 할 수 있다.

이러한 변수는 라즈파이로봇 보드 V3의 모든 기능에 액세스하는 데 사용할 변수 rr을 초기화하는 명령에 사용된다.

실행 변수는 로봇(rover라는 이름을 지어 줌)을 시작하기 위해 SW2의 접점이 단락되었는지 여부를 추적하는 데 사용된다.

turn_randomly 함수는 이름에서 알 수 있듯이 1~3초 사이의 임의의 시간을 선택하고 turn_time 변수에 할당한다. 그런 다음, 회전 방향을 선택하고 rr.left 또는 rr.right를 turn_time 및 0.5(절반 속도)로 호출해 탐사선 로봇이 회전하게 한다.

프로그램의 기본 루프(loop)는 rr.get_distance를 사용해 장애물까지의 거리를 측정하고 거리가 50cm 미만이면 turn_randomly를 호출한다. 그렇지 않으면 rr.sw2_closed를 사용해 SW2의 접점을 닫는지 확인하기만 하면 된다.

마지막으로 프로그램이 종료되면 rr.cleanup을 호출해 GPIO 핀을 입력으로 다시 지운다.

아두이노에서 7 세그먼트 디스플레이 사용하기

7 세그먼트[17] LED 디스플레이는 멋진 복고풍 느낌을 낸다.

단일 패키지에 포함된 다수의 LED로 구성된 LED 디스플레이는 제어하기가 어려울 수 있다. 이러한 디스플레이는 일반적으로 마이크로컨트롤러를 사용해 제어한다. 그러나 각 개별 LED에 마이크로컨트롤러 출력 핀을 연결할 필요는 없다. 그러나 오히려 LED 여러 개로 구성된 디스플레이는 '공통 양극' 또는 '공통 음극'으로 구성되며, 양극 또는 음극의 모든 LED 단자가 함께 연결되어 한 핀을 통해 꺼내진다. 그림 8-28은 일반적인 음극 7 세그먼트 디스플레이가 내부적으로 어떻게 배선되어 있는지를 보여 준다.

---

17 옮긴이 보통 '세븐 세그먼트'라고 읽는다. 굳이 번역하자면 '7분절'이라는 뜻이다. 즉, 작은 LED 일곱 개로 구성되어 있다는 뜻이다.

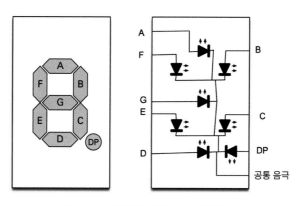

그림 8-28   일반적인 음극 LED 디스플레이

이와 같은 공통 음극 디스플레이에서 공통 음극(common cathode)은 접지에 연결되고 각 세그먼트의 양극은 별도의 저항기를 통해 마이크로컨트롤러 핀에 의해 구동된다. LED가 얼마나 많이 점등되든지 전류가 제한될 것이므로 공통 핀에 하나의 저항을 사용하고, 공통 연결이 아닌 곳에 저항을 사용하지 않도록 하라. 이 때문에 LED가 더 많이 켜질수록 디스플레이가 어두워진다.

그림 8-29에서와 같이 동일한 경우에 여러 개의 디스플레이가 포함되는 경우가 일반적이다 (예: 세 자리로 구성된 7 세그먼트 공통 음극 LED 디스플레이).

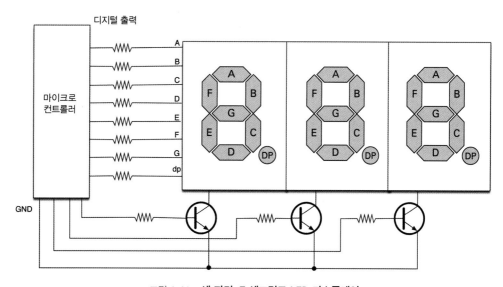

그림 8-29   세 자리, 7 세그먼트 LED 디스플레이

이러한 종류의 디스플레이에서 디스플레이의 각 숫자는 그림 8-29의 디스플레이 한 자리와 같으며 자체 음극이 있다. 또한 각 세그먼트와 마찬가지로 모든 A 세그먼트의 양극이 함께 연결된다.

디스플레이를 사용하는 아두이노는 각 공통 음극을 차례로 활성화한 후, 해당 숫자에 해당하는 세그먼트를 켜고 다음 숫자로 이동한다. 이 새로 고침(refresh)이 매우 빠르게 이루어지므로 디스플레이의 각 자리에 서로 다른 숫자가 표시된다. 이를 다중화(즉, 멀티플렉싱)라고 한다.

트랜지스터를 사용해 공통 양극을 제어한다는 점에 유념하라. 이는 잠재적으로 한 번에 LED 여덟 개의 전류를 처리해야 한다는 것으로, 이는 대부분의 마이크로컨트롤러에 부담스러운 일이다. 다행히 우리에게는 여러 숫자를 구성하는 7 세그먼트 LED 디스플레이를 사용하는 훨씬 간단한 방법이 있다. 모듈이 다시 한 번 구원에 나선다.

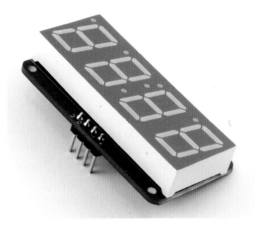

그림 8-30　네 자리, 7 세그먼트 I2C 디스플레이

그림 8-30은 커넥터에 핀이 네 개 있고, 커넥터 중 두 개는 전력 공급용인 네 자리, 7 세그먼트 LED 디스플레이를 보여 준다.

필요 물품
이것을 구축하려면 다음과 같은 물품이 필요하다.

수량	품목	부록 코드
1	무땜납 브레드보드	K1, T5
4	수-암 점퍼선	K1, T12
1	아두이노 우노 R3	M2
1	에이다프루트 7 세그먼트 디스플레이(등에 진 배낭처럼 디스플레이 뒤편에 붙어 있는 I2C 포함)	M19

제작하기

이 모듈은 키트로 제공되므로 모듈과 함께 제공되는 지침에 따라 조립하라.

LED 모듈은 아두이노에서 I2C('아이 스퀘어드 씨'라고 발음)라는 직렬 인터페이스 유형을 사용한다. 이것은 핀이 두 개만 필요하지만, 아두이노 우노의 'AREF'상의 두 핀이어야 한다. 이 핀의 이름은 SDA 및 SCL이다.

디스플레이를 아두이노에 연결하는 가장 쉬운 방법은 그림 8-31과 같이 수-암 점퍼선을 사용하는 것이다.

그림 8-31　작동 중인 7 세그먼트 디스플레이

소프트웨어

에이다프루트는 모듈 사용을 단순화하는 라이브러리를 제공한다. 아두이노 IDE의 스케치 메뉴에서 에이다프루트 라이브러리를 설치하려면, Include Library(라이브러리 포함)를 선택한 후, **Manage Libraries**(라이브러리 관리)를 선택해 Libraries Manager(라이브러리 관리자)를 연다. 검색 필드에 'backpack'을 입력한 후, 검색 결과에서 'Adafruit LED Backpack Library'를 선택하고 Install(설치)을 클릭하라.

이를 위한 테스트 스케치를 'ch08_deven_seg_display'라고 한다.

모듈에 필요한 세 라이브러리는 #include문들을 사용해 로드된다.

```
# include <Wire.h>
# include 'Adafruit_LEDBackpack.h'
# include 'Adafruit_GFX.h'
```

다음 줄은 변수를 표시 객체에 할당하므로 표시할 내용을 알 수 있다.

```
Adafruit_7segment disp = Adafruit_7segment();
```

'setup' 함수는 I2C 핀에서 직렬 통신을 시작한 후, 디스플레이를 초기화한다. 값 0x70은 디스플레이 모듈의 I2C 주소이다. 이것은 주소의 기본값이지만, 주소를 변경하기 위해 함께 단락시킬 수 있는 모듈에 땜납 연결이 있다. 각 디스플레이마다 다른 주소가 있어야 하므로 이 작업은 디스플레이를 두 개 이상 사용해야 하는 경우에 수행할 수 있다.

```
void setup()
{
    Wire.begin();
    disp.begin(0x70);
}
```

'loop' 함수는 보드가 재설정된 이후의 현재 밀리초 수를 10으로 나눈 값을 표시한다. 따라서 디스플레이는 1/100초 단위로 카운트된다.

```
void loop()
{
    disp.print(millis() / 10);
    disp.writeDisplay();
    delay(10);
}
```

라즈베리파이에서 7 세그먼트 디스플레이 사용하기

이전 단원에서는 7 세그먼트 디스플레이가 아두이노와 어떻게 인터페이스되는지를 보았다. 이러한 장치는 라즈베리파이와도 잘 작동하며, 라즈베리파이가 인터넷에 연결해 시간을 찾을 수 있기 때문에 그림 8-32와 같이 라즈베리파이 디스플레이에 시간을 표시할 수 있다.

그림 8-32　간단한 구성도

디스플레이를 갱신하는 일이 라즈베리파이에 부담을 주지 않으므로 라즈베리파이가 인터넷을 탐색하거나 시간을 표시하면서 음악을 재생하는 식으로 동시에 여러 가지 일을 해도 된다.

필요 물품

이 과제물을 만들려면 다음과 같은 물품이 필요하다.

수량	품목	부록 코드
1	라즈베리파이 1, 2 또는 3	M11
1	에이다프루트 7 세그먼트 디스플레이(I2C 배낭 포함)	M19
4	암-암 점퍼선	K1, T14

제작하기

제작 과정은 다음과 같이 라즈베리파이와 디스플레이 사이의 점퍼선을 연결하는 문제일 뿐이다.

- 디스플레이의 VCC에서 라즈베리파이의 5V로 연결
- 디스플레이의 GND에서 라즈베리파이의 GND로 연결
- 디스플레이의 SCL에서 라즈베리파이의 SCL로 연결
- 디스플레이의 SDA에서 라즈베리파이의 SDA로 연결

소프트웨어

에이다프루트에는 라즈베리파이와 함께 디스플레이를 사용하기 위한 라이브러리가 있다. 설치 프로그램과 필요한 다른 소프트웨어를 설치하려면 다음 명령을 실행하라.

```
$ sudo apt-get update
$ sudo apt-get install build-essential python-dev
$ sudo apt-get install python-smbus python-imaging
$ git clone https://github.com/adafruit/Adafruit_Python_LED_Backpack.git
$ cd Adafruit_Python_LED_Backpack
$ sudo python setup.py install
```

라이브러리에는 시계 예제가 들어 있어 직접 작성 시 약간 참조할 점이 있다. 이 파일은 Adafruit_Python_LED_Backpack의 'examples' 폴더에서 찾을 수 있으며, 다음 명령을 사용해 실행할 수 있다.

```
$ cd examples
$ python ex_7segment_clock.py
```

시계가 몇 시간 느리게 간다면, 아마도 여러분의 라즈베리파이가 잘못된 시간대로 설정되어 있을 것이다. 라즈베리파이의 시간대를 변경하려면 Start 메뉴의 Preference 부분에서 라즈베리파이 Configuration 도구를 사용하라. Localization(현지화) 탭을 클릭한 후, Set Timezone(시간대 설정)을 클릭하라.

RFID 모듈 사용하기

스마트 카드나 RFID 태그를 읽고 싶다면 그림 8-33과 같이 5달러짜리 RFID 판독기(reader)/기록기(writer)와 라즈베리파이를 사용하면 된다.

그림 8-33　라즈베리파이에 연결된 RFID 판독기/기록기

이 하드웨어는 RFID 카드와 RFID 기능을 가진 태그에도 쓸 수 있지만, 여러분의 교통 카드를 무료로 충전할 수 있다고 상상하지는 마라. RFID 카드는 일반적으로 그런 종류의 일을 막기 위해 암호화를 사용한다.

필요 물품

이 과제물을 만들려면 다음과 같은 물품이 필요하다.

수량	품목	부록 코드
1	라즈베리파이 1, 2 또는 3	M11
1	RC522 RFID 근접식 판독기 / 기록기	M20
7	암-암 점퍼선	K1, T14

몬메익스는 또한 이러한 부품(http://monkmakes.com/cck)이 포함된 키트를 제공한다.

제작하기

RFID 판독기 핀을 표 8-3에 나열된 대로 라즈베리파이 GPIO 핀에 직접 연결할 수 있다. RFID 판독기/기록기는 3.3V 장치이므로 모듈의 VCC는 3.3V에 연결해야 하며, 5V가 아니어야 한다. 또한 접속도선을 색으로 구분해 표시하는 방법을 제안했다.

표 8-3 **RFID 모듈에서 라즈베리파이에 핀 연결**

접속도선 색	스마트카드 판독기	라즈베리파이 핀
주황색	SDA	8
황색	SCK	11
백색	MOSI	10
녹색	MISO	9
	IRQ	연결되지 않음
청색	GND	GND
회색	RST	25
적색	3.3V	3.3V

소프트웨어

7장을 다시 떠올려 본다면, 7장에서 여러분은 라즈베리파이 구성 도구를 사용해 라즈베리파이에서 SSH를 활성화했다. 나는 그 장에서 SPI 및 I2C 인터페이스도 활성화할 것을 제안했다. RFID 모듈들은 SPI 인터페이스를 사용하므로, 아직 활성화하지 않았다면 지금이라도 되돌아가서 활성화해 두어라.

특히 다음 명령을 사용해 SPI 인터페이스와 RFID 모듈용 파이썬 라이브러리를 설치해야 한다.

```
$ sudo apt-get install python-dev
$ git clone https://github.com/simonmonk/SPI-Py.git
$ cd SPI-Py
$ sudo python setup.py install
```

'ch08_rfid_read' 디렉터리에 있는 예제 프로그램 'rfid_read.py'는 RFID 카드가 리더기에 가까워질 때까지 기다렸다가 카드의 ID를 출력한다. 프로그램은 SPI 인터페이스를 통한 통신을 처리하는 다른 보조 파이썬 파일이 있기 때문에 폴더에 들어 있다.

다음 명령을 사용해 프로그램을 실행하라.

```
$ python rfid_read.py
```

프로그램을 실행하고 RFID 모듈 근처에 태그를 붙이면, 범위를 벗어날 때까지 반복적으로 태그를 읽으면서 번호가 여러 번 인쇄된다.

```
$ python rfid_read.py
Hold a tag near the reader
905537575667
905537575667
905537575667
905537575667
```

태그에 따라 인증 오류가 표시될 수도 있다. 이것은 태그의 데이터가 보호되었음을 나타낸다.

다음은 rfid_read.py의 목록이다.

```
import RPi.GPIO as GPIO
import SimpleMFRC522

reader = SimpleMFRC522.SimpleMFRC522()

print("Hold a tag near the reader")

try:
    while True:
        tag = reader.read()
        print(tag['id'])
        print(tag['text'])

finally:
    print("cleaning up")
    GPIO.cleanup()
```

라이브러리 함수 'read'는 태그가 리더기에 제공될 때까지 기다린 후에 ID를 읽는다. 또한 카드에서 데이터를 읽으려고 시도하는데, 이 키는 기본 키를 사용해 인증을 시도한다. 이것은 태그의 보안 키가 설정되지 않은 경우에만 성공한다. 이 두 값은 모두 파이썬 테이블에서 정렬된다. 그런 다음, 태그 ['id']와 태그 ['text']를 사용해 ID와 데이터에 액세스할 수 있다.

RFID 태그

RFID 태그 제조 시에는 다시 변경할 수 없는 고유 ID가 모두 할당된다. 흔히 RFID 응용 프로그램에서 바코드처럼 스캔되는 항목을 식별하는 데 사용되는 것은 매우 큰 번호이다. 그러나 많은 태그는 소량의 데이터(종종 1kB)를 저장할 수 있다. 이러한 데이터에 액세스하려면 키가 필요하다. RFID 태그에는 흥미롭게도 IC와 안테나만 있고 전지는 없다. 카드 판독기가 저전력 송신기로 작동하고, 송신기의 에너지 중 일부가 태그의 안테나를 통해 수신되어 RFID 판독기/기록기와 상호 작용하면서 짧은 시간 동안 전원을 공급하는 데 사용된다. 태그 주파수로는 몇 가지가 사용 중이다. 이 판독기에서 가장 많이 사용되는 것은 13.56MHz의 주파수에서 작동한다.

요약

여기 나온 모듈들 이외에도 에이다프루트 및 스파크펀과 같은 회사의 웹 사이트에서 유용한 모듈을 많이 볼 수 있다. 웹 사이트에는 모듈 사용 방법 및 사양에 대한 정보도 들어 있다. 여러분이 사용하고자 하는 모듈을 발견한다면, 그것을 사용하는 방법을 연구하는 것이 첫 번째 단계이다. 공급 업체의 웹 사이트에 있는 데이터시트 및 자습서 정보뿐만 아니라 인터넷에서 모듈을 검색하는 경우, 프로젝트 구축에 대한 지침을 자주 찾을 수 있다.

## CHAPTER 9

센서를 이용한 해킹

센서는 아두이노 또는 라즈베리파이와 함께 온도, 빛 또는 가속도를 물리적으로 측정하기 위해 종종 사용되며, 아두이노 또는 라즈베리파이에서 사용할 수 있게 데이터를 모두 디지털화해 표시하거나 센서 판독값에 달라지는 특정 작업을 수행할 수 있다.

간단한 켬/끔(on/off) 제어의 경우, 온도 조절기와 같은 경우라면 아두이노나 라즈베리파이가 필요하지 않을 수 있다. 비교기(comparator)라는 IC로 센서 판독값을 설정값과 비교해 개폐(절환 또는 스위칭)하는 동작을 수행할 수 있다.

아두이노로 온도 측정하기

다양한 센서 IC가 온도 측정용으로 설계되었다. 사용하기에는 TMP36이 가장 간단할 것으로 보인다(그림 9-1).

그림 9-1 **TMP36 온도 센서 IC**

직렬 모니터에 온도를 표시해 센서를 시험해 볼 수 있고, 센서를 계전기 모듈과 결합하면 어떤 것을 켜고 끌 수도 있다.

필요 물품

온도를 측정하고 아두이노를 실험하려면 다음과 같은 물품이 필요하다.

수량	품목	부록 코드
1	아두이노 우노 R3	M2
	TMP36	K1, S8

제작하기

TMP36에는 전력 공급용 핀 두 개와 아날로그 출력용 핀 한 개를 포함해 모두 세 개의 핀이 있다. 전원공급장치는 2.7~5.5V 사이여야 하므로 아두이노의 5V에 딱 들어맞는다. 실제로 디지털 출력을 통해 전력을 공급할 수 있으며, 전체 칩을 아두이노의 아날로그 커넥터에 있는 핀 세 개에 연결하면 된다(그림 9-2).

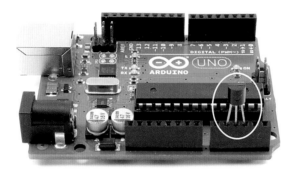

그림 9-2 **아두이노에 부착한 TMP36**

소프트웨어

스케치('temperature_sensor')는 이제 꽤 익숙한 패턴을 따라야 한다. 핀이 정의된 후 설정 기능에서 센서에 전원을 공급하는 출력 핀은 GND(접지 역할을 하는 0V 핀)의 경우 LOW(즉, 저준위)로, 양극 전원의 경우 HIGH(즉, 고준위)로 설정된다.

```
const int gndPin = A1;
const int sensePin = 2;
const int plusPin = A3;

void setup() {
  pinMode(gndPin, OUTPUT);
```

```
    digitalWrite(gndPin, LOW);
    pinMode(plusPin, OUTPUT);
    digitalWrite(plusPin, HIGH);
    Serial.begin(9600);
}
```

loop 함수는 아날로그 입력에서 값을 읽은 후, 실제 온도를 계산하기 위해 약간의 산술 연산을 수행한다.

먼저 아날로그 입력의 전압이 계산된다. 이것은 원시값(0에서 1023 사이)을 205로 나눈 것이다. 그 이유는 1,024라는 값의 범위가 5V를 차지하기 때문이다.

$$1024 / 5 = 볼트당 205$$

TMP36은 다음과 같은 방정식으로 섭씨 온도(C)를 계산할 수 있는 전압을 출력한다.

$$tempC = 100.0 \times 전압 - 50$$

양호한 측정을 위해 스케치는 이를 또한 화씨 온도(F)로 변환하고, 두 가지를 모두 직렬 모니터에 출력한다.

```
void loop() {
    int raw = analogRead(sensePin);
    float volts = raw / 205.0;
    float tempC = 100.0 * volts - 50;
    float tempF = tempC * 9.0 / 5.0 + 32.0;
    Serial.print(tempC);
    Serial.print(" C ");
    Serial.print(tempF);
    Serial.println(" F");
    delay(1000);
}
```

직렬 모니터를 열면 그림 9-3과 같은 일련의 온도가 인쇄된다. 손가락 사이의 TMP36을 끼워 온도를 높이고 측정값이 어떻게 변하는지 확인하라.

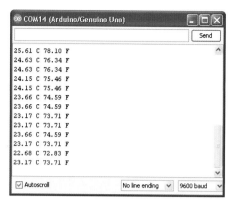

그림 9-3 **직렬 모니터에 온도 표시**

이 예제를 변경하면 특정 값(25℃라고 가정해 보자)을 초과한 경우에만 온도를 표시할 수 있다. 이렇게 하려면 다음과 같이 루프(loop)를 돌도록 if문을 추가하면 된다.

```
void loop() {
  int raw = analogRead(sensePin);
  float volts = raw / 205.0;
  float tempC = 100.0 * volts - 50;
  float tempF = tempC * 9.0 / 5.0 + 32.0;
  if (tempC > 25.0) {
    Serial.print(tempC);
    Serial.print(" C ");
    Serial.print(tempF);
    Serial.println(" F");
    delay(1000);
  }
}
```

스케치를 수정하고 다시 업로드해 보라.

라즈베리파이에는 아날로그 입력이 없으므로 이전 단원에서와 마찬가지로 아두이노를 사용해 TMP36과 같은 센서를 연결할 수 없다. 그렇다고 해서 센서와 함께 사용할 수 없다는 의미는 아니다.

다음 단원에서는 라즈베리파이와 함께 센서를 사용하는 몇 가지 방법을 살펴본다.

라즈베리파이로 문턱값 감지하기

빛의 양에 따라 저항이 변하는 광저항기와 같은 센서가 있고, 저항기가 특정 문턱값(즉, 임계치)보다 높거나 낮을 때만 감지할 수 있다고 걱정한다면, 센서를 가변 저항기 및 디지털 입력이 있는 전압 분할기(즉, 분압기) 배열로 사용할 수 있다.

필요 물품

빛 감지 및 라즈베리파이를 실험하려면 다음과 같은 물품이 필요하다.

수량	품목	부록 코드
1	라즈베리파이(모든 모델)	M11
1	광저항기	K1, R2
1	10kΩ 트림팟 가변 저항기	K1, R1
1	무땜납 브레드보드	K1, T5
1	수-수 점퍼선 또는 단선	K1, T6
3	수-암 점퍼선	K1, T12

제작하기

라즈베리파이 3의 디지털 입력은 약 1.2V 미만이면 LOW, 1.2V 이상이면 HIGH로 계산된다. 따라서 그림 9-4와 같이 가변 저항기가 있는 광저항기(즉, 감광저항기 또는 포토레지스터)를 사용해 라즈베리파이를 사용해 밝음과 어두움을 감지할 수 있다. 그림 9-5는 브레드보드에 대한 실험을 보여 준다.

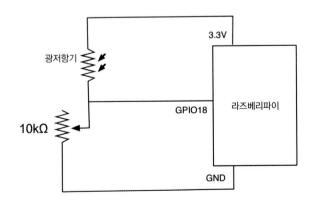

그림 9-4 **광저항기와 라즈베리파이로 명암을 탐지하는 구성도**

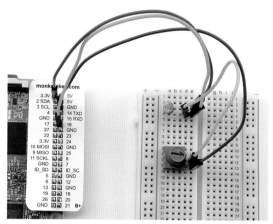

그림 9-5 브레드보드에 있는 광저항기를 라즈베리파이 3에 연결하기

브레드보드에 양극 전원공급장치를 연결할 때 반드시 5V 핀이 아닌 라즈베리파이의 3.3V 핀
에 연결해야 한다. 그렇지 않으면 라즈베리파이가 손상될 수 있다.

소프트웨어

명암을 감지하는 파이썬 프로그램은 'ch09_light_detect.py'이다. 프로그램을 실행한 후, 손바
닥을 광저항기로부터 멀리 떨어지게 해(그림자를 만들지 않도록) 마지막 메시지가 'It got light(빛
이 든다)'가 되도록 가변 저항기를 조정한 후, 가변 저항기를 놓아 둔다. 광저항기를 손으로 그
늘지게 할 때 'It went dark(어둡게 되었다)'라는 메시지가 나타난 후, 손을 움직이면 다시 'It got
light'라고 알려 줄 것이다.

```
$ python ch09_light_detect.py
It got light
It went dark
It got light
It went dark
It got light
It went dark
```

'ch09_light_detect.py' 프로그램은 다음과 같다.

```
import RPi.GPIO as GPIO

GPIO.setmode(GPIO.BCM)
sensor_pin = 18
GPIO.setup(sensor_pin, GPIO.IN)
```

```
was_light = False

try:
    while True:
        is_light = GPIO.input(sensor_pin)
        if (is_light == True) and
            (was_light == False):
            print("It got light")
            was_light = True
        elif (is_light == False) and
             (was_light == True):
            print("It went dark")
            was_light = False

finally:
    print("Cleaning up")
    GPIO.cleanup()
```

이 프로그램은 GPIO 18을 입력으로 설정한다. 또한 was_light라는 변수를 사용해 조명이 밝거나 어두울 때 또는 그 반대로 바뀔 때만 메시지가 표시된다. 이 변수가 if문에서 어떻게 사용되는지 볼 수 있다. 여기서 'It got light'라는 메시지는 현재는 빛이 들고(sensor_pin이 높음) 이전에 어두웠을 때만 표시된다(was_light == False). 메시지를 표시하면 변수 was_light가 업데이트된다. 밝았다가 어둡게 변할 때도 이와 비슷한 일이 일어난다.

밝거나 어두울 때 메시지를 표시하는 일 이상을 원할 경우, 표시 명령 다음에 고유한 코드를 추가할 수 있다. 예를 들어, 계전기 모듈을 연결하고 어두워지면 조명을 켤 수 있다.

센서와 비교기 칩으로 개폐하기

센서 출력이 문턱값을 넘을 때만 감지하고 싶다면 아두이노나 라즈베리파이가 꼭 필요하지는 않다. 때로는 그냥 비교기라는 특수 칩을 사용할 수 있다.

이번 단원에서는 온도 조절기(온도에 민감한 저항기)가 있는 비교기 IC(LM311)를 사용한다. 온도가 가변 저항기를 사용해 설정된 수준 이상으로 상승하면 출력이 버저를 구동해 경보음을 낸다. 그림 9-6은 브레드보드에 빌드된 프로젝트를 보여 준다.

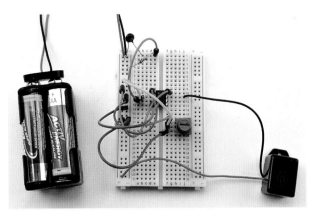

그림 9-6 **온도 모니터**

필요 물품

온도 측정과 비교기를 실험하려면 다음과 같은 물품이 필요하다.

수량	품목	부록 코드
1	LM311 비교기 IC	K1, S7
1	서미스터(1kΩ)	K1, R4
1	1kΩ 저항기	K1
1	10kΩ 트림팟 가변 저항기	K1, R1
1	무땜납 브레드보드	K1, T5
7	수-수 점퍼선 또는 단선	K1, T6
1	6V 직류 버저	M22
1	4×AA 전지 소켓	K1, H1
4	AA 전지	
1	전지 클립	K1, H2

제작하기

과제물의 구성도는 그림 9-7, 브레드보드 배치도는 그림 9-8에 나와 있다.

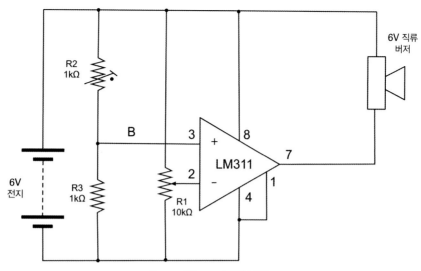

그림 9-7　온도 모니터의 구성도

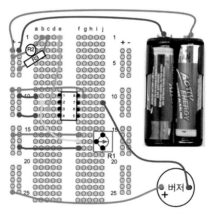

그림 9-8　온도 모니터용 브레드보드 배치도

LM311 비교기 칩에는 입력이 두 개(+와 -) 있다. + 입력의 전압이 - 입력의 전압보다 높으면 출력 트랜지스터가 켜진다. + 입력은 하나의 고정값 1kΩ 저항과 서미스터(즉, 열전기 저항)라는 저항 유형으로 구성된 전압 분할기에 연결된다. 이 저항기 유형은 25℃에서 1kΩ을 보이지만, 온도가 높아지면 저항이 줄어든다. 이것은 온도가 높아지면 비교기에 대한 + 입력에서의 전압이 커진다는 것을 의미한다. 비교기의 다른 입력(- 입력)은 가변 저항기의 슬라이더에 연결되어 가변 저항기의 꼭지를 돌려 전압을 0과 6V 사이에서 설정할 수 있다.

이 모든 의미는 꼭지를 돌리면 버저가 울리는 '경고' 온도를 설정할 수 있다는 것을 의미한다.

그림 9-8의 브레드보드 배치도를 사용해 회로를 만든 후, 버저가 꺼질 때까지 가변 저항기를 조정하라. 그런 다음, 서미스터 R2에 손가락을 대고 따뜻하게 하라. 곧 버저가 울린다. 손가락을 떼고 온도가 가변 저항으로 설정된 값 이하로 떨어지면 버저의 울림이 멈춘다.

TMP36 온도 센서 IC 대신 서미스터 및 고정 저항을 사용하는 이유는 TMP36의 최대 공급 전압이 5.5V여서 전지의 6V 공급으로 인해 손상될 수 있기 때문이다. AA형 전지 세 개를 담는 상자가 있다면 R2 및 R3을 TMP36으로 교체할 수 있다.

디지털 온도 센서 사용

TMP36을 아두이노와 함께 사용했을 때, TMP36은 그리 정확하지 않다. 사실 ±2°C의 정확성만 보장된다. 또한 아날로그 전압 출력을 사용하는 경우, 라즈베리파이에 직접 연결할 수 없다.

대체용 온도 센서 IC(DS18B20)는 훨씬 정확하고(± 0.5 ° C) 직접 라즈베리파이에 연결할 수 있다. 이 칩을 시험해 보려면 DS18B20과 라즈베리파이 3(그림 9-9)을 사용해 실제로 큰 온도계 디스플레이를 만들어 보자.

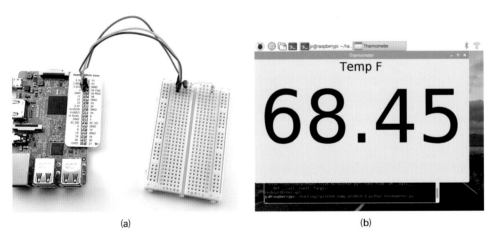

(a)   (b)

그림 9-9 **(a) 브레드보드상의 온도 측정기 및 (b) 대형 온도 디스플레이**

필요 물품

온도 측정과 라즈베리파이를 실험하려면 다음과 같은 물품이 필요하다.

수량	품목	부록 코드
1	라즈베리파이(모든 모델)	M11
1	DS18B20 온도 센서 IC	S12
1	4.7kΩ 저항기	K1
1	무땜납 브레드보드	K1, T5
3	수-암 점퍼선	K1, T12

제작하기

그림 9-10은 과제의 구성도를 나타내고, 그림 9-11은 브레드보드를 확대한 장면이다. 이 칩에는 3.3V 전원공급장치가 필요하며, 중간 출력 핀에는 3.3V를 연결하는 풀업 저항기(pull-up resistor)가 필요하다.

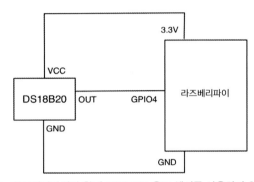

그림 9-10   라즈베리파이와 함께 DS18B20 온도 센서를 사용하기 위한 구성도

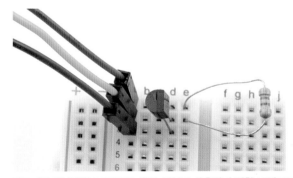

그림 9-11   라즈베리파이에서 DS18B20 온도 센서를 사용하기 위한 브레드보드 배치도

수-암 점퍼선을 사용해 다음과 같이 연결하라.

- 라즈베리파이 GPIO 커넥터의 GND를 브레드보드의 세 번째 행에 연결

- 라즈베리파이 GPIO 커넥터의 3.3V를 브레드보드의 첫 번째 행에 연결

- 라즈베리파이 GPIO 커넥터의 GPIO4를 브레드보드의 두 번째 행에 연결

소프트웨어

이 과제물에 쓰이는 프로그램은 'thermometer.py'라고 불리며, 'ch09_temp_DS18B20'이라는 자체 폴더에서 찾을 수 있다.

```python
from Tkinter import *
from DS18B20 import *
import time

class App:

    # this function gets called when the app is created
    def __init__(self, master):
        self.master = master
        # A frame holds the various GUI controls
        frame = Frame(master)
        frame.pack()
        label = Label(frame, text='Temp F',
                font=("Helvetica", 32))
        label.grid(row=0)
        self.reading_label = Label(frame, text='12.34',
                                    font=("Helvetica",
                                            200))
        self.reading_label.grid(row=1)
        self.update_reading()

    # Update the temperature reading
    def update_reading(self):
        temp = read_temp_f()
        reading_str = "{:.2f}".format(temp)
        self.reading_label.configure(text=reading_str)
        self.master.after(500, self.update_reading)

# Set the GUI running, give the window a title, size and position
root = Tk()
root.wm_title('Thermometer')
app = App(root)
root.geometry("800x450+0+0")
root.mainloop()
```

이 코드는 Tkinter, DS18B20 및 time 라이브러리를 들여오는(import) 일부터 한다. Tkinter는 사용자 인터페이스 프레임워크로 온도를 큰 글자로 표시할 수 있게 한다. DS18B20 라이브러리는 이 프로그램과 같은 디렉터리에 있으며, 온도 센서 IC에 대한 저수준 인터페이스를 처리한다. 이 라이브러리를 자신의 프로젝트에서 자유롭게 사용할 수 있다.

프로그램의 나머지 부분 중 대부분은 온도를 표시할 사용자 인터페이스를 만드는 데 쓰인다. 이 중 대부분은 파이썬 클래스의 형태를 취하는데, 이 함수 안에서는 init 함수가 사용자 인터페이스 프레임을 만들고, 'Temp F'라는 텍스트를 표시하는 레이블과 슈퍼 빅 글꼴로 온도를 표시하는 두 번째 reading_label을 만든다.

update_reading 함수는 DS18B20 라이브러리의 read_temp_f 함수를 사용해 화씨 온도를 가져와서 필드를 업데이트한다. 또한 0.5초 후에 다시 호출되도록 예약한다.

코드의 마지막 부분은 창에 'Thermometer(온도계)'라는 제목을 부여하고 창을 연다.

Tkinter 라이브러리는 매우 복잡하고 강력하기 때문에 자신만의 사용자 인터페이스를 디자인할 계획이라면 괄호 안 웹 페이지에 나오는 지도서로 입문하는 게 좋다(http://zetcode.com/gui/tkinter/). 나의 책 ≪Programming the Raspberry Pi(McGraw-Hill Education / TAB, 2015)≫(한국어판: ≪파이썬으로 시작하는 라즈베리파이 프로그래밍≫, 제이펍)에서 Tkinter에 대한 장을 찾을 수 있다.

아두이노 에그 앤 스푼

소형 가속도계 모듈(그림 9-12)은 저렴한 비용으로 이용할 수 있다. 두 모델은 매우 유사하며, 5V 호환이 가능하고 각 축에 아날로그 출력을 제공한다. 왼쪽은 프리트로닉스(Freetronics, www.freetronics.com/am3x), 오른쪽은 에이다프루트(www.adafruit.com/products/163)에서 가져온 것이다.

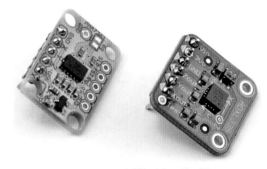

그림 9-12 **저렴한 가속도계 모듈**

이 모듈은 칩 내부의 작은 추에 적용되는 힘을 측정하는 3축 가속도계이다. 두 개의 차원 X 와 Y는 모듈의 PCB와 평행하다. 세 번째 차원(Z)은 모듈의 표면과 90도이다. 보통 중력으로 인해 이 차원에 작용하는 일정한 힘이 있게 된다. 따라서 모듈을 기울이면 차원에 따라 중력 의 영향이 커지기 시작한다.

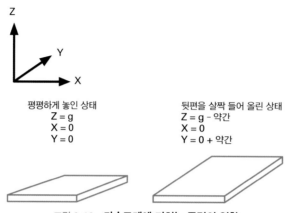

평평하게 놓인 상태
Z = g
X = 0
Y = 0

뒷편을 살짝 들어 올린 상태
Z = g - 약간
X = 0
Y = 0 + 약간

그림 9-13   **가속도계에 미치는 중력의 영향**

이 가속도계 중 하나를 시험하는 예로서 어린이들이 하는 놀이인 에그 앤 스푼(Egg and Spoon, 즉 달걀과 숟가락)의 전자 버전을 만들 계획이다. 가속도계를 사용해 '숟가락'의 경사 정 도를 감지하고 가상의 달걀을 잃을 위험에 처할 때 LED를 깜박이자는 게 기본 아이디어다. 버저음은 기울기가 너무 낮아 달걀이 떨어지면 울린다(그림 9-14).

그림 9-14   **아두이노와 에그 앤 스푼 놀이**[18]

---

18 <u>옮긴이</u> 숟가락 모양의 주걱 위에 달걀 대신 가속도계가 달린 아두이노를 올려 두었다는 점에 주목할 것

필요 물품

아두이노를 활용한 에그 앤 스푼 놀이를 하고 싶다면 다음과 같은 물품들이 필요할 것이다.

수량	품목	부록 코드
1	아두이노 우노 R3	M2
1	가속도계	M15
1	피에조 버저	K1, M3
1	LED	K1
1	270Ω 저항기	K1
1	2.1mm 잭 어댑터에 대한 전지 클립	H9
1	나무 주걱	부엌에서 구할 수 있음
1	PP3 9V 전지	

제작하기

조금만 생각하면, 가속도계 모듈을 버저 및 LED/저항기와 마찬가지로 모두 아두이노에 직접 연결할 수 있다. A0~A5 커넥터의 핀 중 일부가 이전 스케치의 출력으로 설정되어 있는 경우에 대비해 모듈을 부착하기 전에 사용 중인 가속도계 모듈(두 버전 제공)에 대한 적절한 스케치로 아두이노를 프로그래밍해야 한다.

그림 9-15는 아두이노를 활용한 에그 앤 스푼 장난감의 구성도를 보여 준다. 그림 9-14에서 알 수 있듯이, 모든 부품은 아두이노의 소켓에 들어맞는다. LED/저항기 콤보는 LED의 더 긴 양극 접속도선에 직접 납땜된 저항기로 구성된다. 저항기의 끝은 아두이노의 디지털 핀 8에 연결되고, LED의 음극 끝은 GND에 연결된다. 버저는 D3과 D6 사이에 맞는데, 여기서 D6는 버저의 양극 끝에 연결되어 있게 된다. 버저의 핀이 다른 간격에 있으면 다른 핀을 선택할 수 있지만 'gndPin2' 및 'buzzerPin' 변수를 사용해 끝나는 핀으로 변경해야 한다.

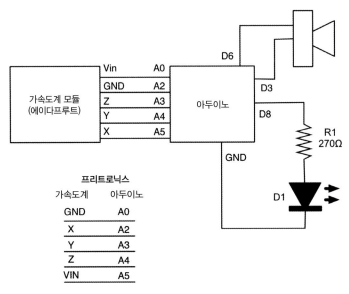

가속도계 모듈
(에이다프루트)

프리트로닉스	
가속도계	아두이노
GND	A0
X	A2
Y	A3
Z	A4
VIN	A5

그림 9-15 에그 앤 스푼 놀이 구성도

두 가속도계 모듈은 그림 9-14와 같이 아두이노 소켓 A0~A5에 맞다. 그러나 핀 배정은 상당히 다르다.

이 과제물은 어댑터를 사용하는 9V 전지로 구동되며, 아두이노와 전지는 신축성 고무줄을 사용해 주걱에 부착한다.

소프트웨어

스케치에는 'ch09_egg_and_spoon_adafruit', 'ch09_egg_and_spoon_freetronics'라는 두 가지 버전이 있다. 여러분이 알맞은 것을 얻었는지 확인하고, 가속도계를 붙이기 전에 그것을 가진 아두이노를 프로그램하라. 두 스케치의 유일한 차이점은 핀 할당이다.

이것은 에이다프루트 버전 스케치이다. 우리는 사용된 핀을 정의함으로써 시작한다. 두 변수 'levelX'와 'levelY'는 숟가락이 평평한 경우, X와 Y의 가속값을 측정하는 데 사용된다.

```
int levelX = 0;
int levelY = 0;
```

'ledThreshold' 및 'buzzerThreshold'는 LED가 켜지기 전에 흔들림 정도를 설정하고 버저음이 울려 'dropped egg(달걀 떨어짐)'를 나타낼 수 있도록 조정할 수 있다.

```
int ledThreshold = 10;
int buzzerThreshold = 40;
```

'setup' 함수는 핀을 초기화한 후, 'levelX' 및 'levelY' 값을 설정하는 'calibrate' 함수를 호출한다.

```
void setup() {
  pinMode(gndPin1, OUTPUT);
  digitalWrite(gndPin1, LOW);
  pinMode(gndPin2, OUTPUT);
  digitalWrite(gndPin2, LOW);
  pinMode(plusPin, OUTPUT);
  pinMode(ledPin, OUTPUT);
  pinMode(buzzerPin, OUTPUT);
  digitalWrite(plusPin, HIGH);
  pinMode(A1, INPUT); // 3V output
  calibrate();
}
```

'loop' 함수에서 X 및 Y 가속도를 읽고 'levelX'및 'levelY' 값에서 이탈한 정도를 확인한다.

'abs' 함수는 숫자의 절댓값을 반환하므로 차이가 음수이면 양수값으로 바뀌고 설정된 문턱값과 비교된다.

```
void loop() {
  int x = analogRead(xPin);
  int y = analogRead(yPin);
  boolean shakey = (abs(x - levelX) > ledThreshold ||
                    abs(y - levelY) > ledThreshold);
  digitalWrite(ledPin, shakey);
  boolean lost = (x > levelX + buzzerThreshold ||
                  y > levelY + buzzerThreshold);
  if (lost) {
    tone(buzzerPin, 400);
  }
}
```

'calibrate(보정)' 함수의 유일한 복잡성은 판독값을 취하기 전에 200밀리초를 기다려야 한다는 것이다. 이렇게 하면 가속도계 시간이 적절하게 켜진다.

```
void calibrate() {
  delay(200); // give accelerometer time to turn on
  levelX = analogRead(xPin);
```

```
    levelY = analogRead(yPin);
}
```

무언가의 색을 측정하기

TCS3200은 무언가의 색상을 측정하기 위한 작은 IC이다. 이 칩에는 여러 가지 변형이 있지만, 모두 동일한 방식으로 작동한다. 이 칩에는 투명 케이스가 있으며, 그 표면에 점을 찍고 있는 것은 다른 색상 필터(적색, 녹색 및 청색)가 있는 광다이오드이다. 각 기본 색상의 상대적인 양을 읽고 모듈 앞에 놓인 물체의 색상을 처리할 수 있다.

칩을 사용하는 가장 쉬운 방법은 그림 9-16과 같은 모듈을 구입하는 것이다.

그림 9-16 **광 센서 모듈**

이 모듈은 10달러 미만의 가격에 측정 대상 물체의 색상을 비추는 네 개의 백색 LED가 있을 뿐만 아니라 아두이노에 쉽게 연결할 수 있는 편리한 헤더 핀도 있다.

IC는 아날로그 출력을 생성하지 않지만, 대신 펄스 열의 주파수를 변경한다. 이를 위해 네 개의 선택 핀 S0~S3을 사용한다.

S0와 S1은 생성될 펄스의 주파수 범위를 선택한다. 이것들은 모두 HIGH로 설정되어야 한다. 다음과 같이 디지털 입력 S2 및 S3의 값을 변경해 펄스 주파수가 어느 색상을 나타내는지 선택할 수 있다.

- S2 LOW, S3 LOW — 적색
- S2 LOW, S3 HIGH — 청색

- S2 LOW, S3 LOW — 백색(필터 없음)

- S2 HIGH, S3 HIGH — 녹색

필요 물품

이 과제를 수행하려면 다음과 같은 물품이 필요하다.

수량	품목	부록 코드
1	아두이노 우노 R3	M2
1	TCS3200 색 감지 모듈	M12
3	수-암 점퍼선	K1, T12

제작하기

제작이라고 할 것도 없다. 이 모듈은 아두이노 (그림 9-17)에 바로 들어맞을 것이다. 모듈은 다음 접속부들을 만든다.

- 모듈상의 S0을 아두이노의 D3에 연결

- 모듈상의 S1을 아두이노의 D4에 연결

- 모듈상의 S2를 아두이노의 D5에 연결

- 모듈상의 S3을 아두이노의 D6에 연결

- 모듈상의 OUT을 아두이노의 D7에 연결

그림 9-17 아두이노에 부착된 광 센서

연결할 수 있는 수-암 점퍼 접속도선이 세 개 필요하다.

- 모듈상의 VCC를 아두이노의 5V에 연결

- 모듈상의 GND를 아두이노의 GND에 연결

- 모듈상의 OE(출력 가용)을 아두이노의 GND에 연결

그림 9-18은 루빅 큐브의 모듈 감지 색상을 보여 준다.

그림 9-18 **루빅 큐브의 색상 감지**

소프트웨어

'ch09_color_sensing' 스케치는 이 모듈의 사용법을 보여 준다. 스케치를 업로드하고 직렬 모니터를 열면 다음과 같은 내용이 표시된다.

```
Hold white paper infront of sensor.
then press Reset
255   255        255
255   255        255
255   255        255
255   255        198
229   255        255
15    11         23
47    70         127
47    72         137
46    68         127
45    67         127
```

센서 앞에 백지 또는 카드를 붙인 후, 아두이노의 재설정 버튼을 누른다. 그러면 적색, 녹색 및 청색 센서의 다양한 감도를 조정하는 스케치에서 보정 기능이 시작된다. 보정 후, 직렬 모니터는 30초마다 세 개 숫자로 갱신된다. 센서 전면에 있는 적색, 녹색 및 청색 부품의 경우, 0에서 255 사이의 값을 갖는다. 따라서 센서 앞에 흰 종이를 놓으면 약 255, 255, 255가 표시된다. 그러나 백지를 다른 색상으로 교체하면 판독값이 변경되어야 한다.

위의 예에서 여섯 번째 읽기 후에 청색 카드 조각이 센서의 앞쪽에 배치되었다. 청색 채널의 값이 127로 증가하고, 처음 두 채널(적색과 녹색)이 감소한 것을 볼 수 있다.

스케치가 꽤 길기 때문에 여기서는 핵심 부분만 강조해서 나타낼 생각이다. 대부분의 작업은 readColor 함수에서 수행된다.

```
int readColor(int bit0, int bit1) {
  digitalWrite(colorSelect0pin, bit0);
  digitalWrite(colorSelect1pin, bit1);
  long start = millis();
  for (int i=0; i< 1000; i++) {
    pulseIn(pulsePin, HIGH);
  }
  long period = millis() - start;
  int colorIntensity = int((maxPeriod
                      / float(period)) * 255.0);
  return colorIntensity;
}
```

이 함수는 감지할 색상을 결정하는 두 개의 매개변수를 사용한다. 이 함수는 1,000개 펄스를 등록하는 데 걸리는 시간을 계산한다. 이 시간이 길어질수록 그 색 판독값이 줄므로 색의 강도가 세짐에 따라 숫자가 커지도록 반전해야 하므로 상수 maxPeriod를 1,000개 펄스가 주파수에 비례하는 값을 제공하는 데 소요되는 주기로 나눈다.

특정 색상의 값을 얻을 때는 readRed, readGreen 및 readBlue라는 세 가지 함수를 따로 쓴다. 이 함수들을 사용하는 방식은 같다. readRed 함수는 다음과 같다.

```
int readRed() {
  return min((readColor(LOW, LOW) * redFactor),
             255);
}
```

이 '판독' 함수는 각기 적절한 색상 식별 비트가 설정된 readColor를 사용하고, 이 값을 인수 (이 경우 redFactor)에 맞게 조절한다. 마지막으로 min 함수를 사용해 색상값이 255를 초과하지 않는지 확인한다.

redFactor, greenFactor 및 blueFactor의 값은 모두 처음에 1.0으로 설정된다. 그러나 아두이노가 재설정되면 보정 함수가 호출되어 이 값을 자동으로 조절한다.

```
void calibrate() {
  Serial.println("Hold white paper in front of sensor.");
  Serial.println("then press Reset");
  redFactor = 255.0 / readColor(LOW, LOW);
  greenFactor = 255.0 / readColor(HIGH, HIGH);
  blueFactor = 255.0 / readColor(LOW, HIGH);
}
```

요약

다양한 센서가 있으며, 사람들은 대체로 아두이노나 라즈베리파이 또는 심지어 비교기를 사용하는 회로에 접속시켜 사용한다. 이 예제들이 과제물을 여러분이 직접 고안하는 데 도움이 되기를 바란다.

10장에서는 방향을 바꿔 소리 및 음성과 관련한 전자제품을 해킹해 볼 것이다.

## CHAPTER 10

오디오 해킹

10장에서는 오디오 전자기기를 살펴본 후에 소리를 만들고 증폭해 스피커를 구동하는 방법을 알아본다.

또한 자동차의 MP3 플레이어용으로 쓸 수 있게 FM 송신기를 해킹해, FM 송신기를 감시용 도청 장치로 작동시키는 방법을 알아본다.

우선, 우리는 오디오 케이블(audio leads, 오디오 접속도선)과 관련된 더 평범한 주제인 사용 방법, 수선 방법 그리고 직접 제작하는 방법을 살펴본다.

오디오 케이블 해킹

바로 사용할 수 있는 오디오 접속도선(즉, 오디로 리드선 또는 오디오 케이블)은 고품질 커넥터를 사용하지 않는 한 매우 저렴하게 구입할 수 있다. 때때로 접속도선이 급하게 필요하거나 흔하지 않은 접속도선이 필요하다면, 여러분의 폐품함에 있는 부품 또는 구입한 커넥터에서 전선을 연결하는 방법을 알아내면 도움이 될 것이다.

많은 소비자용 전자제품에는 다양한 범위의 접속도선이 제공되며, 구입한 품목과 함께 사용할 필요는 없다. 접속도선이 필요할 때가 언제인지 알 수 없으므로 폐품함에 보관해 두라.

그림 10-1은 오디오 플러그를 선정한 것이다. 일부는 접속도선이 납땜질된 형태로 설계되었으

며, 일부는 납땜질할 수 없는 접속도선 및 케이블 주위를 플라스틱으로 둘러싼 형태이다. 그러나 플라스틱으로 둘러싸여 있는 플러그도 여전히 유용하다. 플러그 자체를 납땜하기보다는 플러그에 연결되는 전선을 자르고 벗겨야 한다는 것을 의미한다.

그림 10-1 **다양한 오디오 플러그**

일반 원리

오디오 접속도선은 오디오 신호를 증폭기에 전달하는 것으로, 여러분은 최종적으로 소리의 품질에 영향을 줄 수 있는 전기적인 잡음을 집어내기를 바랄 것이다. 이러한 이유 때문에 오디오 접속도선(증폭 전)이 보통 차폐된다(그림 10-2).

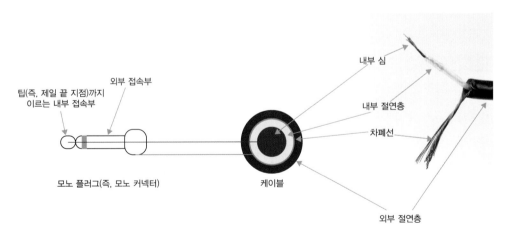

그림 10-2 **차폐된 오디오 접속도선**

오디오 신호 자체(또는 스테레오용 오디오 신호 두 가지)는 연선(즉, 여러 가닥으로 된 선)을 통해 전송되며, 접지 연결을 담당하는 차폐선으로 구성해 바깥 쪽에 둔 전도성 덮개 안에 넣어진다.

이런 방식의 예외는 확성기용 접속도선이다. 스피커 케이블은 들리는 잡음이 감지될 정도로 신호를 증폭하기 때문에 잡음 신호를 차폐하지 않는다.

오디오 커넥터 납땜

절연체가 한 층 이상으로 되어 있어서 오디오 커넥터를 벗기기가 더욱 어려워졌다. 실수로 차폐물을 자르기가 아주 쉽다. 오디오 커넥터를 벗기기 전에 외부 절연체를 사방으로 긁어내면 이 문제가 해결된다.

그림 10-3은 일렉트릭 기타를 증폭기에 연결하는 데 주로 사용되는 6.3mm 잭 플러그에 차폐된 접속도선을 납땜하는 과정을 보여 준다.

첫 번째 단계는 접속도선의 끝부분에서 약 20mm(1인치 미만)만큼 외부 절연체를 제거하고 접속도선의 한쪽으로 차폐 전선을 둘러싸 서로 꼬는 것이다. 내부 심 절연체(그림 10-3a)에서 약 5mm의 절연체를 벗긴다. 그런 다음, 양 끝을 도금 처리하라(그림 10-3b).

잭 플러그에는 두 개의 땜납 태그가 있다. 하나는 플러그의 바깥 부분이고, 다른 하나는 팁에 연결되어 있다. 둘 다 일반적으로 구멍이 있을 것이다. 그림 10-3c는 더 짧게 잘라 내어 땜질할 수 있게 준비된 구멍을 통해 밀어 넣은 차폐막을 보여 준다. 선별 검사가 완료되면 내부 심을 팁의 납땜 태그에 납땜한다(그림 10-3d).

이 전선은 매우 섬세하기 때문에 내부 심선을 약간 길게 하라(그림 10-3e). 그러면 플러그가 구부러져도 연결이 끊어지지 않는다. 플러그 끝에 있는 변형 방지 탭이 외부 절연체 주위로 조여 있다. 마지막으로, 플러그에는 종종 접속부들을 보호하는 플라스틱 슬리브가 있다. 이 슬리브를 접속부들 위로 밀어 넣은 후, 플러그 케이스를 나사로 조인다.

> **Tip** 접속도선의 다른 쪽 끝에 플러그가 있으면 두 번째 플러그를 납땜하기 '전에' 새 플러그 덮개와 플라스틱 슬리브를 접속도선에 밀어 넣으라. 그렇지 않으면 다시 땜납을 모두 제거해 풀어 놓아야 할 수도 있다. 인정하기는 싫지만 저자도 이런 실수를 상당히 많이 했다.

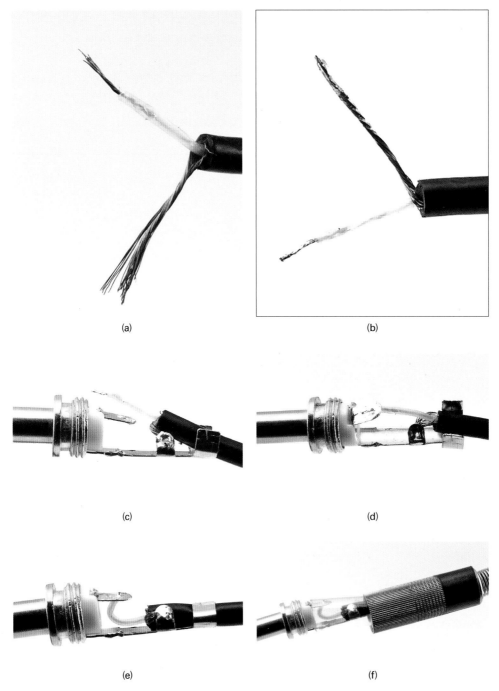

(a)   (b)

(c)   (d)

(e)   (f)

그림 10-3 **6.3mm 잭 플러그에 차폐된 접속도선을 납땜**

스테레오 신호를 모노로 변환하기

스테레오 오디오는, 두 개의 개별 스피커를 통해 재생할 때 스테레오 효과를 제공하는, 서로 약간 다른 오디오 신호 두 가지로 구성된다. 때로는 단일 채널(모노) 증폭기에 스테레오 출력을 입력해야 할 때가 있다.

이런 경우에 스테레오 신호 채널 중 하나(예: 왼쪽 채널)만 사용할 수 있을 것이므로 나머지 채널에 실린 모든 것을 잃게 된다. 그러므로 한 쌍의 저항기를 사용해 두 채널을 하나의 채널로 섞는 게 스테레오를 모노로 변환하기에 더 좋은 방식이다(그림 10-4).

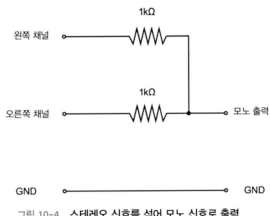

그림 10-4 스테레오 신호를 섞어 모노 신호로 출력

그림 10-4의 구성도를 보면 왼쪽 채널과 오른쪽 채널을 서로 직접 연결하는 것일 뿐이라고 생각할 수도 있을 것이다. 이 방식은 신호가 매우 다른 경우, 손상된 전류가 하나에서 다른 하나로 흐를 가능성이 있기 때문에 좋은 생각이 아니다.

예를 들면, 우리는 방금 접속도선에 납땜한 6.3mm 모노 잭을 사용하고, 이것을 한 쌍의 저항기와 3.5mm 스테레오 잭 플러그에 결합해, 예를 들면 MP3 플레이어를 기타 연습 증폭기에 꽂는 식으로 연결할 수 있다.

그림 10-5는 이와 관련된 여러 단계를 보여 준다. 저자는 쉽게 사진을 찍을 수 있게 하기 위해 접속도선을 짧게 만들었다. 여러분이라면 길게 만들고 싶을 것이다. 몇 야드 또는 몇 미터 더 길게 만들지만 않는다면 문제가 되지 않는다.

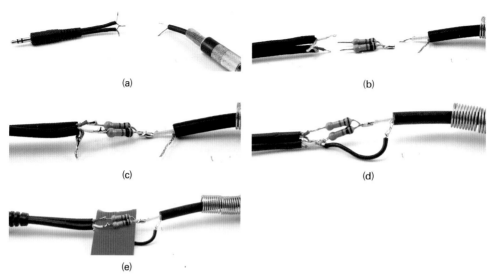

(a)

(b)

(c)

(d)

(e)

그림 10-5 **접속도선 만들기**

보기에 나온 3.5mm 플러그는 불필요한 접속도선에서 재생해 플라스틱으로 둘러싼 제품이다. 첫 번째 단계는 두 개의 접속도선을 벗겨 내는 것이다(그림 10-5a). 스테레오 플러그에는 한 쌍으로 된 2연선(twin cable) 안에 차폐된 접속도선이 두 개 있다. 스테레오 플러그의 두 채널의 차폐된 접지 연결이 함께 꼬여 있을 수 있다.

그림 10-5b와 같이 모든 접속도선의 끝부분을 도금한 후, 저항기를 함께 납땜하라.

그런 다음, 그림 10-5c와 같이 스테레오 및 모노 접속도선을 저항기에 납땜하고 짧은 길이의 전선을 잘라 내어 접지 연결을 연결한다. 납땜을 보기와 같이 단락시켜 그림 10-5d와 같이 단락시킬 수 있는 곳에 테이프를 붙여라.

마이크로폰 모듈 사용

마이크로폰(마이크)은 음파에 반응하지만, 음파는 공기 압력의 작은 변화이므로 마이크에서 나오는 신호는 대개 매우 희미하다. 사용 가능한 수준에 이르려면 증폭해야 한다.

마이크에서 나오는 신호를 증폭시키기 위해 완벽하게 약간의 증폭기를 만들 수 있지만, 증폭기가 내장된 마이크 모듈을 구입할 수도 있다. 그림 10- 6은 이러한 모듈을 보여 준다.

그림 10-6　**마이크 모듈**

마이크 모듈은 2.7~5.5V의 공급 전압을 필요로 한다. 이것은 아두이노와 인터페이스를 하기에 이상적이다.

11장에서는 오실로스코프를 좀 더 자세히 살펴본다. 그러나 지금은 일정한 음색이 생성되는 동안, 마이크 모듈에 연결될 때 오실로스코프가 표시할 내용을 미리 볼 수 있다(그림 10-7).

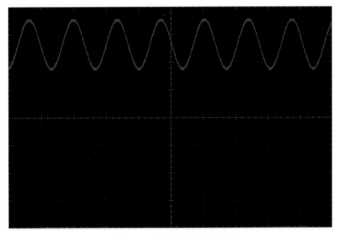

그림 10-7　**마이크 모듈의 출력**

오실로스코프는 소리를 표시한다. 우리의 경우에는, 일정하고 다소 자극적인 7.4kHz의 음색을 낸다. 가로축은 시간이며, 각 청색 사각형은 100마이크로초를 나타낸다. 수직축은 전압이고 각 사각형은 1V이다. 마이크 모듈의 출력은 약 1.8V와 3.5V 사이에서 매우 빠르게 변하는 전압이다. 파형의 가운데에서 수평선을 직선으로 그리면 약 2.5V가 된다. 이것은 0V와 5V 중간이다. 따라서 소리가 전혀 없으면 2.5V에서 평평한 선이 나타나고 소리가 커지면 파형이 어느 방향으로든 더 멀리 스윙(동요)한다. 그러나 5V보다 높거나 0V보다 낮지는 않다. 대신, 신호가 잘리고 왜곡된다.

표시된 마이크 모듈은 스파크펀(BOB-09964)에서 판매한다. 이것을 위한 구성도는 모든 디자인 파일과 함께 공개되었다. 그림 10-8은 일반적인 마이크 프리 증폭기(즉, 프리앰프 또는 마이크 애벌 증폭기)의 구성도를 보여 준다.

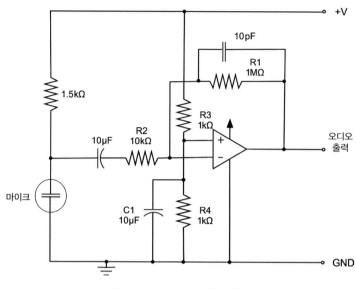

그림 10-8 **마이크 모듈의 구성도**

이 설계의 핵심이 되는 칩은 9장의 시작 부분에 있는 '라즈베리파이로 문턱값 감지하기' 단원에서 사용한 비교기와 비슷한 회로 기호로 표시한다. 그러나 이것은 비교기가 아니라 '연산 증폭기'(또는 간단히 '오피 앰프')로 알려진 유형의 증폭기 IC이다.

'+' 입력이 '-' 입력보다 높을 때 비교기가 출력을 켜는 반면, 연산 증폭기는 '+' 입력과 '-' 입력 간의 차이를 증폭한다. 연산 증폭기가 알아서 하게 내버려 두면 연산 증폭기는 이 차이를 수백만 배로 증폭한다. 이것은 입력상의 가장 작은 신호나 잡음을 0~5V에 이르는, 출력의 무의미한 스래싱(thrashing)[19]으로 바꾼다는 의미이다. 연산 증폭기를 길들이고 증폭 계수('이득'이라고 함)를 줄이기 위해 '피드백'이라는 것을 사용한다.

출력 중 일부를 취해 연산 증폭기의 음극 입력에 다시 공급하는 게 요령이다. 이렇게 하면 그림 10-8과 같이 R1과 R2의 비율에 따라 결정되는 양이 줄어 든다. 이 경우 R1은 1MΩ이고, R2는 10kΩ이므로 이득은 1,000,000 / 10,000 또는 100이다.

---

19 옮긴이 채찍질하는 듯한 과도하고 무의미한 출력 변화

마이크로폰에서 나온 해당 신호는 100배 증폭된다. 이것은 신호가 처음에는 얼마나 약한지를 보여 준다.

연산 증폭기의 '+' 입력은 R3과 R4를 전압 분할기로 사용해 GND와 5V 사이의 중간(2.5V)으로 유지된다. C1은 이것을 일정하게 유지하는 데 도움이 된다.

구성도에서 스트립보드와 같은 모듈을 어떻게 직접 만들 수 있는지 확인할 수 있다. 사용된 것과 같은 연산 증폭기(표면 실장형 장치)는 8핀 DIP 형태로도 제공된다. 어쨌든 이와 같은 모듈은 많은 노력을 덜어 주며, 처음부터 모듈을 구입해 구축하는 것보다 비용이 적게 든다.

연산 증폭기를 대충 소개하고 있다는 점을 나도 알고 있다. 연산 증폭기가 매우 유용한 장치이기는 하지만, 불행하게도 이 장치를 제대로 설명하려면 많은 지면이 필요하다. 위키피디아 사이트에서 연산 증폭기에 관한 좋은 정보를 얻을 수 있을 뿐만 아니라 폴 슈레즈와 내가 함께 저술한 《Practical Electronics for Inventors》(한국어판: 《프랙티컬 일렉트로닉스: 메이커를 위한 전자공학 바이블》, 제이펍, 2018년 내 출간 예정)라는 책은 이론을 중심으로 짜여 있는데, 이 책에서는 한 개 장을 할애해 연산 증폭기를 설명한다.

다음 단원에서는 이 모듈을 해킹된 FM 송신기와 결합하고 자동차 라디오를 거쳐 MP3 플레이어를 재생해 오디오 '도청 장치'를 생성하는 데 사용한다.

FM 도청 장치 만들기

마이크로폰에서 잡아 낸 소리를 근처에 있는 FM 무선 수신기로 송출하는 FM 송신기를 만들려면 많은 노력이 필요하다. 우리는 해커이다. 그래서 우리는 속임수를 써서 FM 송신기를 분해한 후, 마이크 모듈에 연결한다. 그림 10-9는 이 해킹의 최종 결과를 보여 준다.

그림 10-9 **FM 라디오 도청 장치**

필요 물품

도청 장치를 만들려면 다음과 같은 물품이 필요하다.

수량	품목	부록 코드
1	마이크 모듈	M5
1	MP3 플레이어용 FM 송신기 *	
1	FM 라디오 수신기	

* 적합한 FM 송신기의 경우 'fm transmitter mp3 car.'라는 검색어를 사용해 이베이에서 검색해 보라. 5달러가량을 지불하고 가장 기본적인 모델을 찾으라. 리모컨이나 SD 카드 인터페이스가 필요 없다. 오디오 입력 접속도선이 있는 무언가를 원할 뿐이므로 단순화를 위해 두 개의 AA 또는 AAA 전지(3V)로 실행된다.

제작하기

이번 과제는 무척 쉽다. 그림 10-10은 도청 장치에 대한 구성도를 보여 준다.

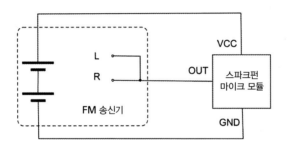

그림 10-10 **무선 도청 장치에 대한 구성도**

FM 송신기의 3V 전지는 마이크 모듈에 전원을 공급하는 데 사용되며, 마이크 모듈의 단일 출력은 스테레오 FM 송신기의 왼쪽 및 오른쪽 입력에 모두 연결된다.

그림 10-11은 FM 송신기가 마이크 모듈을 연결하기 위해 어떻게 수정되는지를 보여 준다.

첫 번째 단계는 케이스를 고정하는 나사를 풀어 분리하는 것이다. 이번 장치에서는 접속도선을 대체로 안테나로 사용하므로 접속도선의 대부분을 그대로 둔 채 플러그만 잘라 낸다. 접속도선 내부의 전선 세 개를 벗겨 내고 도금 처리하라(그림 10-11a).

그림 10-11a의 세 전선을 보면 적색 전선이 오른쪽 신호, 왼쪽이 흰색, 흑색은 접지이다. 이것은 일반적인 규칙이지만 전송선에 해당하는게 무언지 잘 모르겠다면 끊어 놓은 접속도선의 플러그 끝에서 전선을 벗기고 멀티미터의 연속성 설정을 사용해 어떤 접속도선이 어떤 플러

그에 연결되어 있는지 확인한다. 가장 끝 쪽에 있는 팁과 이웃해 있는 고리는 왼쪽과 오른쪽 신호여야 하며, 플라스틱에 가장 가까운 금속은 접지 접속부여야 한다.

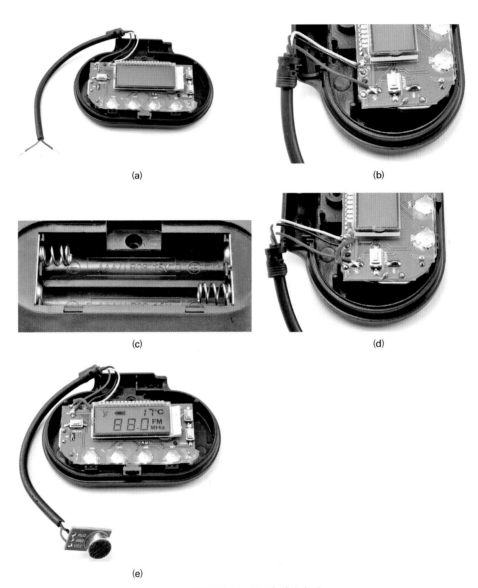

(a)

(b)

(c)

(d)

(e)

그림 10-11 **FM 송신기 수정**

우리는 접지에서 손을 떼면서 접속부들을 그대로 남겨 두었지만, 일단 전선을 분리하고 전지의 3V 접점에 연결하라(그림 10-11b). 이 송신기에서 PCB 밑에 놓인 전지 소켓의 양극 단자는 PCB의 윗면에 납땜된다.

양극 접속부를 찾으려면 전지 소켓을 주의 깊게 살펴보라. 그림 10-11c에서 보기 왼쪽의 금속 조각은 상단 셀의 음극과 하단 셀의 양극을 연결하는 것을 볼 수 있다. 따라서 3V 접속부가 전지 소켓의 오른쪽 상단 접속부가 될 것이므로 PCB 상단에 나타나는 곳을 따라가 보라. 전선들로 연결되어 있는 경우, 오디오 잭 접속도선의 적색 선이 연결될 적절한 위치를 찾으라.

그림 10-10의 구성도를 다시 참조하면 좌우 채널을 연결하려면 전선을 약간 만들어야 한다(그림 10-11d). 모든 변경이 완료되면 그림 10-11e와 같이 보인다.

테스트

송신기의 켬/끔 버튼은 마이크 모듈로 가는 전력에 영향을 주지 않는다. 따라서 도청 장치를 완전히 끄려면 전지를 제거해야 한다.

모듈을 테스트하려면 FM 송신기의 주파수를 라디오 방송국이 점유하지 않은 주파수로 설정한 후, 라디오 수신기를 동일한 주파수로 설정하라. 여러분은 라디오를 통해 다시 들리는 하울링 소리(즉, 간섭 울림)를 들을 수 있다. 이를 방지하려면 라디오 수신기를 다른 방에 가져가라. 여러분은 도청 장치를 통해 방 안에서 벌어지는 일을 꽤 선명하게 들을 수 있어야 한다.

확성기 선택

확성기는 라디오 시대의 초기부터 모양이 크게 변하지 않았다. 그림 10-12는 확성기의 작동 방식을 보여 준다.

콘(종이로 만들어지는 경우가 많음)의 끝부분을 가벼운 코일이 둘러싸고 있고, 코일은 스피커의 프레임에 부착된 고정 자석 안에 자리 잡고 있다. 코일이 증폭된 오디오 신호에 의해 구동되면, 오디오에 맞춰 제 때에 자석쪽으로 또는 자석에서 먼 쪽으로 움직인다. 이 과정에서 공기 중에 압력파를 만들게 되므로 소리가 난다.

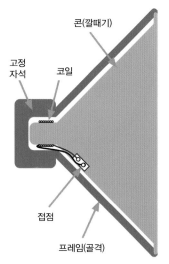

그림 10-12 **확성기 작동 방식**

전자공학적으로 말하면, 확성기는 마치 코일처럼 보인다. 이것과 같은 확성기를 사면 확성기의 저항이 크다는 점도 알게 될 것이다. 대부분의 스피커의 저항은 8Ω이지만, 일반적으로 4Ω 및 60Ω 스피커도 찾아볼 수 있다. 8Ω 스피커의 코일 저항을 측정한다면 실제로는 약 8Ω이라는 것을 알 수 있다.

스피커와 관련하여 일반적으로 언급되는 또 다른 수치는 전력이다. 이것은 코일이 너무 뜨거워져 타버리기 전에 스피커를 어느 만큼 세게 구동할 수 있는지를 결정한다. 소형 라디오 수신기에 넣을 수 있는 소형 스피커의 경우, 250mW 이상의 값은 일반적이지 않다. 하이파이(hi-fi, 즉 고충실) 세트로 사용할 스피커 유형에 가까워질수록 수십 와트 또는 수백 와트의 수치가 표시된다.

일반적으로 20Hz~20kHz로 표준화된 가청 주파수 범위를 모두 아우를 수 있는 스피커를 만들기는 무척 어렵다. 따라서 많은 스피커를 한 상자에 묶어 두는 하이파이 스피커를 자주 볼 수 있다. 이러한 것으로는 '우퍼'(저주파용) 및 '트위터'(고주파용)가 있다. 우퍼만으로는 고주파를 따라잡을 수 없으므로 '크로스 오버 네트워크(즉, 교차 회로망)'라는 모듈을 사용해 저주파와 고주파를 분리하고 두 가지 유형의 스피커를 별도로 구동한다. 때로는 한 단계 더 나아가 세 가지 구동 장치가 사용된다. 하나는 저음용, 하나는 중음용, 다른 하나는 고음용 트위터이다.

인간의 귀는 고주파수 음향의 방향을 아주 쉽게 찾아낼 수 있다. 여러분이 나무에서 새가 지저귀는 소리를 듣는다면, 그것이 어디에 있는지 생각할 필요 없이 바로 찾아볼 수 있을 것이다. 낮은 주파수라면 그렇게 하지 못한다. 이러한 이유로 서라운드 사운드 시스템에는 종종 하나의 저주파수를 담당하는 '우퍼' 한 대와 중대역 이상의 주파수를 처리하는 스피커 여러 대가 있다. 이런 면이 오히려 도움이 되는데, 저음을 생성하기 위해 많은 양의 공기를 상대적으로 천천히 밀어 붙이기 위해서는 베이스 스피커가 고주파수 장치보다 훨씬 더 커야 하기 때문이다.

1와트짜리 오디오 증폭기 제작

확성기를 구동하기 위해 소형 증폭기를 제작할 때는 TDA7052와 같은 IC가 있으면 훨씬 쉬워지며, TDA7052는 1달러 미만의 칩 가격으로 필요한 모든 부품을 갖추고있다. 이번 단원에서는 스트립보드에 작은 증폭기 모듈을 만든다(그림 10-13).

그림 10-13 **1와트 증폭기 모듈**

자신의 증폭기를 만드는 대신 미리 기성품 모듈을 구입하는 방법도 있다. 이러한 모듈들은 다양한 출력과 모노 및 스테레오 구성을 지원한다. 이베이는 스파크펀(BOB-11044) 및 에이다 프루트(제품 ID 987)와 같은 모듈을 구입하기 좋은 곳이다. 이러한 모듈은 종종 '클래스 D'라는 고급 유형의 디자인을 사용한다. 이 유형의 모듈은 우리가 구축할 모듈보다 훨씬 효율적으로 에너지를 사용한다.

그림 10-14는 TDA7052 증폭기의 일반적인 구성도를 보여 준다.

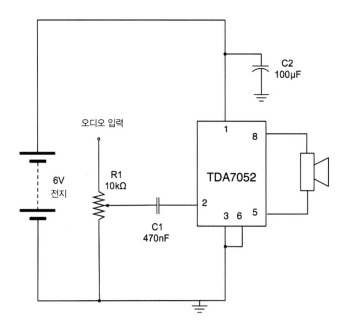

그림 10-14 **일반적인 TDA7052 증폭기 구성도**

R1은 음량 조절기로 작동해 증폭되기 전에 신호를 줄인다.

C1은 신호를 생성하는 오디오 장치로부터 신호가 가질 수 있는 바이어스 전압을 전달하지 않고, 오디오 IC를 증폭기 IC의 입력으로 전달하는 데 사용된다. 이러한 이유로 커패시터를 사용할 때, 이를 결합 커패시터(coupling capacitor)라고 한다.

C2는 스피커에 공급되는 전력의 급격한 변화에 대비해 증폭기가 필요할 때면 신속하게 끌어당길 수 있는 전하 저장기를 제공하는 데 사용된다. 이 커패시터는 IC에 가깝게 배치해야 한다.

필요 물품

증폭기 모듈을 만들려면 다음과 같은 물품이 필요하다.

수량	이름	품목	부록 코드
1	IC1	TDA7052	S9
1	R1	10kΩ 가변 저항기	K1, R1
1	C1	470nF 커패시터	K1, C3
1	C2	100µF 커패시터	K1, C2
1		8Ω 스피커	H14
1		스트립보드	H3

제작하기

그림 10-15는 증폭기 모듈의 스트립보드 배치도를 보여 준다. 이전에 스트립보드를 사용하지 않았다면 4장의 '스트립보드 사용하기(LED 점멸기)' 단원을 읽어 보라.

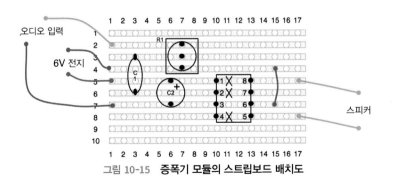

그림 10-15 **증폭기 모듈의 스트립보드 배치도**

모듈을 제작하려면 그림 10-16의 단계를 따르라.

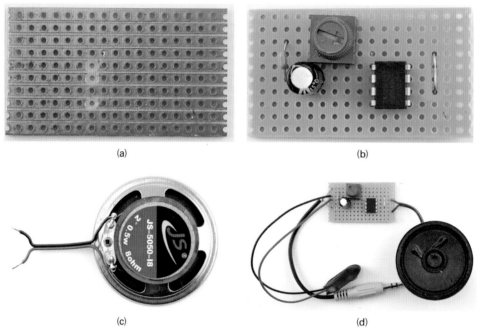

(a)   (b)

(c)   (d)

그림 10-16   오디오 증폭기 모듈 만들기

먼저 스트립보드를 자르고 드릴 비트(그림 10-16a)를 사용해 트랙에서 세 개의 절단 부분을 만든다.

다음 단계는 연결선을 제자리에 납땜한 후, IC, C1, C2 및 R1을 순서대로 납땜하는 것이다(그림 10-16b). 보드에 대해 가장 낮은 쪽에 있는 부품을 먼저 납땜하는 편이 제일 쉽다.

스피커에 접속도선(그림 10-16c)을 연결하고 마지막으로 3.5mm 스테레오 잭 플러그(그림 10-16d)에 전지 클립과 접속도선의 말단을 부착하라. 오디오 케이블의 한 개 채널만 사용된다는 점에 유의하라. 왼쪽과 오른쪽 채널을 모두 사용하려면 한 쌍의 저항기를 사용해야 한다(10장의 앞부분에 있는 '오디오 케이블 해킹' 단원 참조).

시험

증폭기를 MP3 플레이어에 연결해 사용하거나 안드로이드 스마트폰 또는 아이폰을 사용하는 경우라면, 그림 10-17과 같은 신호 발생기 응용 프로그램을 내려받을 수 있다. 라돈소프트(RadonSoft)의 안드로이드용 앱을 포함해 많은 앱이 무료이다.

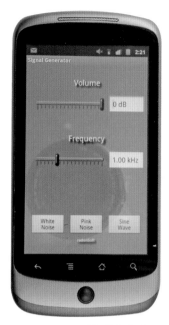

그림 10-17 신호 생성기 앱

이 앱을 사용하면 선택한 주파수로 음색을 재생할 수 있다. 스피커 음량이 떨어지기 시작하면 증폭기 모듈의 유용한 주파수 범위를 알아낼 수 있다.

555 타이머로 음색 생성하기

4장에서 555 타이머를 사용해 한 쌍의 LED를 깜박였다. 이번 단원에서는 훨씬 높은 주파수에서 진동하는 555 타이머 IC를 사용해 오디오 음색(즉, 오디오 톤)을 생성하는 방법을 살펴본다. 광저항기로 피치를 제어할 수 있게 함으로써 마치 테레민[20]을 사용하는 것 같은 방식으로, 광 센서 위로 손을 흔들어 피치를 바꿀 것이다. 그림 10-18은 브레드보드에 내장된 음 발생기를 보여 준다.

그림 10-18 555 타이머 IC로 음 생성하기

그림 10-19는 음 발생기(tone generator)의 구성도를 보여 준다.

---

20 옮긴이 직접적인 접촉 없이 전자기장 간섭 등을 이용해 손을 허공에 저어 연주하는 악기

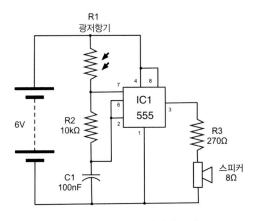

그림 10-19 **555 음 발생기의 구성도**

이것은 4장에 나온 LED 점멸기의 설계와 비슷하다. 이 경우 두 개의 고정 저항기와 주파수를 설정하는 커패시터 대신 R1이 LDR이며, 그 저항은 떨어지는 빛에 따라 약 1kΩ과 4kΩ 사이에서 변한다. 우리는 LED 점멸 회로보다 훨씬 더 높은 주파수가 필요하다. 사실, 최대 주파수가 약 1kHz인 것을 목표로 한다면, 우리는 전에 가지고 있었던 주파수의 약 1,000배가 필요하다.

555 타이머는 다음 공식으로 결정된 주파수에서 발진한다.

$$\text{주파수} = 1.44 / ((R1 + 2 \times R2) - C)$$

여기서 R1, R2 및 C1의 단위는 Ω 및 F이다.

따라서 C1에 100nF 커패시터를 사용하고 R2가 10kΩ이고, R1(LDR)이 1kΩ의 최소 주파수를 갖는다면 다음과 같은 주파수를 기대할 수 있다.

$$1.44 / ((1000 + 20000) \times 0.0000001) = 686\text{Hz}$$

LDR의 저항이 4kΩ로 증가하면 주파수는 다음과 같이 떨어진다.

$$1.44 / ((4000 + 20000) \times 0.0000001) = 320\text{Hz}$$

주파수를 계산하고 R1, R2 및 C1의 어떤 값을 사용할지 결정할 때, www.bowdenshobbycircuits.info/555.htm에 있는 온라인 계산기를 사용해 주파수를 계산할 수 있다.

필요 물품

증폭기 모듈을 만들려면 다음과 같은 물품이 필요하다.

수량	이름	품목	부록 코드
1	IC1	555 타이머 IC	K1, S10
1	R1	광저항기	K1, R2
1	R2	10kΩ 저항기	K1
1	R3	270Ω 저항기	K1, C4
1	C1	100nF 커패시터	K1, C5
1		8Ω 스피커	H14

제작하기

그림 10-20은 음 발생기의 브레드보드 배치도를 보여 준다.

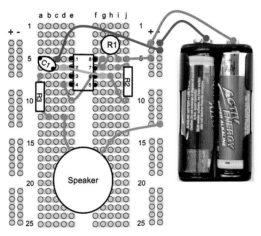

그림 10-20 **신호 발생기 앱**

이 설계를 스트립보드에 아주 간단하게 적용할 수 있다. 4장의 '스트립보드(LED 점멸기) 사용하기' 단원의 스트립보드 배치도는 좋은 출발점이 될 것이다.

USB 뮤직 컨트롤러 만들기

애이블톤 라이브(Ableton Live)와 같은 음악 소프트웨어는 키보드를 에뮬레이션하는 USB 컨트롤러가 가상 악기를 제어해 모든 종류의 흥미진진한 작업을 수행할 수 있도록 설계되었다. 아두이노 레오나르도의 USB 키보드 에뮬레이션 기능을 가속도계와 함께 사용하면 보드를 기울이는 것만으로 0에서 8 사이의 숫자를 누를 수 있다. 보드가 수평 상태이면 4가 눌려지고, 오른쪽으로 거의 수직으로 기울이면 0이 눌려진다. 그리고 다른 방향으로 기울이면 8이 눌려진다.

아두이노에 붙어 있는 유일한 하드웨어는 가속도계이다(그림 10-21의 오른쪽 아래에 표시).

그림 10-21　**USB 뮤직 컨트롤러**

필요 물품

이 컨트롤러를 구축하려면 다음과 같은 물품이 필요하다.

수량	품목	부록 코드
1	아두이노 레오나르도	M21
1	가속도계	M15(에이다프루트 버전)

제작하기

이 과제에서 실제로 구축할 수 있는 것은 거의 없다. 구성도는 실제로 9장의 '아두이노 에그 앤 스푼' 단원과 같다. 프리트로닉스(Freetronics) 가속도계도 작동하지만, 가속도계를 연결하기 전에 핀 할당을 변경해야 한다.

소프트웨어

뮤직 컨트롤러용 소프트웨어는 키보드를 누르는 일을 에뮬레이트해 X축의 기울기 각도를 감지하는 코드를 결합한다.

첫 번째 단계는 사용할 핀을 지정하는 것이다. 가속도계 모듈은 출력 핀으로 전력이 공급된다.

```
// music_controller
int gndPin = A2;
int xPin = 5;
int yPin = 4;
int zPin = 3;
int plusPin = A0;
```

변수 levelX는 보정하는 중에 사용되며, 가속도계가 평평한 경우 아날로그 값을 유지한다.

oldTilt 변수에는 보드 기울기의 이전 값인 0과 8 사이의 값(4는 레벨을 의미)이 포함된다. 이전 값이 기억되므로 키 누름은 틸트 각도가 변경된 경우에만 전송된다.

```
int levelX = 0;
int oldTilt = 4;
```

setup 함수는 출력 핀이 가속도계에 전원을 공급하도록 설정하고 calibrate를 호출하며 레오나르도 키보드 에뮬레이션 모드를 시작한다.

```
void setup()
{
  pinMode(gndPin, OUTPUT);
  digitalWrite(gndPin, LOW);

  pinMode(plusPin, OUTPUT);
  digitalWrite(plusPin, HIGH);
  calibrate();
  Keyboard.begin();
}
```

메인 루프에서 가속도계 판독값은 0과 8 사이의 숫자로 변환되고, 마지막 판독값 이후에 변경된 경우 키 누름이 생성된다.

```
void loop()
{
  int x = analogRead(xPin);
  // levelX-70 levelX levelX + 70
  int tilt = (x - levelX) / 14 + 4;
  if (tilt < 0) tilt = 0;
  if (tilt > 8) tilt = 8;
  // 0 left, 4 is level, 8 is right
  if (tilt != oldTilt)
  {
      Keyboard.print(tilt);
      oldTilt = tilt;
  }
}
```

calibrate 함수는 가속도계가 제대로 커지는데 200밀리초가 지난 후에 x 축 가속도를 초기 판독한다.

```
void calibrate()
{
  delay(200); // give accelerometer time to turn on
  levelX = analogRead(xPin);
}
```

요약

방금 언급한 방법 외에도 많은 오디오 모듈을 사용할 수 있다. 저비용 스테레오 전력 증폭기(즉, 파워앰프)는 이베이와 스파크펀 및 에이다프루트와 같은 공급 업체에서 제공된다.

컴퓨터용으로 제작된 초저가 증폭 스피커를 구입해 프로젝트에서 다시 사용할 수도 있다.

## CHAPTER 11

전자기기 수리 및 분해

11장에서 우리는 물건을 분해한 후, 다시 조립해 보거나 부품을 회수하기 위해 분해하는 일을 살펴볼 것이다.

오늘날의 '쉽게 내버리는' 사회에서 고장 난 소비자용 가전제품은 바로 쓰레기통으로 던져진다. 경제면에서 간단히 생각해 보면 수리공에게 돈을 지불할 만한 가치가 없기 때문일 것이다. 그렇다고 해서 수리해서 쓸 만한 가치가 없다는 뜻은 아니다. 수리하지 못하게 되더라도, 쓸 만한 일부 부품을 떼어 내 과제에 사용할 수 있을 것이다.

감전사 방지

가정용 전기로 작동하는 물건을 콘센트에 꽂은 채로 작업하지 마라. 나는 사실 가전기기용 전기 플러그를 바로 내 앞 눈에 보이는 쪽에 두어, 플러그가 꽂혀 있지 않다는 점을 알고 작업하는 것을 좋아한다. 가정용 전기로 매년 많은 사람이 목숨을 잃으므로 주의해서 다뤄야 한다.

스위치 모드 전원공급장치와 같은 일부 장치에는 장치를 플러그에서 떼어 낸 후에도 몇 시간 동안이나 충전량을 유지할 수 있는 고용량 커패시터가 들어 있다. 순진한 손가락이 회로를 연결해 줄 때까지 이 커패시터는 그저 대기할 뿐이다.

매우 작은 커패시터가 아니라면 드라이버로 접속도선을 단락시키는 바람에 방전되게 해서는 안 된다. 대형 고전압 커패시터는 드라이버의 끝부분을 녹이고, 그렇게 녹은 금속을 주위로 튕겨 낼 정도로 순식간에 엄청나게 많은 전하를 공급할 수 있다. 이런 식으로 폭발하는 커패시터 때문에 실명하는 일이 발생하기도 하므로 주의해야 한다.

그림 11-1은 커패시터를 안전하게 방전하는 방법을 보여 준다.

그림 11-1 **커패시터의 안전한 방전**

100Ω 저항기의 다리를 커패시터 접점들에 맞춰 구부려 대고, 플라이어로 해당 저항기를 몇 초 동안 잡고 있는다. 전압계의 가장 높은 설정을 사용해 커패시터가 안전한 수준(말하면 50V)으로 방전되었는지 확인할 수 있다. 와트 수가 큰 저항기가 있다면 더 좋다. 충분한 힘을 지니지 않은 저항기는 파손되지만, 커패시터가 위험하게 방전될 때처럼 눈이 부시지는 않다.

고통스럽고 때로는 치명적인 한 방을 노리는 장치들에는 다음과 같은 것들이 있다.

- 오래된 유리 CRT TV
- 스위치 모드 전원공급장치
- 카메라 플래시 건 및 플래시가 있는 일회용 카메라

무언가를 분해했다가 다시 조립하기

'바보라도 어떤 물건을 분해할 수는 있지만, 다시 조립하는 일은 완전히 별개 문제이다'라는 말이 있다. 물건을 분해하면 일반적으로 더 이상 보증 수리를 받을 수 없게 된다. 여러분이 다음과 같은 몇 가지 간단한 규칙을 따르면, 아무런 문제도 발생하지 않는다.

- 크고 깨끗한 작업 공간이 있다.

- 나사를 빼낼 때는 빼낸 순서대로 작업대에 둔다. 때로는 나사 크기가 저마다 다를 수 있다. 나사를 건드리거나 나사가 굴러다닐 것 같으면 그것을 스티로폼 조각이나 이와 비슷한 것에 끼워 놓아라.

- 나사를 풀고 나서 케이스를 분해할 때 스위치 버튼과 같은 플라스틱 조각이 떨어지지 않는지 주의하라. 그것들을 떼어 낼 때가 되기 전까지는 제자리에 있게 하라.

- 쉬워 보이지 않으면 그림으로 대충 그려 두거나 사진을 찍어 두라. 헤어 드라이어나 스트레이트너(머리 펴는 기구)와 같이 큰 기계 설계 요소가 있는 물건을 수리할 때면 나는 사진을 많이 찍어 둔다.

- 물건을 억지로 떼어 내지 마라. 맞물린 곳들이 어디인지 살펴보라.

- 그 밖의 모든 방법이 실패한 경우, 톱니 모양으로 케이스를 잘랐다가(저자가 과거에 의지했던 방식), 나중에 케이스를 다시 접착제로 이어 붙여라.

퓨즈 점검

가전기기를 가장 간단히 수리하는 문제는 퓨즈와 관련이 있다. 시험해 보기 쉽고, 고치기 쉽기 때문에 편리하다. 퓨즈는 기본적으로 전류가 지나치게 흐르면 타 버리게 설계된 전선이다. 이렇게 하면 더 비싼 부품을 더 이상 손상시키지 않을 수 있고, 불이 나는 일도 막을 수 있다.

때로는 퓨즈가 제거되는 바람에 내부의 전선이 끊어져 '날아가 버린' 것을 볼 수 있다. 퓨즈 정격은 암페어로 표시하며, 대개 A 또는 mA의 최대 전류를 표시하도록 레이블이 지정된다. 퓨즈는 또한 '빨리 날리는 것'과 '느리게 날리는 것'으로 나온다. 여러분이 예상한 대로, 이 종류에 따라 퓨즈가 과전류에 반응하는 속도가 결정된다.

일부 가정용 전기 플러그에는 퓨즈 소켓이 들어 있으며, PCB에서도 퓨즈를 찾을 수 있다.

그림 11-2a ~ c는 영국식 퓨즈 플러그의 안쪽과 저자가 사용하는 멀티미터용 PCB상의 퓨즈 소켓을 보여 준다.

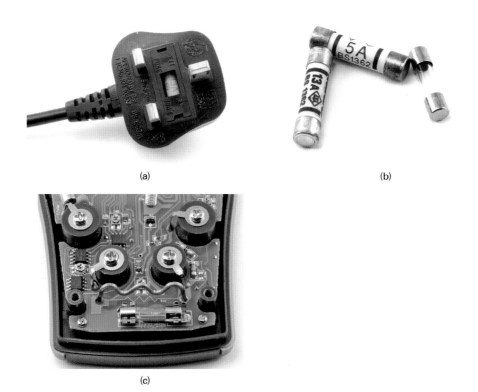

(a)

(b)

(c)

그림 11-2 **퓨즈**

여러분은 아마도 퓨즈를 시험하는 방법을 추측해 볼 수 있을 만큼, 멀티미터를 연속성 모드에서 충분히 사용해 보았을 것이다(그림 11-3).

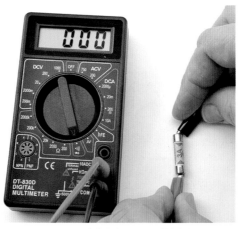

그림 11-3 **멀티미터로 퓨즈 시험하기**

퓨즈가 끊어졌다면 그럴 만한 이유가 있을 것이다. 그러나 때로는 전력선의 순간적인 스파이크(즉, 극파)나 아주 추운 날에 전기난로를 켤 때와 같은 다른 이유로 인해 끊어진다. 따라서 일반적으로 장치에 문제가 있다는 명백한 징후(전선이 빠져 있거나 삐걱거리는 소리가 나는지 살펴보라)가 없는 경우라면 일단 퓨즈를 교체해 보라.

퓨즈를 고쳐도 즉시 퓨즈가 끊어진다면 퓨즈를 갈아 보았자 소용이 없다. 퓨즈를 갈기보다는 문제가 일어나는 원인을 찾아야 한다.

전지 시험

흔히 기기가 작동하지 않는 또 다른 이유로는 다 써 버린 전지를 들 수 있다. 전압을 간단히 측정하면 전지를 다 썼는지를 알 수 있다.

시험하는 동안 AA 또는 AAA와 같은 1.5V 전지가 1.2V 미만으로 표시되거나 9V 전지가 8V 미만으로 표시된다면, 전지를 버릴 때가 된 것이다.

그러나 전력을 공급하지 않을 때 표시되는 전지의 전압은 약간의 부정확할 수 있다. 더 정확히 살펴보려면 100Ω 저항기를 '모조' 부하(즉, 꼭두 부하)로 사용하라. 그림 11-4는 전지의 상태를 평가하는 데 사용되는 저항기 및 멀티미터를 보여 준다.

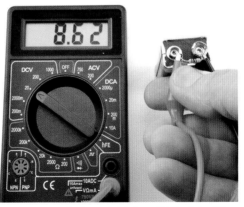

그림 11-4 **저항기 및 멀티미터를 사용한 전지 시험**

발열소자 시험

오븐, 헤어 드라이어 등에 있는 발열소자가 의심되는 경우, 저항을 측정해 이를 확인할 수 있다. 가정용 전기를 사용하는 것과 마찬가지로 기기가 완전히 플러그에서 분리되어 있는 경우에만 이 작업을 수행하라.

저항을 측정하기 전에 그 저항이 무엇이라고 생각하는지 대략적으로 연구하는 것이 좋다. 예를 들어, 2kW 220V인 발열소자가 있는 경우, 다음 식을 다시 정리하라.

$$P = V^2 / R$$

에서

$$R = V^2 / P = 220 \times 220 / 2000 = 24\Omega$$

발열소자를 측정하기 전에 예상한 바를 계산해 보는 게 늘 바람직한데, 이는 발열소자 측정부터 한다면, 발열소자가 여러분이 기대했던 것이라고 확신하기가 쉽기 때문이다. 예를 들어, 한 번은 여러분의 겸손한 이 저자는 의심되는 부분의 저항이 몇 백 Ω에 이른 것을 보고는 나름대로 괜찮다고 확신했다. 결국, 발열소자와 병렬로 놓인 전구가 있어서 해당 소자 자체가 고장 났다.

고장 난 부품을 찾아 교체하기

무엇인가가 PCB에서 작동하기를 멈추면, 무엇인가는 종종 불에 타 버린다. 이렇게 되면 때로는 부품 주변이 까맣게 타 버린다. 저항기와 트랜지스터가 공범이다.

부품 시험하기

저항기는 그것의 저항 범위로 설정된 멀티미터로 시험해 보기 쉽다. 결과가 부정확할 수는 있지만, 제거하지 않은 채로 시험할 수 있다. 대체로 여러분은 개방 회로나 매우 높은 저항 또는 때때로 합선(0Ω)된 부분을 찾게 된다.

멀티미터에 정전용량(즉, 커패시턴스 또는 전기용량) 범위가 있는 경우, 이것도 쉽게 시험해 볼 수 있다.

그 밖의 부품들은 쉽게 식별되지 않는다. 일반적으로 포장재의 겉면에는 어떤 종류의 장치 이름이 새겨져 있다. 돋보기는 디지털 사진을 찍은 후, 크게 확대해 볼 때 유용하다. 식별 표식을 찾은 후 즐겨 찾는 검색 엔진에 입력해 보라.

양극성 트랜지스터도 시험해 볼 수 있다(12장의 '멀티미터를 사용해 트랜지스터 시험하기' 단원 참조). 그러나 여유가 있다면 교체하는 것이 더 쉽다.

땜납 제거

확실히 땜납 제거에는 요령이 필요하다. 땜납을 흘리기 위해 종종 땜납을 보충해야 할 때가 있다. 나는 스폰지를 사용해 계속 청소해 둔 납땜 인두 끝으로 땜납을 끌어당기는 게 효과적이라는 점을 알게 되었다.

땜납 제거용 심지(부록의 T13 참조)도 무척 효과적이다. 그림 11-5는 땜납을 부품 접속도선 주변에서 제거할 수 있도록 땜납 제거용 심지(즉, 솔더윅)를 사용하는 단계를 보여 준다.

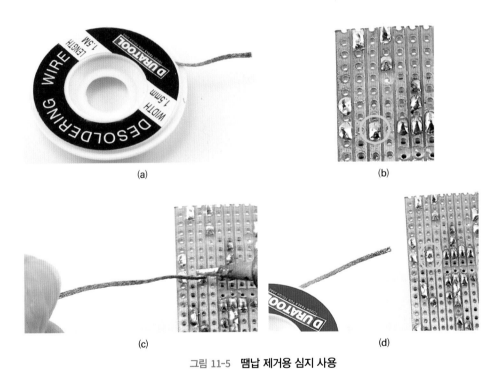

(a)

(b)

(c)

(d)

그림 11-5 **땜납 제거용 심지 사용**

땜납 제거용 심지(그림 11-5a)는 작은 릴에 짧게 감아 공급된다. 이 심지는 그다지 많이 필요하지 않다. 심지는 땜납이 흘러나와 PCB 또는 스트립보드 구리로 잘 흘러내리게 하는 플럭스

(즉, 땜납 용해제)가 함유된 편조선(즉, 베 짜듯 짜서 만든 선)이다.

그림 11-5b는 땜납을 제거할 접속부(황색 원)이다. 납땜 인두(그림 11-5c)로 접속부에 심지를 눌러 붙이면, 접속부에 있는 땜납의 얼룩이 심지로 녹아 들기 시작해야 한다. 전체가 다 뜨거워지면 심지를 떼어 내면 되는데, 이때 땜납이 심지로 묻어 가서 접속부는 깨끗해야 한다(그림 11-5d).

심지에서 땜납이 스민 부분을 잘라 버리면 된다.

부품을 떼어 내기에 충분할 만큼 땜납을 제거하려면 이 작업을 여러 번 해야 할 수도 있다.

교체

교체할 부품을 납땜하기는 간단하다. 그저 올바른 방법으로 납땜하도록 애쓰기만 하면 된다. 교체하기 전에 보드 사진을 찍어 두는 게 바람직하다.

유용한 부품 떼내어 쓰기

고장 난 소비자용 가전제품은 훌륭한 부품 공급원이다. 그러나 일부 부품은 아껴 둘 만큼 가치가 없으므로 신중히 선택해야 한다. 저항기는 너무 싸서 저항기를 떼어 낼 가치가 없다.

나는 다음과 같은 부품을 따로 떼어 내 쓴다.

- 모든 종류의 전동기
- 커넥터
- 결속선
- 7 세그먼트 LED 디스플레이
- 확성기
- 스위치
- 대형 트랜지스터 및 다이오드
- 대형 커패시터 또는 흔치 않은 커패시터
- 돌려서 떼어 낼 수 있는 너트와 볼트

그림 11-6은 고장 난 비디오 카세트의 내부 모습을 보여 주는데, 떼어 내 쓸 만큼 더 흥미로운 부분이 있다.

전원 접속 단자와 완충 고무
(스트레인 릴리프 그로멧)

UHF 텔레비전 조정기. 아두이노를
사용한 핑퐁 게임용?

관심 가는 전동기

쓸 만한 직류
전동기

큰 전해질
장치 몇 개

접속도선이 길어 쓰기에
좋은 표시 장치

적외선 수신
모듈

만져지는 누름 스위치:
떼어 내 쓸 만하다.

그림 11-6 **VCR 부품을 떼어 내 쓰기**

니퍼로 자르면 많은 부품이나 결속선과 같은 것들을 가장 쉽게 떼어 낼 수 있다. 큰 전해질 커패시터 및 기타 품목도 접속도선이 충분히 길다면 해 볼 만한 방법이다. 이 방법이 통하지 않으면 해당 물품의 땜납을 제거하면 된다.

휴대전화 충전기 재사용

전자제품을 대상으로 하는 모든 일에는 일종의 전원이 필요하다. 전자제품이 때로는 전지로 작동하지만, 가정용 전기로 장치에 전력을 공급하는 게 더 편리하다.

우리들 중 대부분의 서랍에는 오래된 휴대전화기와 충전기가 가득차 있을 것이므로 오래된 휴대전화 충전기를 다시 사용할 수 있어야 한다. 새 휴대전화기라면 미니 USB나 마이크로 USB와 같은 종류의 표준 커넥터를 사용하고 있을 수 있지만, 이전의 많은 휴대전화 모델에는 해당 휴대전화 제조업체에서만 사용하는 전용 플러그가 있었다.

어댑터에서 그런 전용 플러그를 떼어 내고 어댑터 끝에 표준 플러그를 끼워 넣거나 나선선(즉, 피복을 벗겨 낸 전선)을 나사 단자에 연결하는 일을 막을 사람은 없다.

그림 11-7은 구형 휴대전화 충전기 끝에 2.1mm 배럴 잭과 같은 다른 유형의 커넥터를 넣는 단계를 보여 준다.

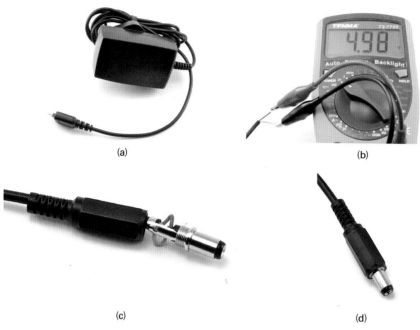

(a)

(b)

(c)

(d)

그림 11-7 휴대 전화 충전기에 배럴 잭 부착하기

충전기는 전기 콘센트에 직접 꽂아 쓸 수 있는 모양이다. 해당 커넥터는 단종된 지 오래되었다(그림 11-7a). 충전기에는 700mA에서 5V를 공급할 수 있다는 안내문이 있어서 첫 번째 단계는 충전기가 뽑혀 있는지 확인해 기존 커넥터를 떼어 내고 노출된 전선을 벗겨 낸다. 두 개의 전선이 있어야 하는데, 그중 하나가 흑색이고 나머지 하나가 적색이면, 일반적으로 적색이 양극, 흑색이 음극이다. 우리의 전선은 적색과 황색이다. 전선의 색상이 무엇이든, 극성을 확인하기 위해 항상 멀티미터를 사용하는 것이 좋다(그림 11-7b).

납땜하기 전에 배럴 잭의 플라스틱 몸체를 통해 접속도선을 넣어야 한다는 점을 잊지 마라!

그런 다음, 배럴 잭 플러그(부록의 H11 참조)를 납땜할 수 있다. 이것은 10장에 있는 '오디오 케이블 해킹' 단원의 오디오 케이블에 많이 사용되는 절차이다. 그림 11-7c는 납땜 준비가 된 플러그를 보여 주며, 그림 11-7d는 최종 접속도선을 사용할 준비가 된 상태를 보여 준다.

요약

11장에서 우리는 고장 난 전자기기에서 구할 수 있는 보물 중 일부를 발견했으며, 그것을 시험하고 수리하는 일도 간단히 살펴보았다.

수리 작업을 더 자세히 알고 싶다면 마이클 가이에(Michael Geier)가 쓴 ≪How to Diagnose and Fix Everything Electronic≫(McGraw-Hill Education / TAB, 2011)이라는 책을 추천한다.

## CHAPTER 12

공구

12장은 주로 참조용으로 쓰기에 알맞다. 이 책의 내용을 따라 해 보는 동안에 이미 여기에서 설명하는 기술들을 접해 보았을 것이다.

(일반적인) 멀티미터 사용법

그림 12-1은 내 멀티미터의 범위 선택기(range selector)를 확대한 모습이다.

그림 12-1 **멀티미터의 범위 선택기 부분**

이것은 미화 20달러 정도되는 중간 범위 멀티미터의 전형이다. 이 책을 읽는 동안에 네다섯 가지 설정만 사용했으므로 여기서는 멀티미터의 다른 기능 중 몇 가지를 언급하고자 한다.

연속성 및 다이오드 테스트

범위 선택기(즉, 레인지 선택기) 맨 아래쪽에 보면, 작은 음악 기호와 다이오드 기호가 표시된 연속성 모드가 있다. 우리는 연속성 모드를 여러 번 사용했다. 연속성 모드에서는 접속도선 사이에 저항이 매우 낮을 때 신호음을 울릴 뿐이다.

다이오드 기호가 여기에 나타나는 이유는 이 모드에서 다이오드도 시험할 수 있게 기능이 겹쳐 있기 때문이다. 일부 멀티미터의 경우, 이 기능이 LED에서도 작동하므로 순방향 전압을 측정할 수 있다.

다이오드의 양극(일반 다이오드에 띠가 없는 단자와 LED의 경우에 더 긴 접속도선)을 멀티미터의 적색 시험용 인출선(즉, 테스트 리드)에 연결한 후, 다이오드의 다른 쪽 끝을 흑색 접속도선에 연결한다. 멀티미터는 다이오드의 순방향 전압을 알려준다. 따라서 일반 다이오드의 경우 0.5V, LED의 경우 1.7~2.5V가 필요하다. LED가 조금씩 빛나는 것을 볼 수 있을 것이다.

저항

그림 12-1의 멀티미터에는 2,000kΩ에서 200Ω에 이르기까지 다섯 가지 저항 범위가 있다. 측정하는 저항기보다 낮게 최대 저항 범위를 선택하면 멀티미터는 이 점을 표시한다. 내가 가진 것은 더 이상의 자릿수 없이 '1'만 표시하는 식으로 그렇게 한다. 이런 식으로 멀티미터는 더 높은 저항 범위로 전환해야 한다는 점을 알려준다. 최대 범위에서 시작해 정확한 판독값을 얻을 때까지 범위 설정값을 계속 낮춰 가는 게 좋다. 가장 정확한 수치를 얻으려면 미터가 범위를 벗어났음을 알려 준 범위보다 윗 단계의 범위를 선택하면 된다.

100kΩ 또는 그보다 높은 저항값을 측정할 때, 여러분 자신이 또한 큰 저항기이기 때문에 시험용 인출선을 쥐고 저항기 양 끝에 붙이면(그림 12-2), 관심 대상 저항기와 여러분 자신의 저항을 측정하게 된다.

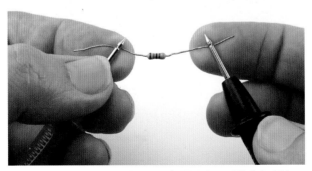

그림 12-2 **잘못된 저항 측정 방법(저항값이 큰 저항기인 경우)**

그러므로 악어 클립이 있는 시험용 인출선을 사용하거나 시험용 인출선의 평평한 부분으로 작업대 위에 저항기를 고정하라.

정전용량

일부 멀티미터에는 정전용량(즉, 커패시턴스) 범위가 있다. 알 수 없는 커패시터(커패시터에는 그 값이 쓰여져 있음)를 찾는 데 특별히 유용하지는 않지만, 커패시터를 시험하고 그 값에 가까운 정전용량이 있는지 확인하는 데는 유용하다.

대다수 멀티미터의 정전용량 범위가 상당히 부정확하기는 하지만, 실제 커패시터(특히 전해질 커패시터)의 값은 종종 상당히 넓은 허용 오차를 보인다.

즉, 100μF 커패시터가 실제로는 120μF라는 것을 측정기가 알려준다면, 이는 예상되는 바이다.

온도

멀티미터에 온도 범위가 있는 경우, 그림 12-3에 표시된 것과 같이 측정을 위한 특수한 접속 도선 세트가 함께 제공된다.

그림 12-3　온도 측정을 위한 열전대 접속도선

이 접속도선은 실제로 접속도선 끝에 놓인 작은 금속 구슬의 온도를 측정할 수 있는 열전쌍으로 구성되어 있다. 이 온도계는 평범한 디지털 온도계보다 훨씬 유용하다. 멀티미터의 설명서를 확인하라. 온도 범위는 -40 ~ 1,000℃(-40 ~ 1832℉)이다.

따라서 납땜 인두가 얼마나 뜨거워졌는지를 확인하는 데 사용하거나 과제물 중에 약간 달구어진 것 같은 부품이 있는 경우, 이를 사용해 얼마나 뜨거워졌는지 확인할 수 있다.

교류 전압

우리는 이 책에서 교류에 관해서는 별로 이야기하지 않았다. 교류(AC)는 교대 전류(alternation current)를 나타내며, 가정용 콘센트의 110V 또는 220V 전원공급장치 유형을 나타낸다. 그림 12-4는 110V 가정용 교류 전기의 전압이 시간이 흐름에 따라 어떻게 변하는지를 보여 준다.

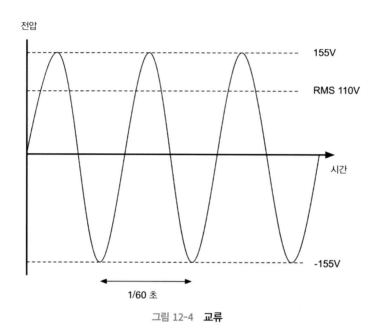

그림 12-4 **교류**

그림 12-4에서 볼 수 있듯이 전압은 실제로 155V의 피크에 도달하고, -155V를 향해 음의 방향으로 가는 동안 스윙(즉, -155V 쪽으로 향하면서 요동)한다. 그런데도 110V라고 지칭하는 이유가 궁금할 것이다.

상당한 시간 동안 전압이 매우 낮을 때가 있는데, 그동안에는 전력을 거의 공급하지 않기 때문이다. 따라서 110V는 일종의 평균이다. 그렇다고 해도 일반적인 평균은 아닌 이유는 (110 - 110) / 2 = 0V이고, 전체 시간 중 절반 동안 전압이 음수이기 때문이다.

110V는 RMS(root mean squared, 즉 제곱근 평균 제곱) 전압이다. 이것은 피크일 때의 양전압을 2의 제곱근(1.4)으로 나눈 것이다. 이것을 직류 등가 전압으로 생각할 수 있다. 따라서 110V 교류에서 작동하는 전구는 110V 직류에서 작동하는 것과 같은 밝기로 보인다.

이색적이고 위험한 일을 벌이지 않는 한 교류를 측정할 일은 없고, 여러분이 하고 있는 일에 확신이 서지 않는다면 그렇게 해서는 안 되므로 내가 말하려는 바를 이미 알아차렸을 것이다.

직류 전압

우리는 이미 직류 전압을 0~20V 범위에서 측정한 적이 있다.

측정하려는 전압 범위를 항상 가장 높은 전압 범위에서 시작해 순차적으로 낮춰야 한다는 점을 제외하면 직류 전압에 관해 더 말할 것도 없다.

직류 전류

전류를 측정할 때는 모든 전류 범위에서 양극 탐촉자의 접속도선을 위해 멀티미터에서 다른 소켓을 사용해야 할 것이다. 일반적으로 소전류에 대한 접속부가 한 개 있고, 대전류 범위에 대한 접속부가 한 개 있다(저자의 멀티미터의 10A, 그림 12-5).

그림 12-5   대(大)전류 측정

여기서 고려해야 할 두 가지 중요한 점이 있다. 첫째, 현재 범위를 초과하면 멀티미터가 경고를 내는 데 그치지 않고 멀티미터 내의 퓨즈가 끊어질 수 있다.

두 번째 요점은 탐촉자의 접속도선들이 전류 측정용 소켓들에 있을 때 이들 사이의 저항이 매우 낮다는 점이다. 결국, 가능한 한 원래 전류의 대부분을 탐촉자들 사이에 흐르게 해야 한다. 따라서 접속도선들이 이 소켓들에 있다는 점을 잊고 회로의 다른 곳에서 전압을 측정하는 경우에 효과적으로 회로를 단락시키는 셈이 되며, 동시에 멀티미터의 퓨즈를 날려 버릴 수 있다.

다시 말해, 멀티미터를 사용해 전류를 측정했다면 탐촉자 접속도선들을 항상 전압 소켓들에 다시 갖다 놓아라. 그래야만 다음에 탐촉자들을 사용할 수 있다. 전압 소켓에서 접속도선들을 사용해 전류를 측정해 보려고 하면 판독값이 0이 되는 게 전부일 것이다.

교류 전류

우리가 교류 전압 측정을 위해 제안한 내용이 교류 전류에도 적용된다. 실험을 할 때는 각별히 주의하라.

주파수

멀티미터에 주파수 설정이 있는 경우에 유용하다. 예를 들어, 555 타이머를 사용해 음색을 생성하는 10장, '555 타이머로 음색 생성하기' 단원에서 이 기능을 사용해 생성되는 음색(즉, 톤)의 주파수를 측정할 수 있다. 오실로스코프에 액세스할 수 없는 경우, 이 방법이 유용하다.

멀티미터로 트랜지스터를 검사하기

일부 멀티미터에는 실제로 트랜지스터를 연결할 수 있는 트랜지스터 검사용 소켓이 있다. 멀티미터는 트랜지스터가 살아 있는지 또는 고장 나 있는지 뿐만 아니라 그 이득(Hfe)이 무엇인지 알려준다.

멀티미터에 이러한 기능이 없다면 적어도 다이오드 검사 기능을 사용해 트랜지스터가 손상되지 않았는지를 알 수 있다.

그림 12-6은 2N3906과 같은 npn 양극성 트랜지스터를 검사하는 단계를 보여 준다.

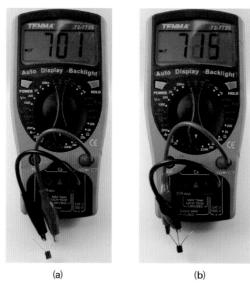

(a)   (b)

그림 12-6 **트랜지스터 검사**

멀티미터를 다이오드 검사 상태에 놓은 후, 멀티미터의 음극 접속도선을 트랜지스터의 중앙 베이스 접속부에 연결하고, 양극 접속도선을 트랜지스터의 다른 접속도선 중 하나에 연결하라. 이미터인지, 컬렉터인지의 여부는 중요하지 않다(베이스를 찾으려면 트랜지스터의 핀 출력을 확인하라). 500~900 사이의 값을 읽어야 한다. 이것은 베이스와 선택한 다른 접속부 사이의 순전압(mA)이다(그림 12-6a). 그런 다음, 양극 접속도선을 트랜지스터의 다른 접속도선으로 옮기면(그림 12-6b), 비슷한 모양으로 나타난다. 양쪽 판독값이 0이라면 트랜지스터가 작동하지 않거나 트랜지스터가 pnp형이므로 멀티미터의 양극 접속도선과 음극 접속도선을 서로 바꿔 놓고 동일한 절차를 수행해야 한다.

실험실용 전원공급장치 사용하기

우리는 5장에서 실험실용 전원공급장치(즉, 실험용 전원 또는 랩파워)를 살펴보았다. 납땜 장비와 멀티미터를 갖추어 놓고 있는 경우, 다음으로 구입할 물품은 아마도 실험용 전원공급장치(그림 12-7)일 것이다. 그 이유는 다양한 용도로 사용되기 때문이다.

그림 12-7 **실험실용 전원공급장치**

그림 12-7에 표시된 전원공급장치는 사용하기 쉬운 기본 설계이다. 보기를 보면 이 장치는 납산 전지를 충전하는 데 사용되고 있다. 과제를 진행하는 동안 과제물에 전력을 공급하는 데 이 장치를 사용할 수 있다. 100달러보다 저렴하게 비슷한 물품을 구입할 수 있을 것이다.

이 장치를 주택의 전기 콘센트에 꽂으면 4A에서 20V까지 공급할 수 있는데, 이는 왠만한 용도에는 충분하다. 장치에 붙은 화면에는 상단에는 전압, 하단에는 소비되고 있는 전류가 표시된다.

전지나 고정된 전원공급장치를 사용할 때보다 더 편리한 이유는 다음과 같다.

- 얼마나 많은 전류가 소모되는지를 표시하기 때문이다.
- 이것으로 전류 소비를 제한할 수 있다.
- LED를 테스트할 때 이것을 정전류 모드로 사용할 수 있다.
- 전압도 쉽게 조절할 수 있다.

제어판에는 출력 전압을 켜고 끄는 Output(출력) 스위치가 있고, 전압과 전류를 제어하는 데 쓰는 꼭지 두 개가 나와 있다.

처음으로 어떤 과제물에 전력을 공급해야 할 때 나는 다음과 같은 방식을 자주 따른다.

1. 전류를 최소 설정으로 설정한다.
2. 원하는 전압을 설정한다.
3. 출력을 켠다(아마도 전압이 떨어질 것이다).
4. 전류를 늘려 전압이 커지는 것을 보면서, 전류가 예기치 않은 수준으로 늘어나지 않는지를 확인한다.

오실로스코프 소개

오실로스코프(그림 12-8)는 시간의 경과에 따라 변화하는 신호를 봐야 할 모든 종류의 전자공학 설계나 전자공학 시험에 꼭 필요한 장비다. 오실로스코프는 비교적 비싸며(200달러 이상) 종류가 다양하다. 가장 비용 효율적인 유형 중 하나는 화면 표시 장치 없이 USB를 통해 컴퓨터에 연결된다. 노트북 컴퓨터를 오실로스코프 대신 사용하는 바람에 노트북 컴퓨터에 땜납이 낀다거나 컴퓨터가 부팅될 때까지 기다리는 일을 바라지 않는다면, 전용 오실로스코프를 사용하는 게 좋다.

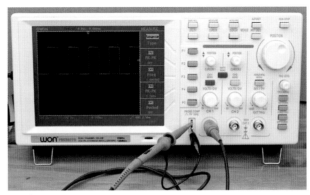

그림 12-8　저렴한 디지털 오실로스코프

오실로스코프를 효과적으로 사용하는 법을 다룬 책들이 많이 나와 있고, 오실로스코프마다 사용법이 서로 다르므로 여기서는 기본적인 사항만을 다룬다.

그림 12-8에서 볼 수 있듯이 파형이 화면에 표시된 격자들 중 윗부분에 표시된다. 수직 격자는 여러 볼트 단위로 나눠 구획한 것으로, 이 화면에서는 격자 한 칸당 2V에 해당한다. 따라서 구형파(즉, 네모파)의 전압은 2.5×2, 즉 5V이다.

수평축은 시간 축이며, 이 단위는 초 단위로 조정된다. 이 화면의 경우에는 구획당 500마이크로초(μS)이다. 따라서 파형의 한 주기 길이는 1000μS 또는 1ms로, 1KHz의 주파수를 나타낸다.

오실로스코프의 또 다른 장점은 시험용 인출선의 임피던스가 매우 높아 측정하려고 하는 것에 거의 영향을 미치지 않는다는 점이다.

소프트웨어 도구

전자 해킹을 위한 하드웨어 공구뿐만 아니라 우리를 도울 수 있는 유용한 소프트웨어 도구가 많다.

시뮬레이션

전자기기 설계를 가상 세계에서라도 시험해 보고 싶다면 PartSim(www.partsim.com)과 같은 온라인 시뮬레이터 중 하나를 사용해 보라. 이 온라인 도구(그림 12-9)를 사용하면 회로를 온라인으로 그릴 수 있고, 회로가 어떻게 동작하는지를 시뮬레이션할 수 있다.

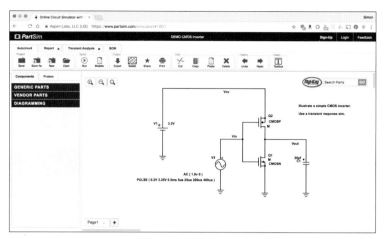

그림 12-9　**CircuitLab 시뮬레이터**

이 책에서 다루는 것보다 더 많은 이론을 접해야 하겠지만, 이와 같은 도구를 사용하면 많은 노력을 덜 수 있다.

Fritzing

Fritzing(www.fritzing.org)은 과제물을 설계할 수 있는 정말 흥미로운 오픈소스 소프트웨어 프로젝트이다. 주로 브레드보드 설계용이며, 아두이노와 라즈베리파이를 포함한 부품 및 모듈 라이브러리가 들어 있다(그림 12-10).

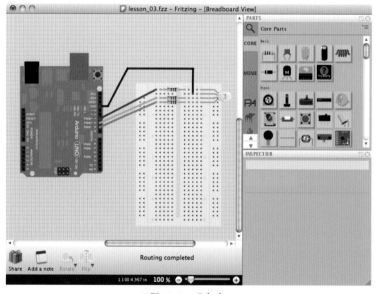

그림 12-10　**Fritzing**

EAGLE PCB

전자제품 디자인을 위해 자신만의 PCB를 만들기를 원할 경우, EAGLE PCB(그림 12-11)라는 가장 보편적인 도구를 찾으라. 구성도를 그려 PCB 보기로 전환하면 CAM(컴퓨터 지원 제조) 파일을 만들기 전에 부품 간의 연결을 라우팅할 수 있다. 그런 다음, PCB 제작소로 보내면 된다.

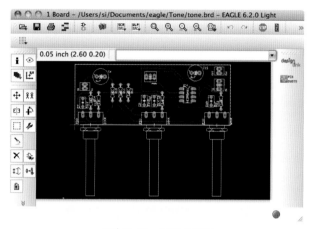

그림 12-11　**EAGLE PCB**

PCB 만들기는 그 자체로 중요한 주제이다. 이에 대한 더 자세한 정보는 나의 책 ≪Make Your Own PCBs with EAGLE: From Schematic Designs to Finished Boards≫(McGraw-Hill Education / TAB, 2013)를 읽어 보라.

온라인 계산기

온라인 계산기로 전자기기 관련 수학 계산을 훨씬 쉽게 할 수 있다. 더 유용한 것들은 다음과 같다.

- LED용 직렬 저항 계산기: http://led.linear1.org/1led.wiz
- LED 여러 개를 구동하는 부분을 설계할 때 사용할 계산기: http://led.linear1.org/led.wiz
- 555 타이머 IC 부품 계산기: www.bowdenshobbycircuits.info/555.htm

요약

이번 마지막 장이 전자공학을 해킹하는 데 도움이 되었기를 바란다. 무언가를 손에 잡히는 것으로 만들거나 어떤 장치를 수리하는 일은 기분 좋은 일이며, 이게 바로 여러분이 바라는 일일 것이다.

사람들이 자신만의 전자기기를 설계하고 제작하기 시작함에 따라 생산자와 소비자 사이의 경계가 점점 더 흐려지고 있다. 인터넷에는 유용한 자원이 많다. 다음 웹 사이트는 특별히 언급할 만한 가치가 있다.

- https://mods-n-hacks.gadgethacks.com
- www.instructables.com
- www.arduino.cc(아두이노에 관한 내용)
- www.sparkfun.com(모듈과 흥미로운 부품)
- www.adafruit.com(더 멋진 물건)
- http://www.dx.com(할인: LED 제품군 검색 등)

www.ebay.com(이 목록의 다른 URL에 있는 항목과 동일한 항목 검색) 부록에 언급된 공급 업체도 참조하라.

구성품

부품의 가격은 매우 다양하므로 부록의 목록을 참고해 구매하기 바란다.

어떤 사람들은 거의 모든 것을 이베이에서 산다. 하지만 조심해야 한다. 물건이 대체로 아주 저렴하기는 하지만, 때로는 다른 공급 업체보다 훨씬 비쌀 때가 있다.

나는 스파크펀 및 에이다프루트에서 구할 수 있는 공구나 모듈 등에 대한 부품 코드를 나열해 두었는데, 전자공학 애호가라면 이러한 공급업체에 아주 쉽게 닿을 수 있으며, 해당 업체들은 좋은 부속 문서들을 제공한다. 또한 전 세계에 걸쳐 유통을 담당하는 업체가 있으므로 미국 이외 지역에 거주하는 경우일지라도 어느 회사에서든 직접 구매하지 않아도 된다.

그 밖의 부품의 경우, 마우서 및 디지키에 대한 제품 코드를 나열하려고 노력했는데, 이는 미국 및 영국의 취미 애호가에 기반을 두고 있지만, 어느 곳으로든 배송할 파넬의 공급 업체로서 주로 사용되기 때문이다.

이 책에 따라오는 키트

나는 이 책의 부록으로 쓰일 키트를 구성했는데, 해당 키트에는 멀티미터를 포함해 이 책에 쓰이는 많은 부품이 들어 있다. 이 키트에 대한 자세한 내용을 http://monkmakes.com/hacking2에서 확인할 수 있다.[21]

이 책의 '필요한 물품' 단원에는 해당 구성품에 대한 부록 코드가 나온다. 해당 코드가 K1이면 'MonkMakes Hacking Electronics Mega Kit'에 해당 부품이 들어 있음을 의미한다. 8장

21 　옮긴이　우리나라에서는 JK 전자에서 모든 부품이 들어 있는 키트를 쇼핑몰(http://toolparts.co.kr)을 통해 공급하고 있다.

(http://monkmakes.com/pi-rover 및 http://monkmakes.com/cck)에 나오는 탐사선 로봇 및 스마트 카드 프로젝트용 키트를 몬메익스에서 구할 수 있다.

기본 부품이 더 필요하다면 '몬메익스 기본 부품 팩'(https://www.monkmakes.com/basic_comp_pack/)이 유용할 것이다.

공구들

아래의 많은 부품과 다른 유용한 것들은 에이다프루트의 'Ladyada's Electronics Toolkit'(https://www.adafruit.com/product/136)에서 찾을 수 있다.

또한 그 뒤의 (K1) 부분은 'MonkMakes Hacking Electronics Mega Kit'에 들어 있다.

도서 코드	설명	스파크펀	에이다프루트
T1	초급자용 공구(납땜 키트, 플라이어, 니퍼)	TOL-09465	
T2	멀티미터	TOL-09141	
T3	PVC 절연 테이프	PRT-10688	
T4	돕는 손	TOL-09317	ID: 291
T5	무땜납 브레드보드	PRT-00112	ID: 239
T6(K1)	수-수 점퍼선 세트	PRT-00124	ID: 758
T7(K1)	적색 연결선(22AWG)	PRT-08023	ID: 288
T8(K1)	흑색 연결선(22AWG)	PRT-08022	ID: 290
T9(K1)	황색 연결선(22AWG)	PRT-08024	ID: 289
T10	적색 연선(22 AWG)	PRT-08865	
T11	흑색 연선(22AWG)	PRT-08867	
T12(K1)	수-암 점퍼 세트	PRT-09385	ID: 825
T13	땜납 제거용 편조선/심지	TOL-09327	ID: 149
T14(K1)	암-암 점퍼 세트	PRT-08430	ID: 266

부품

기본 부품을 쌓아 두고 쓰려면, 부품의 스타터 키트를 구입하는 것이 좋다.

부품 스타터 키트

'MonkMakes Hacking Electronics Mega Kit'뿐만 아니라 기본 부품 세트를 함께 얻을 수 있는 좋은 방법을 제공하는 다른 키트도 있다. 이들 중 일부는 다음과 같다.

설명	출처
스파크펀 초급 부품 키트	https://www.sparkfun.com/products/13973
스파크펀 저항기 키트	https://www.sparkfun.com/products/10969
몬메익스 기본 부품 팩	https://www.monkmakes.com/basic_comp_pack/

저항기

아래에 나열된 저항기 코드(K1)는 'MonkMakes Hacking Electronics 2 Kit'에 들어 있다.

도서 코드	설명	스파크펀	에이다프루트	기타
R1(K1)	10kΩ 트림팟, 0.1인치 피치	COM-09806	ID: 356	디지키: 3362P- 103LF-ND 마우서: 652- 3362P-1-103LF 파넬: 9354301
R2(K1)	LDR	SEN-09088	ID: 161	디지키: PDV- P8001-ND 파넬: 1652637
R3	4.7Ω 0.5W			디지키: 4.7H-ND 마우서: 594- SFR16S0004708JA5 파넬: 2329802
R4	1k NTC 서미스터			디지키: BC2394- ND 마우서: 995- 2DC102K 파넬: 1672360

커패시터

도서 코드 뒤에 (K1)이 있는, 아래 나열된 커패시터는 'MonkMakes Hacking Electronics Mega Kit'에 들어 있다.

도서 코드	설명	스파크펀	기타
C1	1000μF 16V electrolytic		디지키: P10373TB-ND 마우서: 667-ECA- 1CM102 파넬: 2113031
C2(K1)	100μF 16V electrolytic	COM-00096	디지키: P5529- ND 마우서: 647- UST1C101MDD 파넬: 8126240
C3(K1)	470nF 커패시터		디지키: 445- 8413-ND 마우서: 810- FK28X5R1E474K 파넬: 1179637
C4(K1)	100nF 커패시터	COM-08375	디지키: 445- 5258-ND 마우서: 810- FK18X7R1E104K 파넬: 1216438 에이다프루트: 753
C5(K1)	10μF 커패시터	COM-00523	디지키: P14482- ND 마우서: 667-EEA- GA1C100 파넬: 8766894

반도체

도서 코드 뒤에 (K1)이 표시된, 아래에 나열된 반도체는 'MonkMakes Hacking Electronics Mega Kit'에 들어 있다.

도서 코드	설명	스파크펀	에이다프루트	기타
S1(K1)	2N3904	COM-00521	756	디지키: 2N3904-APTB-ND 마우서:O6t1h0e-2rN3904 파넬: 9846743
S2(K1)	고휘도 백색광 LED(5mm)	COM-00531	754	디지키: C513A-WSN-CV0Y0151-ND 마우서: 941- C503CWASCBADB152 파넬: 1716696
S3	흡열부 위에 1W Lumiled LED	BOB-09656	518	디지키: 160-1751- ND 마우서: 859-LOPL- E011WA 파넬: 1106587

도서 코드	설명	스파크펀	에이다프루트	기타
S4(K1)	7805 전압 조정기	COM-00107		디지키: 296-13996- 5-ND 마우서: 512- KA7805ETU 파넬: 2142988
S5(K1)	1N4001 다이오드	COM-08589	755	디지키: 1N4001- E3/54GITR-ND 마우서: 512-1N4001 파넬: 1651089
S6(K1)	FQP30N06L	COM-10213	355	디지키: FQP30N06L- ND 마우서: 512- FQP30N06L 파넬: 2453442
S7(K1)	LM311 비교기			디지키: 497-1570-5- ND 마우서: 511-LM311N 파넬: 9755942
S8(K1)	TMP36 온도 IC	SEN-10988	165	디지키: TMP36GT9Z- ND 파넬: 1438760
S9	TDA7052			디지키: 568-1138-5- ND 마우서: 771-TDA7052AN 파넬: 526198
S10(K1)	NE555 타이머 IC	COM-09273		디지키: 497-1963-5- ND 마우서: 595-NE555P 파넬: 1467742
S11(K1)	적색 LED 5mm	COM-09590	297	디지키: 751-1118- ND 마우서: 941-C503BRANCY0B0AA1 파넬: 1249928
S12	DS18B20 온도 IC	SEN-00245	374	디지키: DS18B20-ND 마우서: 700- DS18B20 파넬: 2515605
S13	LM317	COM-00527		디지키: LM317TFS- ND 마우서: 595- LM317KCSE3 파넬: 9756027

하드웨어 및 기타

'MonkMakes Hacking Electronics Mega Kit'의 도서 코드 다음에는 (K1)이 표시된 항목이 들어 있다.

도서 코드	설명	스파크펀	에이다프루트	기타
H1(K1)	4×AA 전지 소켓	PRT-00550	830	디지키: 2476K-ND 마우서: 534-2476 파넬: 4529923
H2(K1)	전지 클립			디지키: BS61KIT-ND 마우서: 563-HH-3449 파넬: 1183124
H3	스트립보드			이베이에서 'stripboard'로 검색 파넬: 1201473
H4(K1)	핀 헤더 띠판	PRT-00116	392	
H5(K1)	2A 양방향 나사 단자			이베이에서 '터미널 블록'을 검색 마우서: 538-39100-1002
H6(K1)	6V 전동기 또는 기어 모터			'6V 직류 전동기' 또는 '기어 모터'에 대한 이베이 검색
H7	매지션(Magician) 차대	ROB-10825		
H8	6×AA 전지 걸이		248	디지키: BH26AASF- ND 파넬: 3829571
H9(K1)	2.1mm 잭 어댑터에 대한 전지 클립		80	
H10(K1)	9g 서보 모터	ROB-09065	169	
H11	2.1mm 배럴 잭 플러그			디지키: CP3- 1000-ND 파넬: 1737256
H14	8Ω 스피커	COM-09151		
H15	대형 누름 버튼 스위치	COM-09336	559	
H16(K1)	5V 계전기	COM-00100		디지키: T7CV1D-05-ND
H17(K1)	몬메익스 프로토보드			몬메익스: SKU00054

모듈

'MonkMakes Hacking Electronics Mega Kit'의 도서 코드 다음에는 (K1)이 표시된 모듈이 들어 있다.

도서 코드	설명	스파크펀	에이다프루트	기타
M1	12V 500mA 전원공급장치	TOL-09442	798	참고: 여기에 미국 모델이 나열되어 있다.
M2	아두이노 우노 R3	DEV-11021	50	
M3(K1)	피에조 음향기	COM-07950	160	
M4	모드 MCU 보드			이베이에서 'Node MCU'를 검색
M5	PIR 모듈	SEN-08630	189	
M6	계전기 모듈			이베이에서 '1채널 계전기 모듈'을 검색
M7	HC-SR04 거리계			이베이에서 'HC-SR04'를 검색
M8	AK-R06A RF			이베이에서 '433MHZ 4 Channel RF Radio'로 검색
M9	스파크펀 TB6612FNG 브레이크아웃 보드	ROB-09457		
M10	이베이에서 'Active Buzzer 5V'를 검색			이베이에서 'Active Buzzer 5V'를 검색
M11	라즈베리파이 3	DEV-13825	3055	
M12	색상 감지 모듈			이베이에서 'TCS3200D Arduino'로 검색
M13	몬메익스 RasPiRobot 보드 V3		1940	Amazon.com
M14	스파크펀 마이크 모듈	BOB-09964		
M15	가속도계 모듈		163	프리트로닉스: AM3X
M16	USB 리튬폴리머 충전기	PRT-10161	259	

도서 코드	설명	스파크펀	에이다프루트	기타
M17	결합된 리튬폴리머 충전기, 벅/부스터 (강/승압기)	PRT-11231		
M18	아두이노 LCD 실드			이베이에서 'DFRobot LCD shield'로 검색
M19	w/I2C 배낭이 있는 네 자리, 7 세그먼트 디스플레이		880	
M20	RC522 RFID 판독기 키트			이베이에서 'RC522'로 검색
M21	아두이노 레오나르도	DEV-11286	849	
M22	6V 직류 버저			이베이에서 'LZQ- 3022 DC buzzer'로 검색

찾아보기